AF211317

anwaltskanzlei
**schwarz**

# Erfolgreich vor Gericht

Nicolas Schwarz

## Über den Autor

Der Autor praktiziert als Rechtsanwalt mit eigener Kanzlei in Zürich und berät und vertritt Klienten vor allen Gerichten der Deutschschweiz. Bevor er 2000 das Anwaltspatent erlangt hat, war er als Gerichtsschreiber an einem zürcherischen Bezirksgericht tätig und studierte in Zürich und Chicago Rechtswissenschaft.

Dieses Buch ist als gedrucktes Buch und als E-Book erhältlich.

**Impressum**

Bibliografische Information der Deutschen Nationalbibliothek:
Die Deutsche Nationalbibliothek verzeichnet diese
Publikation in der Deutschen Nationalbibliografie;
detaillierte bibliografische Daten sind im Internet
über http://dnb.dnb.de abrufbar.

Verlag:
BoD · Books on Demand GmbH, In de Tarpen 42, 22848 Norderstedt
Druck:
Libri Plureos GmbH, Friedensallee 273, 22763 Hamburg

ISBN: 978-3-7597-9233-4

# Inhaltsverzeichnis

Inhaltsverzeichnis ........................................................................5

**1. Einleitung** ..........................................................................11

1.1 Vorwort ............................................................................11

1.2 Zivilprozess ......................................................................12

1.3 Rechtsquellen ....................................................................13

1.4 Die verschiedenen Konflikttypen...............................................14

**2. Gerichte**..............................................................................17

2.1 Richter..............................................................................17

2.2 Unabhängigkeit, Unparteilichkeit, Ausstand....................................18

2.3 Gerichtsorganisation .............................................................19

2.4 Verfahrensgrundsätze.............................................................21

Wo kein Kläger, da kein Richter...................................................21
Rechtliches Gehör ...................................................................21
Öffentlichkeitsprinzip................................................................22
Verhandlungs- und Untersuchungsgrundsatz......................................25
Richterliche Fragepflicht ............................................................26
Rechtsanwendung von Amtes wegen..............................................26

**3. Parteien und Anwälte** ............................................................29

3.1 Parteien............................................................................29

Kläger und Beklagter ................................................................29
Mehrere Parteien .....................................................................30
Verbandsklagen .......................................................................30
Sammelklagen .........................................................................31

3.2 Rechtsanwälte .....................................................................32

Ausbildung .............................................................................32

Anwaltsgeheimnis .......................................................................33
Anwaltsregister und Aufsicht ....................................................34
Berufsregeln und Haftung ..........................................................34
In welchen Fällen ein Anwalt angezeigt ist ..............................35
Spezialisierung ...........................................................................37
Mandat mit dem Anwalt und Vollmacht ....................................39

**4. Vor dem Prozess.........................................................41**

4.1 Einschätzen der Rechtslage ...............................................41

Prozesse vermeiden ...................................................................41
Rechtsberatung ...........................................................................42

4.2 Klagefristen ..........................................................................44

4.3 Verjährung ............................................................................44

4.4 Informationsbeschaffung .....................................................45

Zusammentragen der Unterlagen ..............................................45
Auskunftsrecht nach Datenschutzgesetz ..................................46
Beschaffung von Unterlagen erst im Prozess ...........................47
Strafanzeige ................................................................................47

4.5 Solvenz der Gegenpartei .....................................................47

**5. Prozesseinleitung......................................................51**

5.1 Örtliche Zuständigkeit ..........................................................51

Gesetzliche Gerichtsstände .......................................................51
Gerichtsstandsvereinbarung, zwingende Gerichtsstände .........53
Privates Schiedsgericht ..............................................................54
Einrede der Unzuständigkeit, Einlassung .................................55
Internationale Verhältnisse .........................................................55

5.2 Schlichtungsverfahren ..........................................................57

Zuerst schlichten, dann richten ..................................................57
Kein Schlichtungsverfahren ........................................................57
Verzicht auf das Schlichtungsverfahren ....................................58
Schlichtungsbehörde ..................................................................58
Rechtshängigkeit ........................................................................59
Ablauf des Schlichtungsverfahrens ...........................................60

Schlichtungsgesuch ....................................................................60

Schlichtungsverhandlung ............................................................60

Abschluss des Schlichtungsverfahrens .....................................61

5.3 Mediation .............................................................................63

## 6. Ordentliches Hauptverfahren .................................67

6.1 Verfahrensarten ...........................................67

6.2 Streitwert ...............................................69

6.3 Sachliche Zuständigkeit ...................................69

6.4 Klage ...................................................70

Rechtsbegehren...............................................72
So überzeugen Sie das Gericht...................................74
Klagearten....................................................75
Klagenhäufung.................................................76
Unbezifferte Forderungsklage....................................76

6.5 Gerichtskostenvorschuss...................................77

6.6 Prozessvoraussetzungen...................................77

6.7 Nichteintreten............................................78

6.8 Klageantwort.............................................79

6.9 Widerklage und Verrechnung im Prozess.....................79

6.10 Hauptverhandlung........................................81

Zweiter Schriftenwechsel (Replik und Duplik).....................81
Durchführung der Hauptverhandlung.............................81
Neue Tatsachen und Beweismittel...............................82
Klageänderung................................................83

6.11 Beweisverfahren und Stellungnahme zum Beweisergebnis ........83

6.12 Prozesserledigung ohne Entscheid .........................84

Klagerückzug ................................................86
Vergleich ...................................................86

6.13 Entscheid ..............................................88

## 7. Vereinfachtes, summarisches und weitere Verfahren ...........91

7.1 Vereinfachtes Verfahren...................................91

Anwendungsbereich ..........................................91
Ablauf......................................................91

7.2 Summarisches Verfahren...................................93

Anwendungsbereich ..........................................93
Ablauf......................................................94

7.3 Besondere familienrechtliche Verfahren .....................96

Scheidung auf gemeinsames Begehren .................................................96
Scheidungsklage.........................................................................................97

**8. Eingaben, Fristen, Verhandlungen ........................................99**

8.1 Vorladungen und Prozessleitung ..................................................99

8.2 Zustellungen .................................................................................100

Zustellungen per Briefpost oder Bote .................................................100
Elektronische Zustellungen und Zustellplattformen ........................100
Zustellung durch öffentliche Bekanntmachung ..............................101

8.3 Verfahrenssprache.......................................................................102

8.4 Eingaben an das Gericht und Fristen .........................................102

8.5 Verhandlungen, Protokoll............................................................105

**9. Prozesskosten ........................................................................107**

9.1 Anwaltskosten...............................................................................107

9.2 Gerichtskosten .............................................................................110

Gerichtskostenvorschuss.....................................................................110
Höhe und Aufteilung der Gerichtskosten............................................110
Kostenlose Verfahren............................................................................112
Teilklage .................................................................................................113
Parteientschädigung ............................................................................113
Best und worst Case .............................................................................114
Spezielle Kostenregelungen ................................................................115

Kosten bei einem Vergleich..................................................................115

Kosten bei Rückzug oder Nichteintreten.............................................116

Kosten im Rechtsmittelverfahren ........................................................116

Fazit ........................................................................................................116

9.3 Unentgeltliche Prozessführung ..................................................117

9.4 Prozessfinanzierung ....................................................................120

9.5 Rechtsschutzversicherungen......................................................121

9.6 Betreibungskosten .......................................................................121

**10. Beweisrecht ...........................................................................123**

10.1 Gegenstand des Beweises ........................................................123

10.2 Beweislast...................................................................................124

10.3 Freie Beweiswürdigung..............................................................125

10.4 Rechtswidrig beschaffte Beweise ...............................126

10.5 Zeitpunkt der Beweisabnahme .................................126

10.6 Art der Beweismittel .............................................127

Urkunden .................................................................128
Zeugenbefragung.........................................................129
Parteibefragung und Beweisaussage ...............................130
Augenschein ..............................................................132
Gutachten .................................................................132
Schriftliche Auskunft....................................................134

**11. Rechtsmittel** ..................................................**135**

11.1 Rechtsmittelbelehrung ............................................135

11.2 Kantonale Rechtsmittel ..........................................136

Einleitung ................................................................136
Berufung ..................................................................137
Beschwerde ...............................................................138
Revision ...................................................................140
Erläuterung und Berichtigung ........................................140

11.3 Bundesrechtsmittel................................................140

Das Bundesgericht.......................................................140
Beschwerde in Zivilsachen ............................................143
Subsidiäre Verfassungsbeschwerde..................................145

11.4 Beschwerde an den EGMR in Strassburg ....................146

**12. Vollstreckung** ................................................**149**

12.1 Keine Überwachung durch das Gericht .......................149

12.2 Betreibungsverfahren.............................................151

Konkursverfahren........................................................155
Betreibung oder Schlichtungsgesuch? ..............................156

**13. Anhang** ......................................................**159**

Inhaltsübersicht ZPO ...................................................159

# 1. Einleitung

## 1.1 Vorwort

Die Frage wer Recht hat, beantwortet das sogenannte materielle Recht, nämlich Gesetze wie etwa das Zivilgesetzbuch oder das Obligationenrecht. Wer Recht bekommt, beantwortet das formelle Recht – in Zivilprozessen die Zivilprozessordnung (ZPO). Der Volksmund sagt, dass Recht haben und Recht bekommen nicht dasselbe ist. Das trifft leider tatsächlich zu. Es ist möglich, dass jemand Recht hat, aber seinen Standpunkt im Prozess falsch vorträgt, nicht die richtigen Beweismittel beantragt oder eine Frist verpasst. Dies kann zur Folge haben, dass die Klage abgewiesen wird und der Kläger somit kein Recht bekommt – obwohl er eigentlich im Recht wäre.

Dieses Buch soll Ihnen helfen, die Spielregeln eines Zivilprozesses besser zu verstehen. Das Buch richtet sich aber nicht nur an Laien, welche einen Prozess alleine, d.h. ohne Anwalt, führen möchten, sondern auch an Klienten von Anwälten, die mehr über die Hintergründe der Prozessvertretung erfahren möchten, um die Vorschläge, Strategien und Handlungen ihres Anwalts besser verstehen zu können. Schliesslich bietet dieses Buch auch Studenten der Rechtswissenschaft einen praxisorientierten Einblick in die Materie.

Dieses Buch kann aber niemals die langjährige Ausbildung und Erfahrung eines Prozessanwalts ersetzen. Das Zivilprozessrecht ist eine komplexe Materie. Ich habe versucht, diese möglichst einfach und verständlich darzustellen. Oftmals gibt es zu den dargestellten Grundsätzen aber Ausnahmen, auf welche aus Gründen der Übersichtlichkeit nicht hingewiesen werden konnte.

Aus demselben Grund habe ich mich auf die männlichen Formen beschränkt. Wenn von Richter und Kläger etc. die Rede ist, ist natürlich auch die Richterin und Klägerin etc. gemeint.

Wichtig: Dieses Buch ist im Verlauf des Jahres 2024 erschienen. Gewisse Änderungen der ZPO treten aber erst am 1. Januar 2025 in Kraft. Ich habe das Buch kompromisslos nach den ab 2025 geltenden Regeln geschrieben, ohne dies jeweils zu vermerken. Auf die bis Ende 2024 geltenden Regelungen wird nicht eingegangen. Dies bedeutet, dass das Buch bis Ende 2024 nicht uneingeschränkt Gültigkeit hat. Auch die im Anhang abgedruckte ZPO ist selbstverständlich die ab 2025 geltende neue Fassung. Es ist aber in der ZPO jeweils mit Fussnoten vermerkt, wenn eine Bestimmung geändert worden ist, so dass Sie die Änderungen per 1. Januar 2025 identifizieren können. Im Anhang finden Sie eine tabellarische Zusammenstellung des Inhalts der ZPO mit Verweisen auf die verschiedenen Kapitel dieses Buches.

# 1.2 Zivilprozess

In diesem Buch ist immer vom **Zivilprozess** die Rede. In einem Zivilprozess stehen sich Privatpersonen (natürliche Personen) und/oder juristische Personen (Gesellschaften, Vereine, Stiftungen) gegenüber.

Dagegen ist in einem **Strafprozess** der Staat in der Person des Staatsanwalts der Ankläger auf der einen und der Angeklagte auf der anderen Seite. Strafprozesse werden nach eigenen Spielregeln geführt, welche in der Strafprozessordnung (StPO) festgehalten sind. Diese gilt ebenfalls schweizweit. Strafprozesse werden in diesem Buch nicht behandelt. Die meisten Zivilgerichte auf kantonaler Ebene und auch das Bundesgericht amten auch als Strafgerichte.

Dasselbe gilt für **Verwaltungsverfahren**. Hier steht eine Privatperson oder juristische Person einer Verwaltungsbehörde (Gemeinde, Kanton oder Bund) gegenüber. Es wird beispielsweise um Baubewilligungen oder Aufenthaltsbewilligungen für Ausländer gestritten. Je nachdem, ob Verwaltungsprozesse auf kantonaler Ebene oder Bundesebene geführt werden, sind verschiedene Verfahrensgesetze anwendbar. Für Verwaltungsverfahren sind besondere Gerichte zuständig wie z.B. das Sozialversicherungsgericht, das kantonale Verwaltungsgericht, das Baurekursgericht oder das Bundesverwaltungsgericht in St. Gallen.

# 1.3 Rechtsquellen

Alle Bundesgesetze (und übrigens auch Staatsverträge) können Sie auf der Webseite des Bundes gratis als pdf-Dokument herunterladen.

 **Weiterführende Links**

fedlex.admin.ch (Bundesgesetze)

Im Zivilprozessrecht ist natürlich vor allem die ZPO wichtig. Die ZPO ist im Anhang abgedruckt. In diesem Buch werden aber auch andere Bundesgesetze und die Bundesverfassung erwähnt, wobei jeweils folgende Kürzel verwendet werden:

- **BGG** Bundesgerichtsgesetz
- **BV** Bundesverfassung
- **BGFA** Anwaltsgesetz
- **DSG** Datenschutzgesetz
- **IPRG** Bundesgesetz über das internationale Privatrecht
- **OR** Obligationenrecht
- **SchKG** Bundesgesetz über Schuldbetreibung und Konkurs
- **StGB** Strafgesetzbuch
- **ZGB** Zivilgesetzbuch

Sie werden noch sehen, dass die Organisation der Gerichte und die Höhe der Gerichtskosten kantonal geregelt sind. Deshalb spielen im Zivilprozess auch kantonale Gesetze eine gewisse Rolle. Jeder Kanton hat etwa ein Gerichtsorganisationsgesetz.

 **Weiterführende Links**

Die kantonalen Gesetze finden sie auf der Webseite des jeweiligen Kantons (Autokennzeichen des Kantons und die Endung .ch).

## 1.4 Die verschiedenen Konflikttypen

Bei Zivilprozessen geht es um die Austragung von Konflikten. In meiner Berufspraxis als Rechtsanwalt erlebe ich immer wieder, dass Personen unterschiedlich mit Konflikten umgehen. Das hat dann natürlich auch Einfluss auf die zu wählende Prozessstrategie. Die Ökonomen Kenneth Thomas und Ralph Kilmann unterscheiden **fünf Strategien der Konfliktbewältigung**. Sie ordnen diese in einer Matrix an, welche Durchsetzungsstärke und Kooperationswillen unterscheidet. Welchem Typ entsprechen Sie?

**1.      Konkurrenz**

Die Parteien verfolgen stur ihre eigenen Ziele. Eine Kooperation oder Konfliktbewältigung suchen sie nicht. Jede Partei ist der Ansicht, im Recht zu sein und verfolgt ihre eigenen Interessen, aber keine Partei klagt.

**2.      Vermeidung**

Die Parteien wollen um jeden Preis einen Streit vermeiden. Sie scheuen eine Auseinandersetzung und verfolgen weder die eigenen Belange noch diejenigen der Gegenseite. Beide Parteien verhalten sich passiv. Zu einem Prozess kommt es nicht. Der Konflikt wird aber auch nicht gelöst und schwelt weiter („Lose-Lose").

### 3. Kompromiss

Die Parteien verhandeln (gerichtlich oder aussergerichtlich) und finden eine für beide Seiten akzeptable Lösung. Das ist der klassische Ansatz des Schlichtungsverfahrens bzw. eines sogenannten Vergleichs.

### 4. Kooperation

Die Parteien versuchen von Anfang an, ein Problem gemeinsam zu bewältigen und finden eine Lösung („Win-Win"), mit welcher beide zufrieden sind. Hier kommt es gar nicht erst zu einer Auseinandersetzung vor Gericht.

### 5. Nachgeben

Eine Partei gibt klein bei, um den Ausbruch des Konflikts zu vermeiden. Sie opfert damit ihre eigenen Interessen. Prozessual gesehen trifft dies dann zu, wenn die beklagte Partei die Klage anerkennt, damit das Verfahren möglichst rasch wieder beendet wird („Lose-Win").

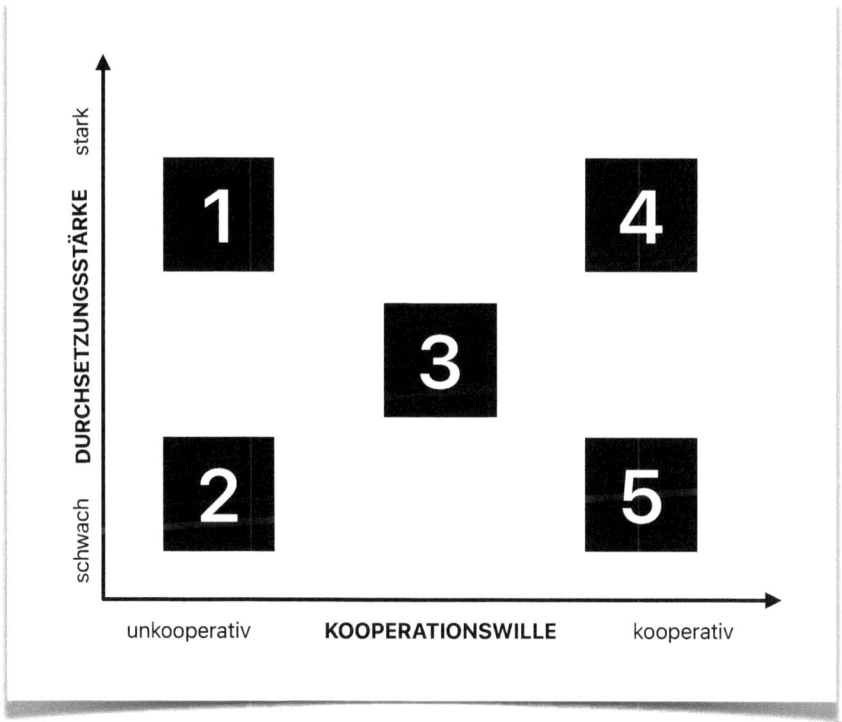

# 2. Gerichte

## 2.1 Richter

Richter müssen nicht unbedingt Rechtswissenschaften studiert haben. Es gibt immer noch vereinzelt Gerichte, an welchen Laienrichter (d.h. Richter ohne juristische Ausbildung) tätig sind. Immer mehr Kantone schreiben aber inzwischen vor, dass nur Richter werden kann, wer über ein abgeschlossenes Studium der Rechtswissenschaften verfügt. An Gerichten sind neben den Richtern aber immer auch sogenannte Gerichtsschreiber tätig, welche Rechtswissenschaften studiert haben und die getroffenen Entscheide redigieren und rechtlich begründen.

Richter der unteren Instanzen werden in der Regel vom Volk für vier oder sechs Jahre (also nicht etwa auf Lebenszeit wie zum Beispiel am Supreme Court in den USA) gewählt. Bei den höheren kantonalen Gerichten und dem Bundesgericht werden die Richter vom jeweiligen Parlament gewählt. Richter sind oft Mitglied einer politischen Partei und werden von dieser Partei zur Wahl vorgeschlagen bzw. aufgestellt. Als Gegenleistung müssen die Richter, sofern sie dann auch gewählt werden, einen Teil ihres Einkommens ihrer Partei abgeben. Oft einigen sich die Parteien auf die Aufteilung der Richterstellen, so dass es – beim Fehlen von Gegenkandidaten – zu einer sogenannten „stillen Wahl" kommt.

Die Zugehörigkeit der Richter zu einer politischen Partei ist nicht unproblematisch. Die Erfahrung zeigt jedoch, dass die Richter in der Regel über der politischen Weltanschauung ihrer Partei stehen und nur dem

Recht verpflichtet sind. Ein Richter muss seinen Entscheid natürlich immer auch rechtlich begründen können.

## 2.2 Unabhängigkeit, Unparteilichkeit, Ausstand

Bereits die BV hält in Art. 30 Abs. 1 fest, dass jede Person, deren Sache in einem gerichtlichen Verfahren beurteilt werden muss, Anspruch auf ein unabhängiges und unparteiisches Gericht hat.

> *„Jede Person, deren Sache in einem gerichtlichen Verfahren beurteilt werden muss, hat Anspruch auf ein durch Gesetz geschaffenes, zuständiges, unabhängiges und unparteiisches Gericht. Ausnahmegerichte sind untersagt."*

Die Unabhängigkeit der Gerichte ist ein wichtiges Merkmal für einen Rechtsstaat. Dieser Grundsatz ist daher auch in der Europäischen Menschenrechtskonvention (Art. 6 Ziff. 1 EMRK) enthalten.

Der sogenannte Ausstand von Richtern ist in Art. 47 ff. ZPO geregelt. Wenn diese Unabhängigkeit bzw. Unparteilichkeit tangiert ist, muss ein Richter von sich aus in den Ausstand treten, d.h. er darf einen Fall nicht bearbeiten. Dies ist vor allem dann der Fall, wenn der Richter befangen ist. Die Gründe sind in Art. 47 ZPO aufgezählt, wie z.B.:

- ein persönliches Interesse am Ausgang der Streitigkeit,

- der Richter ist mit der Streitsache vorbefasst, d.h. er war in der gleichen Sache bereits einmal tätig,

- Freundschaft oder Verwandtschaft mit einer am Prozess beteiligten Partei.

Falls der betroffene Richter nicht von selbst in den Ausstand tritt (Art. 48 ZPO), kann eine der Parteien ein Ausstandsgesuch stellen (Art. 49 ZPO) – dann muss das Gericht über den Ausstand entscheiden (Art. 50 ZPO, der betroffene Richter darf dabei natürlich nicht mitwirken). Der Name der urteilenden Richter wird den Parteien zu Beginn des Prozesses bekannt gegeben. Wichtig ist, dass Sie ein Ausstandsgesuch sofort stellen, nachdem Sie von einem möglichen Ausstandsgrund erfahren haben. Sie können nicht erst dann den Ausstand verlangen, nachdem ein unliebsames Urteil gefällt worden ist!

Wird der Ausstandsgrund jedoch erst entdeckt, nachdem bereits ein Urteil gefällt worden ist, kann eine Revision des Urteils verlangt werden (Art. 51 Abs. 3 ZPO, siehe 11. Kapitel).

# 2.3 Gerichtsorganisation

Die Gerichtsorganisation ist Sache der Kantone (Art. 3 ZPO). Die Gerichte sind daher in jedem Kanton unterschiedlich organisiert und zusammengesetzt und haben zum Teil unterschiedliche Bezeichnungen.

Art. 75 Abs. 2 BGG schreibt vor, dass jeder Kanton zwei Instanzen vorsehen muss (die Schlichtungsbehörde bzw. der Friedensrichter wird nicht als Instanz mitgezählt):

- Die **unteren kantonalen Gerichte**: Bezirksgericht, Amtsgericht, Regionalgericht, Kreisgericht. In grösseren Kantonen hat es mehrere untere Gerichte, kleinere Kantone haben nur ein unteres Gericht, welches dann oft als Kantonsgericht bezeichnet wird.

- Neben den ordentlichen unteren Gerichten kennen viele Kantone noch erstinstanzliche **Spezial- oder Fachgerichte**, welche nur in einem bestimmten Rechtsgebiet tätig sind, nämlich Arbeitsgerichte und Mietgerichte. Der Vorteil dieser Gerichte liegt auf der Hand: Sie verfügen über mehr Spezialkenntnisse und können daher Streitigkeiten kompetenter und schneller entscheiden.

 **Weiterführende Links**

Wenn Sie mehr über die Gerichtsorganisation in Ihrem Kanton erfahren möchten, rufen Sie die Webseite Ihres Kantons auf (Autokennzeichen des Kantons und die Endung .ch) und klicken auf bzw. suchen dort nach „Gerichte".

- Die **oberen kantonalen Gerichte**: Kantonsgericht (nicht zu verwechseln mit dem unteren kantonalen Gericht in kleineren Kantonen), Obergericht, Appellationsgericht.

Zum Grundsatz der zwei kantonalen Instanzen gibt es aber drei wichtige Ausnahmen:

1. Die ZPO sieht in Art. 5 vor, dass bei einzelnen Streitigkeiten vor allem im Gebiet des Wirtschaftsrechts (geistiges Eigentum, Kartellrecht, Firmenrecht, unlauterer Wettbewerb) nur eine einzige kantonale Instanz (nämlich die obere) zur Verfügung steht.

2. In vermögensrechtlichen Streitigkeiten kann der Kläger mit Zustimmung des Beklagten direkt an das obere kantonale Gericht gelangen, sofern der Streitwert mindestens CHF 100'000 beträgt (Art. 8 ZPO).

3. Sodann gibt die ZPO den Kantonen in Art. 6 die Befugnis, Handelsgerichte vorzusehen. Die Kantone Aargau, Bern, St. Gallen und Zürich haben davon Gebrauch gemacht. Ist in diesen Kantonen die Zuständigkeit des Handelsgerichts gegeben, entscheidet es als einzige kantonale Instanz.

Zuständig ist das Handelsgericht, wenn es um eine handelsrechtliche Streitigkeit geht. Eine solche liegt nach Art. 6 Abs. 2 ZPO vor, wenn drei Voraussetzungen gegeben sind:

- der Streitwert beträgt mindestens CHF 30'000,

- die Parteien sind im Handelsregister eingetragen und

- es handelt sich nicht um eine arbeits- oder mietrechtliche Streitigkeit (dann wäre das Arbeitsgericht oder das Mietgericht zuständig).

Ist nur die beklagte Partei im Handelsregister eingetragen, sind aber die ersten beiden Voraussetzungen erfüllt, so hat der Kläger die Wahl zwi-

 **Weiterführende Links**

zefix.ch (Abfrage Handelsregister)

schen dem Handelsgericht und dem unteren kantonalen Gericht (Art. 6 Abs. 3 ZPO).

Am Handelsgericht wirken Fachrichter mit, welche nur nebenamtlich tätig sind und in ihrem Hauptberuf der Branche angehören, um welche sich der Rechtsstreit dreht.

Die Urteile des oberen kantonalen Gerichts bzw. des Handelsgerichts können nur noch von einer Bundesinstanz, nämlich dem Bundesgericht in Lausanne, überprüft werden. In diesen Fällen entscheidet somit nur eine einzige kantonale Instanz mit der Konsequenz, dass insgesamt nur eine Rechtsmittelinstanz zur Verfügung steht.

# 2.4 Verfahrensgrundsätze

## Wo kein Kläger, da kein Richter

Im Zivilprozessrecht gilt der Grundsatz, dass diejenige Partei, welche von einer anderen Partei etwas will und dazu die Hilfe des Gerichts in Anspruch nehmen will, selbst aktiv werden muss, indem sie eine Klage einreicht. Ein Zivilgericht leitet ein Verfahren niemals von sich aus ein.

## Rechtliches Gehör

Rechtliches Gehör bedeutet, dass das Gericht den Parteien die Gelegenheit geben muss, sich ausreichend zur Sache äussern zu können. Das rechtliche Gehör wird bereits durch die BV garantiert (Art. 29 Abs. 2):

| *„Die Parteien haben Anspruch auf rechtliches Gehör."*

Das rechtliche Gehör ist auch in Art. 53 ZPO geregelt. Es umfasst insbesondere folgende Rechte der Parteien:

- Recht auf Anhörung

- Recht, sich zu äussern, sogenanntes Replikrecht

- Recht auf Akteneinsicht (z.B. des Protokolls, welches von Gerichtsverhandlungen erstellt wird)

Die Parteien müssen jedoch dabei die Spielregeln eines Zivilprozesses
beachten und beispielsweise die vorgegebenen Fristen einhalten.

## Öffentlichkeitsprinzip

Das Öffentlichkeitsprinzip ist ein wichtiger Grundsatz in einem Rechtsstaat. Es ist in Art. 54 ZPO geregelt und wird bereits in der BV garantiert, Art. 30 Abs. 3:

> *„Gerichtsverhandlung und Urteilsverkündung sind öffentlich. Das Ge-
> setz kann Ausnahmen vorsehen."*

Die Arbeit der Gerichte muss überprüfbar sein, es soll keine Geheimjus-
tiz geben.

Gerichtsverhandlungen sind also grundsätzlich öffentlich. Es ist daher
denkbar, dass beispielsweise Jurastudenten, Medienvertreter oder gar
eine ganze Schulklasse einer Gerichtsverhandlung beiwohnen. Die Jus-
tizberichterstattung in den Medien unterliegt aber Einschränkungen.
Beispielsweise dürfen die Namen der beteiligten Parteien nicht ohne
weiteres offengelegt werden. Fotos oder Filmaufnahmen dürfen im Gerichtssaal nicht gemacht werden.

Auch die Parteien selbst dürfen Personen an die Gerichtsverhandlung
mitbringen. Potenzielle Zeugen sollten jedoch nicht an eine Verhandlung
mitgenommen werden, da diese vom Gericht später allenfalls noch befragt werden und bei einer vorherigen Teilnahme an der Verhandlung als
befangen gelten und nicht mehr als Zeugen in Frage kommen.

Die Öffentlichkeit kann ganz oder teilweise ausgeschlossen werden,
wenn es das öffentliche Interesse oder das schutzwürdige Interesse
einer beteiligten Person erfordert. Gewisse Verhandlungen und Verfahren sind grundsätzlich nicht öffentlich:

- familienrechtliche Verfahren (Art. 54 Abs. 3 ZPO)

- Schlichtungsverhandlungen (Art. 203 Abs. 3 ZPO)

- Vergleichsverhandlungen (Die Bemühungen des Gerichts, zwischen den Parteien zu vermitteln, gelten nach der Rechtsprechung nicht als Gerichtsverhandlung und unterstehen daher nicht dem Öffentlichkeitsprinzip.)

Auch die Gerichtsurteile werden der Öffentlichkeit zugänglich gemacht. Viele Urteile können heutzutage im Internet abgerufen werden. Selbstverständlich sind diese Urteile aber vollständig anonymisiert, so dass ein Rückschluss auf die beteiligten Parteien nicht möglich ist. Wichtige Urteile (sogenannte Leitentscheide) werden auch in juristischen Zeitschriften abgedruckt, welche Ende Jahr zu einem Buch gebunden werden können. Die Sammlung der Leitentscheide des Bundesgerichts nennt sich beispielsweise „BGE". Solche Leitentscheide haben den Vorteil, dass ihnen eine Zusammenfassung vorangestellt ist (die sogenannte „Regeste"). Andere Urteile verfügen über keine solche Zusammenfassung. Dank Hilfsmittel der künstlichen Intelligenz (KI) lassen sich diese aber zusammenfassen, so dass ohne viel Zeitverlust festgestellt werden kann, ob der Entscheid hilfreich ist oder nicht. Nützliche Dienste leistet KI auch bei der Übersetzung von Urteilen aus Kantonen mit der Amtssprache Französisch oder Italienisch.

 **Weiterführende Links**

bger.ch →Rechtsprechung (Bundesgerichtsentscheide)

Leider sind die Urteilsdatenbanken im Internet nicht sehr laienfreundlich ausgestaltet. Ohne Übung und Erfahrung ist es aufgrund der Vielzahl der Entscheide sehr schwierig, im Internet den passenden Entscheid zu finden. In der von mir verwendeten juristischen Recherche-Datenbank waren beispielsweise im September 2024 über 299'000 Entscheide enthalten.

Urteile, vor allem diejenigen des Bundesgerichts, haben eine herausragende Bedeutung. Sie werden darum auch Leitentscheide genannt. Nur aufgrund des Gesetzestexts allein lässt sich ein Rechtsfall oft nicht entscheiden, da Gesetze sehr allgemein gehalten und abstrakt gefasst sind und zwangsläufig Fragen offen lassen. Es kommt auch oft vor, dass ein Gericht eine Frage entscheiden muss, welche im Gesetz gar nicht geregelt ist. Art. 1 ZGB sieht für diese Fälle vor:

> *„Kann dem Gesetz keine Vorschrift entnommen werden, so soll das Gericht nach Gewohnheitsrecht und, wo auch ein solches fehlt, nach der Regel entscheiden, die es als Gesetzgeber aufstellen würde. Es folgt dabei bewährter Lehre und Überlieferung."*

Um sich einen Überblick zur Rechtsprechung zu einer bestimmten Frage zu verschaffen, muss man aber nicht unbedingt Dutzende von Urteilen heraussuchen und lesen. Zu jedem wichtigen Gesetz gibt es Gesetzeskommentare, welche die Rechtsprechung zu jedem einzelnen Gesetzesartikel zusammenfassen. Solche Kommentare haben in der täglichen Arbeit eines Anwalts einen wichtigen Stellenwert. Nach Konsultation eines Kommentars muss dann nur noch überprüft werden, ob seit dessen Erscheinen wichtige Gerichtsurteile gefällt wurden. Auch die Rechtsratgeber für Laien (Beobachter, K-Tipp, Saldo) weisen oft auf die einschlägige Gerichtspraxis bzw. auf bedeutende Gerichtsurteile hin.

Falls Sie die Möglichkeit erhalten, ein Urteil zu lesen, ist dies eine gute Möglichkeit zu sehen, wie in der Justiz gearbeitet wird. Oft sind Urteile spannend zu lesen, weil nicht von Beginn weg klar ist, wie eine Frage entschieden wird. Im Gegensatz zu einem Krimi erfolgt die Auflösung aber nicht ganz am Schluss. Mit zunehmender Lektüre kristallisiert sich die Lösung immer mehr heraus.

**So ist ein Gerichtsurteil aufgebaut**

- Am Anfang werden die entscheidenden Richter, die Verfahrensnummer und die Parteien genannt sowie ein Stichwort, worum es überhaupt geht (z.B. „Forderung"). Juristen nennen diesen **Urteilskopf** „Rubrum".

- Zuerst stellt das Gericht fest, dass die **Prozessvoraussetzungen** erfüllt sind (z.B. Fristen, Zuständigkeit etc. – mehr dazu später).

- Dann gibt das Gericht die **Prozessgeschichte** wieder, d.h. wann die Rechtsschriften eingereicht wurden und wann Verhandlungen stattgefunden haben.

- Als nächstes kümmert sich das Gericht um den **Sachverhalt**. Es gibt die Standpunkte von Kläger und Beklagtem wieder und stellt dann klar, welcher Sichtweise das Gericht folgt (basierend auf dem, was die beweisbelastete Partei beweisen konnte und was nicht – mehr dazu im 10. Kapitel).

- Schliesslich wendet das Gericht das Recht auf den von ihm festgestellten Sachverhalt an. Dieser Teil des Urteils nennt man „**Erwägungen**".

- Am Schluss werden die **Urteilssprüche** aufgeführt. Man nennt das auch das „**Dispositiv**". Darin hält das Gericht fest, ob die Klage gutgeheissen, teilweise gutgeheissen oder abgewiesen wird. Weiter hält das Gericht fest, welche Partei die Kosten zu tragen hat und welche Möglichkeiten bestehen, gegen das Urteil ein Rechtsmittel einzulegen. Im Dispositiv wird auch festgehalten, wer eine Kopie des Urteils erhält. Je nach Streitgegenstand kann es sein, dass das Urteil auch Ämtern (z.B. Handelsregisteramt oder Grundbuchamt) oder dem Amtsblatt zur Veröffentlichung zugestellt wird.

## Verhandlungs- und Untersuchungsgrundsatz

Die Parteien haben dem Gericht die Tatsachen, auf die sie ihre Begehren stützen, darzulegen (der Fachbegriff hierzu heisst „substanziieren") und die Beweismittel anzugeben (Art. 55 Abs. 1 ZPO).

Diese Pflicht trifft vor allem den Kläger, der ja das Klagefundament liefern muss. Die Rolle des Beklagten besteht vor allem darin, die Behauptungen des Klägers zu widerlegen bzw. zu bestreiten. Im 6. Kapitel werden wir sehen, dass der Beklagte aber auch selbst eine Gegenklage (Widerklage) erheben kann.

In der Regel berücksichtigt das Gericht zur Entscheidfindung nur, was von den Parteien vorgetragen wurde (= **Dispositionsgrundsatz**), d.h.

das Gericht stellt keine eigenen Nachforschungen und Abklärungen an. Das Gericht nimmt insbesondere auch nur Beweise ab, welche von einer der Parteien auch tatsächlich angeboten bzw. verlangt worden sind. Darum ist es äusserst wichtig, dem Gericht alles Wesentliche mitzuteilen und die Beweismittel vollständig zu benennen.

In gewissen Rechtsgebieten sieht Art. 247 ZPO jedoch vor, dass das Gericht auch eigene Nachforschungen anstellen und Beweise von sich aus erheben kann (= **Untersuchungsgrundsatz**):

- nach dem Bundesgesetz über die Gleichstellung von Frau und Mann

- in gewissen Streitigkeiten betreffend die Miete und Pacht von Wohn- und Geschäftsräumen

- im Arbeitsrecht (bis zu einem Streitwert von CHF 30'000)

- Kinderbelange (Art. 296 Abs. 1 ZPO)


## Richterliche Fragepflicht

Ist das Vorbringen einer Partei unklar, widersprüchlich, unbestimmt oder offensichtlich unvollständig, so gibt ihr das Gericht durch entsprechende Fragen Gelegenheit zur Klarstellung und zur Ergänzung (Art. 56 ZPO). Dies gilt jedoch nur dann, wenn die Partei nicht anwaltlich vertreten ist. Wird nämlich eine Partei von einem Rechtsanwalt vertreten, ist das Gericht bei der Ausübung dieser Fragepflicht sehr zurückhaltend.

Die richterliche Fragepflicht ist eine juristische Gratwanderung. Das Gericht darf durch die Ausübung der Fragepflicht der betreffenden Partei keinesfalls helfen, denn das Gericht muss ja immer unparteiisch bleiben.


## Rechtsanwendung von Amtes wegen

Das Gericht wendet das Recht von Amtes wegen an (Art. 57 ZPO). Dies bedeutet, dass die Parteien dem Gericht nur Tatsachen vortragen müssen. Die Anwendung der richtigen rechtlichen Bestimmungen auf die sich stellenden Rechtsfragen ist Sache des Gerichts.

Die Parteien dürfen das Gericht aber freiwillig auf die anwendbaren Gesetzesbestimmungen und einschlägige Gerichtsurteile hinweisen. Bei anwaltlich vertretenen Parteien und bei komplexen Rechtsfragen sind rechtliche Ausführungen daher üblich. Das Gericht ist aber natürlich nicht an die von den Parteien geäusserte Rechtsauffassung gebunden.

# 3. Parteien und Anwälte

## 3.1 Parteien

### Kläger und Beklagter

Die Parteien im Zivilprozess nennt man Kläger und Beklagter. Im summarischen Verfahren (siehe 7. Kapitel) ist auch von Gesuchsteller und Gesuchsgegner die Rede. Bei einer Scheidung auf gemeinsames Begehren spricht man bei beiden Parteien nur von Gesuchstellern. Bei Rechtsmitteln spricht man dann von Berufungskläger und Berufungsbeklagtem bzw. von Beschwerdeführer und Beschwerdegegner. Sprechen Sie in einem Zivilprozess nie vom „Angeklagten", denn dieser Begriff gehört ins Strafprozessrecht.

Als Parteien können natürliche oder juristische Personen (AG, GmbH, Genossenschaft, Stiftung, Verein) auftreten. Juristische Personen werden im Prozess durch ihre Organe vertreten (z.B. Gesellschafter, Verwaltungsrat, Geschäftsführer etc.).

Bestimmungen im materiellen Recht (ZGB und OR) sehen vor, dass z.B. Auch Kollektiv- oder Kommanditgesellschaften und Stockwerkeigentümergemeinschaften als Parteien auftreten können, obwohl diese eigentlich keine eigene Rechtspersönlichkeit haben.

Es ist sehr wichtig vor Einleitung eines Prozesses sicherzustellen, dass auch die richtige Partei eingeklagt wird. Klagt man nämlich die falsche Partei ein, wird die Klage vom Gericht kostenpflichtig abgewiesen

(= **fehlende Passivlegitimation**). Selbstverständlich muss auch die richtige Person klagen, d.h. die Person, welcher die eingeklagten Rechte auch zustehen. Klagt die falsche Person, kommt es ebenfalls zur kostenpflichtigen Abweisung der Klage (= **fehlende Aktivlegitimation**). Die ZPO sieht in Art. 73 ff. auch die mögliche Beteiligung von Dritten im Prozess vor (Intervention, Streitverkündung). Dies ist relativ selten und wird in diesem Buch daher nicht abgehandelt.

## Mehrere Parteien

Es ist möglich, dass sowohl auf der Kläger- als auch auf der Beklagtenseite mehrere Personen auftreten. Man spricht dann von Streitgenossen bzw. einer Streitgenossenschaft (Art. 70 ff. ZPO).

**Beispiele**

- Ein solidarisch haftendes Ehepaar
- mehrere Miterben bei einer Erbteilung
- Mitglieder einer Stockwerkeigentümergemeinschaft
- Mitglieder einer Wohngemeinschaft, welche den Mietvertrag gemeinsam unterschrieben haben
- Gesellschaften, welche sich in einem Konsortium (einfache Gesellschaft) zusammengeschlossen haben

## Verbandsklagen

In bestimmten, vom Gesetz genannten Fällen ist es möglich, dass ein Verband in eigenem Namen für seine Mitglieder klagen kann (Art. 89 ZPO). Man spricht in diesem Zusammenhang von sogenannten „Verbandsklagen". Beispiele:

- Gewerkschaften können sich für ihre Mitglieder wehren, wenn das Bundesgesetz über die Gleichstellung von Frau und Mann vom Arbeitgeber verletzt wurde.

- Nach dem Bundesgesetz gegen den unlauteren Wettbewerb haben Berufs- und Wirtschaftsverbände sowie Konsumentenschutzorganisationen ein Recht zur Verbandsklage.

## Sammelklagen

Sammelklagen, wie wir sie aus den USA kennen, gibt es in der Schweiz noch nicht. Ist eine Vielzahl von Personen geschädigt (z.B. durch ein fehlerhaftes Produkt oder Medikament), muss nach geltendem Recht grundsätzlich jede Person ihre Rechtsansprüche individuell vor Gericht geltend machen. Eine Bündelung der Interessen und Ressourcen ist nur sehr begrenzt möglich (indem sich beispielsweise die betroffenen Parteien alle vom gleichen Anwalt vertreten lassen).

Dem würde mit einem Sammelklagerecht Abhilfe geschaffen. Der Bundesrat hat 2018 im Rahmen einer Überarbeitung der ZPO die Einführung eines solchen Rechts auch in der Schweiz vorgeschlagen. Es zeigte sich jedoch, dass die Frage stark umstritten ist, weshalb der Bundesrat entschieden hat, die Sammelklage auszuklammern. Diese wird nun erst wieder sehr viel später aufs politische Parkett kommen. Ob das Sammelklagerecht eines Tages eingeführt wird, ist derzeit noch völlig offen.

### Der Dieselgate-Skandal

Der Dieselgate-Skandal, der im September 2015 öffentlich bekannt wurde, drehte sich um betrügerische Praktiken von Volkswagen und einigen seiner Tochterunternehmen im Zusammenhang mit der Manipulation von Abgaswerten bei Diesel-Fahrzeugen. VW hatte eine Software in die Motorsteuerung seiner Dieselautos eingebaut, die erkannte, wenn das Fahrzeug auf einem Prüfstand getestet wurde, und dann die Abgasreinigung aktiviert oder optimiert. Im normalen Fahrbetrieb wurden jedoch wesentlich höhere Schadstoffemissionen erzeugt, als die gesetzlichen Vorschriften erlaubten. Rund elf Millionen Fahrzeuge weltweit waren von dieser Manipulation betroffen. Der Skandal führte zu erheblichen finanziellen Verlusten für VW, juristischen Auseinandersetzungen, Rückrufen und einem Vertrauensverlust der Konsumenten in die Automobilindustrie.

Im Zuge des Dieselgate-Skandals wurden in verschiedenen Ländern Sammelklagen gegen VW und andere beteiligte Unternehmen eingereicht. Die Kläger in diesen Sammelklagen argumentierten in der Regel, dass sie durch den Kauf von betroffenen Fahrzeugen finanziellen Schaden erlitten hätten, da die Autos aufgrund der Manipulationen einen geringeren Wiederverkaufswert hatten und möglicherweise auch höhere Betriebskosten verursachten. In vielen Fällen kam es daraufhin zu Vergleichen, d.h. die Sammelkläger erhielten finanzielle Entschädigungen.

Ein solches Vorgehen war in der Schweiz nicht möglich. Die Stiftung für Konsumentenschutz versuchte zwar, im Namen von mehreren Klägern am Handelsgericht des Kantons Zürich eine Klage anzustrengen, was jedoch aufgrund der fehlenden gesetzlichen Grundlage für eine Sammelklage scheiterte.

# 3.2 Rechtsanwälte

## Ausbildung

Die Zulassung, als Rechtsanwalt tätig zu sein (= **Anwaltspatent**), erhält nur, wer folgende Voraussetzungen erfüllt (Art. 7 und 8 BGFA):

- ein abgeschlossenes Rechtsstudium,

- ein absolviertes Praktikum am Gericht oder in einer Anwaltskanzlei,

- Bestehen der staatlichen Anwaltsprüfung

- tadelloser Leumund

- keine Verlustscheine

Die Anwaltsprüfung wird nicht an einer Universität abgelegt sondern in der Regel vor dem obersten Gericht des jeweiligen Kantons.

In gewissen Kantonen werden Anwälte auch Fürsprecher oder Advokaten genannt. Diese Berufsbezeichnungen sind gleichwertig. In gewissen Kantonen können Anwälte auch als Notare tätig sein und damit Beurkundungen und Beglaubigungen vornehmen.

Nicht mit einem Anwalt zu verwechseln sind folgende Personen:

- **Rechtsagenten**, welche in einigen Kantonen (namentlich St. Gallen) bestehen. Ein Rechtsagent muss nicht studiert haben und darf nur in einfacheren Verfahren vor Gericht auftreten.

- **Substituten** sind Mitarbeiter in einer Anwaltskanzlei, welche Recht studiert haben und dort ein Praktikum absolvieren, nach dessen Abschluss sie die Anwaltsprüfung absolvieren können.

- Als **Juristen** bezeichnet man Berufsleute mit abgeschlossenem Rechtsstudium aber ohne Anwaltspatent. Wer Recht studiert hat, ist somit nicht automatisch auch Rechtsanwalt.

## Anwaltsgeheimnis

Ein Rechtsanwalt ist zeitlich unbegrenzt und gegenüber jedermann ans Anwaltsgeheimnis (auch Berufsgeheimnis genannt) gebunden (Art. 13 BGFA). Sie können sich einem Anwalt daher bedingungslos anvertrauen. Ein Anwalt darf ohne Zustimmung seines Klienten keine Informationen preisgeben, auch nicht gegenüber Behörden. Das Anwaltsgeheimnis ist so streng gefasst, dass ein Anwalt nicht einmal darüber Auskunft geben darf, ob überhaupt ein Mandat mit einer bestimmten Person besteht oder nicht. Wenn ein Anwalt offenes Honorar von seinem Klienten eintreiben muss, muss er diesen in der Regel zuerst auffordern, ihn vom Anwaltsgeheimnis zu entbinden. Weigert sich der Klient, kann sich der Anwalt von der Aufsichtsbehörde vom Anwaltsgeheimnis entbinden lassen, damit er seine Honorarforderung auf dem Rechtsweg durchsetzen kann.

Eine Verletzung des Anwaltsgeheimnisses wird streng geahndet und kann nach Art. 320 StGB mit bis zu drei Jahren Gefängnis bestraft werden.

## Anwaltsregister und Aufsicht

Anwälte haben in den meisten Verfahren das Monopol, vor Gericht als Rechtsvertreter aufzutreten (Anwaltsmonopol, Art. 68 Abs. 2 ZPO). Treuhänder und Juristen von Rechtsschutzversicherungen dürfen beispielsweise nicht als Parteivertreter vor Gericht auftreten. Anwälte unterliegen dafür aber einer strengen Aufsicht. In jedem Kanton gibt es eine Aufsichtsbehörde (Art. 14 BGFA), welche einen Anwalt sanktionieren kann, der gegen die Berufsregeln (siehe nächsten Abschnitt) verstossen hat. Im schlimmsten Fall droht eine Sperre oder sogar der Entzug des Anwaltspatents (Art. 17 BGFA). Dem Monopol unterliegt aber nur das Auftreten vor Gericht. Nicht monopolisiert ist die Rechtsberatung, welche auch von Nicht-Anwälten erbracht werden kann.

Damit ein Anwalt vor Gericht auftreten kann, muss er im kantonalen Anwaltsregister eingetragen sein. Dieses Register ist öffentlich. Schweizer Anwälte dürfen grundsätzlich vor allen Schweizer Gerichten auftreten. Die Tätigkeit eines Anwalts ist somit nicht auf den Kanton beschränkt, in dessen Register er eingetragen ist.

 **Weiterführende Links**

sav-fsa.ch →Anwaltsrecht →Anwaltsregister (Links zu den kantonalen Anwaltsregistern)

## Berufsregeln und Haftung

Die Berufsegeln der Anwälte sind in Art. 12 BGFA enthalten. Die wichtigsten Berufsregeln sind:

- Anwälte üben ihren Beruf sorgfältig und gewissenhaft aus. Die Sorg-
  faltspflichten, denen ein Anwalt untersteht, sind sehr streng geregelt.
  Ein Anwalt haftet für jedes Verschulden, auch für leichte Fahrlässig-
  keit.

- Anwälte üben ihren Beruf unabhängig, in eigenem Namen und auf
  eigene Verantwortung aus.

- Anwälte meiden jeden Konflikt zwischen den Interessen ihrer Klienten
  und den Personen, mit denen sie geschäftlich oder privat in Bezie-
  hung stehen. Anwälte müssen insbesondere Mandate ablehnen,
  wenn sie die Gegenpartei schon einmal vertreten haben. Falls ein
  Mandat zwischen Ihnen und einem Anwalt zustande kommt, bedeutet
  dies umgekehrt, dass der Anwalt auch nach Beendigung des Man-
  dats keine Fälle mit Ihnen als Gegenpartei annehmen darf.

- Anwälte dürfen nur zurückhaltend Werbung treiben.

- Anwälte haben eine Berufshaftpflichtversicherung abzuschliessen,
  die Versicherungssumme muss mindestens eine Million Franken pro
  Jahr betragen.

- Anwälte sind verpflichtet, in dem Kanton, in dessen Register sie eingetragen sind, im Rahmen der unentgeltlichen Rechtspflege Rechts-
  vertretungen zu übernehmen (siehe 9. Kapitel).

- Anwälte bewahren die ihnen anvertrauten Vermögenswerte getrennt
  von ihrem eigenen Vermögen auf. Deshalb führen Anwälte ein separates Bankkonto, welches nur für Klientengelder bestimmt ist (sogenanntes Klientengelderkonto).

- Anwälte klären ihre Klienten bei Übernahme des Mandates über die
  Grundsätze ihrer Rechnungsstellung auf und informieren sie periodisch oder auf Verlangen über die Höhe des geschuldeten Honorars. Mehr zum Anwaltshonorar erfahren Sie im 9. Kapitel.

## In welchen Fällen ein Anwalt angezeigt ist

In der Schweiz gibt es keinen Anwaltszwang. Selbst vor dem höchsten
Schweizer Gericht, dem Bundesgericht, kann eine Partei auch ohne

Rechtsvertreter auftreten. Jede Partei kann sich aber in einem Prozess von einem Anwalt vertreten lassen (Art. 68 Abs. 1 ZPO). Aufgrund des Anwaltsmonopols ist die Vertretung durch Nicht-Anwälte in den meisten Verfahren unzulässig.

In der Regel kann eine Partei nicht verpflichtet werden, einen Anwalt zu beauftragen. Eine Ausnahme dazu ergibt sich jedoch aus Art. 69 Abs. 1 ZPO: Ist eine Partei offensichtlich nicht imstande, den Prozess selbst zu führen, so kann das Gericht sie auffordern, einen Vertreter zu beauftragen. Leistet die Partei innert der angesetzten Frist keine Folge, so bestellt ihr das Gericht eine Vertretung.

Die Erfahrung zeigt, dass eine Vertretung durch einen Anwalt vor allem in folgenden Situationen sinnvoll ist:

- Jemand fühlt sich in einer Streitigkeit überfordert.

- Die Gegenpartei ist anwaltlich vertreten.

- Der Streitwert beträgt mehr als CHF 10'000.

- Die Gegenpartei ist mächtig (z.B. Banken, Versicherungen, Medien).

- Das Urteil hat über lange Zeit Bestand (z.B. Unterhaltsbeiträge in Scheidungsverfahren).

- Bei komplexem Sachverhalt oder komplizierten rechtlichen Verhältnissen.

- Bei vorsorglichen Massnahmen und allgemein, wenn es sehr schnell gehen soll.

- In Prozessen vor Handelsgerichten.

- In Rechtsmittelverfahren.

Bei Streitwerten unter CHF 10'000 lohnt sich der Beizug eines Anwalts zumindest finanziell nicht, weil dann in der Regel die Parteientschädigung nicht ausreicht, welche die verlierende Partei der obsiegenden Partei an die Anwaltskosten bezahlen muss, um die tatsächlich entstandenen Kosten zu decken. Falls Sie über eine Rechtsschutzversicherung verfügen und der Streit gedeckt ist, spielen diese Überlegungen allerdings keine Rolle. Mehr zu den Anwaltskosten erfahren Sie im 9 Kapitel.

**Weiterführende Links**

sav-fsa.ch →Anwaltssuche (Mitgliederverzeichnis Schweizerischer Anwaltsverband)

Achten Sie bei der Auswahl eines Anwalts darauf, dass er dem Anwaltsverband angehört. Anwälte, welche mehrfach gegen die Berufsregeln verstossen haben („schwarze Schafe"), werden von den Verbänden in der Regel ausgeschlossen.

## Spezialisierung

Anwälte haben in der Regel vier bis fünf bevorzugte Tätigkeitsgebiete bzw. Spezialisierungen. Kein Anwalt kann in allen Rechtsgebieten versiert sein. In den Anwaltsverzeichnissen bzw. auf der Homepage von Anwaltskanzleien werden daher oft Rechtsgebiete angegeben, in welchen ein Anwalt bevorzugt tätig ist. Umgekehrt kann es aber von Vorteil sein, wenn ein Anwalt in mehreren Rechtsgebieten tätig ist. Er sieht dann Ihren Fall vielleicht ganzheitlicher und denkt vernetzter.

In der Regel sind folgende Rechtsgebiete relevant (es werden nur Rechtsgebiete berücksichtigt, welche Gegenstand eines Zivilprozesses bilden können):

- **Familie und Kind**: Ehe- und Konkubinatsrecht, Scheidungsrecht, Kindesrecht, Erwachsenenschutzrecht

- **Beruf und Vorsorge**: Arbeitsrecht, Personalvorsorgerecht

- **Wohnen und Bauen, Immobilien**: Miet- und Pachtrecht, Werkvertrags- und Auftragsrecht, Sachenrecht

- **Verträge und Konsumentenschutz**: Allgemeines Vertragsrecht, Kaufvertragsrecht, Handelsrecht, Reiserecht, Arztrecht

- **Erbfragen und Nachfolgeregelung**: Erbrecht, Nachlassrecht, Stiftungsrecht

- **Kapitalanlage und Vermögen**: Bankenrecht, Wertpapierrecht
- **Haftpflicht und Versicherung**: Haftpflichtrecht, Privatversicherungsrecht, Produkthaftpflichtrecht, Transportrecht
- **Unternehmen gründen und führen**: Gesellschafts- und Firmenrecht, Vertragsrecht, Beurkundungsrecht
- **Schutz von Ideen und Konzepten**: Immaterialgüterrecht, Markenrecht, Urheberrecht, Werberecht, Lizenzrecht, Wettbewerbsrecht
- **Inkasso und Schuldbetreibung**: Betreibungs- und Konkursrecht, Vollstreckungsrecht

---

**Fachanwalt**

In fünf Rechtsgebieten des Zivilrechts besteht für Anwälte die Möglichkeit, einen Fachanwalts-Titel zu erwerben:

- Arbeitsrecht
- Bau- und Immobilienrecht
- Mietrecht
- Erbrecht
- Familienrecht
- Haftpflicht- und Versicherungsrecht

Die Titel werden vom Schweizerischen Anwaltsverband (SAV) verliehen. Die Erteilung des Fachanwaltstitels SAV setzt eine vertiefte Tätigkeit im betreffenden Fachgebiet, das Absolvieren einer praxisorientierten Weiterbildung an Universitäten samt schriftlicher Prüfung und das Bestehen eines Fachgesprächs voraus. Damit verbunden ist eine Pflicht zur kontinuierlichen Weiterbildung.

 **Weiterführende Links**

sav-fsa.ch →Weiterbindung →Weiterbindung →Fachanwältin SAV/ Fachanwalt SAV (Informationen zu Fachanwälten)

Aufgrund ihrer Spezialisierung sind Anwälte mit Fachanwalts-Titel oft etwas teuerer. Aufgrund ihrer Expertise können Sie einen Fall möglicherweise aber auch schneller lösen.

---

## Mandat mit dem Anwalt und Vollmacht

Den Vertrag, den Sie mit einem Anwalt eingehen, ist ein Auftrag (Mandat), welcher im OR (Art. 394 ff.) geregelt ist. Bei einem Auftrag ist nicht ein Ergebnis oder ein Erfolg geschuldet, sondern ein sorgfältiges Tätigsein im Interesse des Auftraggebers. Ein Anwalt ist somit nicht verpflichtet, einen Prozess zu gewinnen, er muss aber immerhin Ihre Interessen nach den Regeln der Anwaltskunst bestens vertreten.

Der Anwalt muss sich beim Gericht (bzw. bei der Gegenpartei) mit einer Vollmacht ausweisen (Art. 68 Abs. 3 ZPO). Diese gibt ihm sehr weitgehende Befugnisse. Er muss jedoch alle wichtigen Schritte mit Ihnen absprechen. Eine einmal erteilte Vollmacht können Sie jederzeit per sofort widerrufen (Art. 34 Abs. 1 OR).

Nach Art. 404 OR kann ein Mandat mit dem Anwalt jederzeit per sofort gekündigt werden. Das darf auch der Anwalt, allerdings nicht zu Unzeit (z.B. kurz vor einer Gerichtsverhandlung).

Die Vertretung durch einen Anwalt kann aber nicht immer verhindern, dass Sie persönlich vor Gericht erscheinen müssen. Das Gericht kann nämlich nach Art. 68 Abs. 3 ZPO das persönliche Erscheinen von vertretenen Parteien anordnen.

---

Beispiel für eine Vollmacht (offizieller Text des Zürcher Anwaltsverbands)

**VOLLMACHT**

Rechtsanwalt Felix Muster

wird in Sachen Klient X ./. Gegenpartei Y

betreffend Forderung (arbeitsrechtliche Streitigkeit)

zu allen Rechtshandlungen eines Generalbevollmächtigten mit dem Recht, Stellvertreter zu ernennen, bevollmächtigt.

Die Vollmacht schliesst insbesondere ein:

- aussergerichtliche Vertretung,

- Vertretung vor allen Gerichten, Verwaltungsbehörden und Schiedsgerichten,

- Abschluss von Gerichtsstandsvereinbarungen und Schiedsverträgen,

- Ergreifen von Rechtsmitteln,

- Abgeben von Abstandserklärungen,

- Abschluss von Vergleichen,

- Anerkennung und Rückzug von Klagen,

- Vollzug von Urteilen und abgeschlossenen Vergleichen,

- Empfangnahme und Herausgabe von Wertschriften, Zahlungen und anderen Streitgegenständen,

- Anhebung und Durchführung von Schuldbetreibungen, einschliesslich Stellen des Konkursbegehrens,

- Vertretung in Erbschaftssachen und bei öffentlichen Beurkundungen und Grundbuchgeschäften,

- Vertretung in Strafsachen, insbesondere Anheben/Stellen und Rückzug von Strafklagen und -anträgen.

Abweichende prozessrechtliche Bestimmungen vorbehalten, erlischt diese Vollmacht nicht mit dem Ableben, der Verschollenerklärung, dem Verlust der Handlungsfähigkeit oder dem Konkurs der Klientschaft.

Diese Vollmacht wird zur Verfolgung eines Auftrags erteilt, den die Klientschaft mit dem Bevollmächtigten abgeschlossen hat.

Die Klientschaft bestätigt, dass sie ihren Anspruch auf eine allfällige Prozessentschädigung dem Bevollmächtigten zahlungshalber abgetreten hat.

Ort, Datum und Unterschrift

# 4. Vor dem Prozess

---

**📌 Checkliste**

☐ Spricht die Einschätzung der Rechtslage für die Einleitung eines Prozesses?

☐ Sind Klagefristen zu beachten?

☐ Droht der Eintritt der Verjährung? Muss die Verjährung mit einer Klage, einem Schlichtungsgesuch oder einem Betreibungsbegehren unterbrochen werden?

☐ Bin ich genügend gut dokumentiert? Muss ich noch fehlende Dokumente beschaffen?

☐ Wie steht es um die Solvenz der Gegenpartei?

---

## 4.1 Einschätzen der Rechtslage

### Prozesse vermeiden

Selten ist die Rechtslage so klar, dass ein erfolgreicher Ausgang des Prozesses mit Sicherheit prognostiziert werden kann. Zivilprozesse sind vielmehr oft mit Risiken behaftet. Meistens gibt es mehr als nur eine Meinung zu den gestellten Rechtsfragen oder diese wurden gar noch nie von einem Gericht entschieden, die zu beurteilenden Vertragsbestimmungen sind interpretationsbedürftig oder das Gericht würdigt die Beweise anders als man es sich erhofft hat. Oder die Gegenpartei schüttelt Gegenargumente oder Beweismittel aus dem Ärmel, mit welchen man nicht gerechnet hat. Ausserdem ist Prozessieren teuer, und der Kläger muss in der Regel einen Teil der voraussichtlichen Gerichtskosten vorschiessen (siehe 9. Kapitel). Aus diesen Gründen ist es grundsätzlich sinnvoll, zuerst zu versuchen, einen Prozess abzuwenden und den Rechtsstreit aussergerichtlich zu lösen.

Oft unterschätzt wird die Dauer eines Zivilprozesses. Bis die erste Instanz ein Urteil fällt, kann gut und gerne über ein Jahr vergehen. Das Urteil kann dann möglicherweise noch an eine höhere kantonale Instanz und dann ans Bundesgericht weitergezogen werden. Es ist keine Seltenheit, dass fünf Jahre vergehen, bis das höchstrichterliche Urteil des Bundesgerichts vorliegt.

Bevor Sie vorschnell einen Prozess einleiten, ist es daher wichtig, dass Sie versuchen, sich einen Überblick zur Rechtslage zu verschaffen, um Ihre Chancen einschätzen zu können.

Ein Konflikt kann oft in einem frühen Stadium beseitigt werden, indem mit der Gegenseite das Gespräch gesucht wird. Auch falls Sie anwaltlich vertreten sind, wird Ihr Anwalt in der Regel zunächst versuchen, einen Prozess zu vermeiden, indem er bei der Gegenpartei oder deren Anwalt sondiert, ob eine aussergerichtliche Lösung erzielt werden kann.

## Rechtsberatung

Im Zweifelsfall ist es empfehlenswert, dass Sie möglichst früh Beratung suchen. Insbesondere falls Sie mit der Gegenseite ohne vorherige Beratung Korrespondenz führen, besteht die Gefahr, dass darin Dinge enthalten sind, welche Ihnen in einem späteren Prozess mehr schaden als nützen. Ausserdem besteht die Gefahr, dass Fristen verpasst werden.

Natürlich können Sie auch versuchen, sich selbst – anhand von Gesetzen, Ratgeber-Büchern oder dem Internet – einen Überblick über die Rechtslage zu verschaffen. Dies ist aber oft riskant und kann die Beratung durch eine erfahrene Fachperson nicht ersetzen. Insbesondere können Internet-Artikel veraltet sein, weil die entsprechenden Gesetze überarbeitet wurden oder die Gerichtspraxis geändert hat.

### Übersicht Rechtsberatungsstellen

- Viele Branchen haben so genannte **Ombudsstellen** eingerichtet, welche versuchen, in Konfliktsituationen zu vermitteln. U.a. folgende Branchen haben eine Ombudsstelle geschaffen: Banken, Telekommunikation, Postdienstleistungen, Privatversicherungen und Suva, Krankenversicherungen, Reisebranche.

 **Weiterführende Links**

ombudsstellen.ch (Verzeichnis der Ombudsstellen in der Schweiz)

- Viele **Gerichte** und die **Schlichtungsbehörden in Miet- und Pachtsachen** bieten eine kostenlose Beratung an. Sie dürfen von dieser Beratung aber nicht zu viel erwarten. Der Schwerpunkt der Beratung liegt mehr in der richtigen Vorgehensweise als in der Beurteilung von Rechtsfragen: Da das Gericht oder die Schlichtungsbehörde den Streit später allenfalls entscheiden muss, werden Fragen zur Rechtslage nur sehr zurückhaltend beantwortet.

- Viele **kantonale Anwaltsverbände** bieten eine kostenlose Erstberatung durch ihre Mitglieder an.

 **Weiterführende Links**

sav-fsa.ch →Rechtsauskunft (Verzeichnis der Stellen für kostenlose Rechtsauskünfte)

- Weiter gibt es Beratungsstellen von **spezialisierten Verbänden** (Mieterverband, Hauseigentümerverband, Gewerkschaften, Patienten-

Organisationen etc.). Vielfach ist die Rechtsberatung für Mitglieder kostenlos.

- Viele **Rechtsschutzversicherungen** haben eine Hotline eigerichtet, über welche Kunden einfache Rechtsfragen stellen und Beratung einholen können.

- Mehrere **Zeitschriften** haben eine Rechtsberatung eingerichtet, welche für Abonnenten in der Regel kostenlos ist: Beobachter, K-Tipp und Saldo.

Generell steht bei Beratungsstellen oft nur eine beschränkte Zeit zur Verfügung. Sie profitieren daher am meisten, wenn Sie sich gut vorbereiten und alle relevanten Unterlagen geordnet mitbringen.

Selbstverständlich können Sie sich auch direkt an einen Rechtsanwalt wenden. Allerdings ist in der Regel auch bereits das Erstgespräch kostenpflichtig. Mehr über Anwaltskosten erfahren Sie im 9. Kapitel.

# 4.2 Klagefristen

Zuerst muss immer geprüft werden, ob gesetzliche Fristen bestehen, innert welcher eine Klage einzureichen ist. ZGB und OR stellen eine Vielzahl von solchen Fristen auf. Wird eine Frist (Fachausdruck: Verwirkungsfrist) verpasst, ist das Klagerecht verwirkt und die entsprechende Klage wird abgewiesen.

# 4.3 Verjährung

Forderungen und Ansprüche können in der Regel nicht ewig geltend gemacht werden. Die Verjährung ist in Art. 127 ff. OR geregelt. Die Fristen sind je nach Anspruch unterschiedlich lange (zwischen drei und 20 Jahren).

Im Unterschied zu einer Klagefrist, die abgelaufen ist, kann eine verjährte Forderung vor Gericht allerdings noch eingeklagt werden. Wenn eine Forderung verjährt ist, muss dies der Schuldner einwenden bzw. die Einrede der Verjährung erheben. Die Verjährung wird vom Gericht nicht von Amtes wegen berücksichtigt (Art. 142 OR). Bezahlt der Schuldner eine verjährte Forderung, kann er sie nicht wieder zurückfordern (Art. 63 Abs. 2 OR).

Wichtig zu wissen ist, dass Verjährungsfristen in bestimmten Situationen stillstehen (Art. 134 OR) und unterbrochen werden können (Art. 135 OR).

Droht Ihr Anspruch zu verjähren, muss möglichst schnell geklagt werden, denn eine Klage bzw. ein Schlichtungsgesuch unterbricht die Verjährung, ebenso wie ein Betreibungsbegehren (siehe 12. Kapitel). Mit der Unterbrechung beginnt die Verjährung von neuem (Art. 137 f. OR).

Der Schuldner kann aber auch freiwillig eine sogenannte Verjährungsverzichtserklärung abgeben (Art. 141 OR).

# 4.4 Informationsbeschaffung

## Zusammentragen der Unterlagen

Offensichtlich sind Sie vor Gericht klar im Vorteil, wenn Sie in Ihrem Fall gut dokumentiert sind und alle wichtigen Schriftstücke gesammelt und aufbewahrt haben. Falls Sie anwaltlich vertreten sind, empfiehlt es sich, Ihrem Anwalt sämtliche Dokumente zu übergeben. Ein erfahrener Anwalt kann relativ schnell beurteilen, ob ein Dokument für das Gericht relevant ist bzw. eingereicht werden soll oder nicht. Ganz schlecht wäre es, wenn Sie Ihrem Anwalt Dokumente vorenthalten, die dann erst im laufenden Prozess von der Gegenpartei eingereicht werden.

Gerade wenn sich eine Auseinandersetzung abzeichnet, ist es von entscheidendem Vorteil, wenn man gut dokumentiert ist.

**Beispiel**

Sie verlangen von Ihrem Vermieter eine Herabsetzung des Mietzinses, weil es in der unmittelbaren Nachbarschaft eine lärmige und staubige Baustelle hat. Kommt es zu einem Gerichtsfall, stehen Sie wesentlich besser da, wenn Sie ein Lärmtagebuch geführt haben bzw. sich notiert haben, wann und wie lange welche Arbeiten vorgenommen worden sind (Aushub, Rohbau, Innenausbau etc.). In einem solchen Fall wäre es auch empfehlenswert, die Situation regelmässig fotografisch festzuhalten.

Oft scheitert ein Prozess daran, dass nicht genügend schriftliche Unterlagen bzw. keine brauchbaren Zeugenaussagen vorhanden sind. Darum noch zwei Tipps, wie Sie solche Situationen vermeiden können.

- Falls Sie mit einer Gegenpartei etwas Wichtiges nur mündlich vereinbart haben, bestätigen Sie dies umgehend kurz per E-Mail oder mit einem Schreiben. Sie haben dann etwas Schriftliches in der Hand, was Sie dereinst einem Gericht vorlegen können. Selbst wenn die Gegenpartei nicht auf das E-Mail oder Schreiben reagiert, folgert das Gericht unter Umständen, dass die Gegenpartei hätte protestieren müssen, wenn Ihre Bestätigung nicht korrekt gewesen wäre.

- Haben Sie etwas mündlich vereinbart und waren Zeugen zugegen, bitten Sie die Zeugen um eine kurze schriftliche Bestätigung. Sie haben dann bereits etwas Schriftliches in der Hand und müssen nicht zuwarten, bis die betreffende Person (vielleicht erst Jahre nach dem Vorfall) als Zeuge befragt wird.

## Auskunftsrecht nach Datenschutzgesetz

Bevor ein Prozess angehoben wurde, können Dokumente oft aufgrund des im DSG verankerten Auskunftsrechts heraus verlangt werden (Art. 25 f. DSG). So kann beispielsweise ein Arbeitnehmer gestützt auf das DSG vom Arbeitgeber Kopien des Personaldossiers einfordern.

## Beschaffung von Unterlagen erst im Prozess

Hat der Prozess bereits begonnen, können Dokumente über das Gericht von der Gegenpartei verlangt werden, indem ein sogenanntes „Editionsbegehren" gestellt wird (Art. 160 Abs. 1 lit. b ZPO). Das von der Gegenpartei herauszugebende Dokument muss jedoch genau umschrieben sein. Es würde beispielsweise nicht genügen, wenn man die Gegenseite zur Herausgabe „sämtlicher Korrespondenz etc." auffordern würde. Grundsätzlich ist es aber ein grosser Nachteil, wenn man bei Prozessbeginn noch nicht alle möglicherweise relevanten Dokumente kennt, weil dieser Umstand die Prozessrisiken erhöht.

## Strafanzeige

Es kann auch versucht werden, über ein Strafverfahren an Informationen und Beweismittel zu gelangen. Es kann aber unter Umständen sehr lange dauern, bis ein Strafverfahren abgeschlossen werden kann.

# 4.5 Solvenz der Gegenpartei

Im 9. Kapitel werden wir sehen, dass der Kläger die Gerichtskosten in der Regel zumindest teilweise vorschiessen muss, damit das Gericht die Klage überhaupt behandelt.

Prozessieren ist teuer. Der mit einem Prozess verbundene Aufwand und die entstehenden Kosten lohnen sich nicht, wenn die finanzielle Situation der Gegenpartei schlecht ist. Es passiert leider allzu oft, dass der Kläger im Prozess zwar obsiegt, von der Gegenpartei aber trotzdem nichts zu holen ist, weil sie die erforderlichen Mittel schlicht nicht hat. Es kann auch vorkommen, dass die Gegenpartei während laufendem Prozess in Konkurs fällt.

Der obsiegende Kläger muss im schlimmsten Fall damit rechnen, dass er den vom Gericht zugesprochenen Betrag abschreiben muss und von der Gegenseite auch die ihm zugesprochene Entschädigung für seinen eigenen Anwalt (Parteientschädigung, vgl. 9. Kapitel) nicht erhält.

Immerhin erhält der obsiegende Kläger den geleisteten Gerichtskostenvorschuss wieder zurück (Art. 111 Abs. 1 ZPO). Das Inkassorisiko für die Gerichtskosten trägt somit das Gericht bzw. letztlich der Staat.

Aus diesen Gründen sollte die finanzielle Situation der Gegenseite vor Einleitung eines Prozesses gut abgeklärt werden. Es ist sinnvoll, beim Betreibungsamt am Sitz oder Wohnsitz der Gegenseite einen Betreibungsregisterauszug über die Gegenpartei zu verlangen. Ein solcher Auszug kostet etwas weniger als CHF 20. Gegenüber dem Betreibungsamt muss ein Interesse glaubhaft gemacht werden. Dies geschieht, indem ein Beleg vorgelegt wird, aus welchem sich die Ansprüche gegen die Gegenpartei ergeben (Vertrag, Rechnung etc.). Bei Verträgen genügt es bereits, nur das Deckblatt bzw. die erste Seite und die Unterschriftsseite einzureichen.

Der Auszug gibt Auskunft über Anzahl, Verfahrensstand und Forderungssummen früherer Betreibungen der vergangenen fünf Jahre sowie ausgestellte Verlustscheine.

Zu beachten ist, dass ein Betreibungsregisterauszug immer nur die Betreibungen am entsprechenden Ort enthält. Ist die Gegenpartei also kürzlich umgezogen oder hat sie ihren Sitz gewechselt, ist ein Betreibungsregisterauszug unter Umständen wenig aussagekräftig. Es kann in einer solchen Situation Sinn machen, auch am alten Wohnort bzw. am alten Sitz einen Betreibungsregisterauszug einzuholen.

Es gab und gibt immer wieder politische Vorstösse, eine zentrale Datenbank zu schaffen um schweizweite Betreibungsregisterauszüge zu ermöglich. Es ist zu hoffen, dass dies eines Tages Realität wird.

---

 **Weiterführende Links**

betreibungen.easygov.swiss (Betreibungsregisterauszug online bestellen, zuständiges Betreibungsamt finden)

Falls Sie eine Rechtsschutzversicherung haben und diese den Prozess finanziert, müssen Sie sich weniger Gedanken machen. Die Rechtsschutzversicherung übernimmt in der Regel die Anwalts- und Gerichtskosten. Allerdings müssen Sie auch in diesem Fall den vom Gericht zugesprochenen Betrag abschreiben, falls die Gegenseite nicht zahlungsfähig ist.

# 5. Prozesseinleitung

---

**📌 Checkliste**

☐ Muss zuerst ein Schlichtungsverfahren durchgeführt werden?

☐ Soll alternativ eine Mediation stattfinden?

☐ Welche Schlichtungsbehörde ist örtlich zuständig?

☐ Welche Schlichtungsbehörde ist sachlich zuständig?

---

## 5.1 Örtliche Zuständigkeit

### Gesetzliche Gerichtsstände

Der Kläger kann nicht frei wählen, welchem Gericht er die Streitigkeit zur Beurteilung vorlegen kann. Er muss vielmehr die Vorschriften über die gerichtliche Zuständigkeit beachten. Diese Vorschriften sind in der ZPO sehr ausführlich geregelt und lassen sich wie folgt zusammenfassen:

Die ZPO gibt in Art. 20 ff. für spezielle Streitigkeiten einen besonderen Gerichtsstand vor. Die ZPO folgt dabei in der Reihenfolge dem Aufbau des ZGB (vier Teile: 1. Personenrecht, 2. Familienrecht, 3. Erbrecht und 4. Sachenrecht) und danach des OR (fünf Teile: 1. Allgemeiner Teil, 2.

Vertragsrecht, 3. Gesellschaftsrecht, 4. Handelsregister, Firmenrecht und Buchführung und 5. Wertpapierrecht).

**Einige Beispiele für Gerichtsstände**

- Scheidung → Wohnsitz einer der Parteien (Art. 23 ZPO)
- Erbteilungsklage → letzter Wohnsitz des Erblassers (Art. 28 ZPO)
- Klage betreffend das Eigentum an einem Grundstück → Lageort (Art. 29 ZPO)
- mietrechtliche Klage → Ort der Wohnung oder Geschäftsräume (Art. 33 ZPO)
- arbeitsrechtliche Klage → Arbeitsort oder Wohnsitz/Sitz der beklagten Partei (Art. 34 ZPO)
- Klage aus Konsumentenverträgen → Wohnsitz des Klägers oder Sitz des Unternehmens, falls der Konsument klagt; Wohnsitz des Konsumenten, falls das Unternehmen klagt (Art. 32 ZPO). Als Konsumentenverträge gelten Verträge über Leistungen des üblichen Verbrauchs, die für die persönlichen oder familiären Bedürfnisse des Konsumenten bestimmt sind und von der anderen Partei im Rahmen ihrer beruflichen oder gewerblichen Tätigkeit angeboten werden.

Besteht kein solcher spezieller Gerichtsstand, gilt der Grundsatz, dass am Ort geklagt werden muss, wo die beklagte Partei ihren Wohnsitz oder Sitz hat (= allgemeiner Gerichtsstand, Art. 10 ZPO).

Bei Gesellschaften kann der Sitz im Internet abgefragt werden (siehe Kasten). Bei natürlichen Personen empfiehlt sich im Zweifelsfall eine Anfrage bei der Einwohnerkontrolle bzw. dem Personenmeldeamt der Wohngemeinde.

 **Weiterführende Links**

zefix.ch (Abfrage Handelsregister)

Die Zuständigkeit ist eine Prozessvoraussetzung (Art. 59 Abs. 2 lit. b ZPO). Bei fehlender Zuständigkeit tritt das Gericht auf die Klage nicht ein und der Kläger muss die (reduzierten) Gerichtskosten übernehmen (siehe 9. Kapitel).

Klagt der Kläger irrtümlicherweise am falschen Gericht, leitet dieses die Klage ans zuständige Schweizer Gericht weiter (Art. 143 Abs. 1[bis] ZPO, siehe auch Art. Art. 63 Abs. 1 ZPO). Eine allfällige Klagefrist ist dann trotzdem eingehalten.

## Gerichtsstandsvereinbarung, zwingende Gerichtsstände

Die Parteien können sich in einem Vertrag schriftlich über einen Gerichtsstand einigen (= vertraglicher Gerichtsstand oder Gerichtsstandsvereinbarung, Art. 17 ZPO).

> *Beispiel einer Gerichtsstandsvereinbarung: „Für sämtliche Streitigkeiten aus oder im Zusammenhang mit diesem Aktionärbindungsvertrag sind die ordentlichen Gerichte am Sitz der Verkäuferin ausschliesslich zuständig."*

Eine Gerichtsstandsvereinbarung ist aber dann nicht zulässig, wenn die ZPO einen zwingenden Gerichtsstand vorgibt. Von zwingenden Gerichtsständen darf nämlich nicht durch Parteivereinbarung abgewichen werden (Art. 9 und 35 ZPO). Beispiele für zwingende Gerichtsstände, von welchen nicht abgewichen werden darf:

- Scheidungsklage

- Unterhaltsklage

- Klage aus Konsumentenverträgen

- arbeitsrechtliche Klagen

- mietrechtliche Klagen

📌 **Checkliste zur Bestimmung des Gerichtsstands**

☐ Gibt die ZPO einen zwingenden Gerichtsstand vor, gilt dieser. Falls nein:

☐ Besteht eine gültige Gerichtsstandsvereinbarung, gilt diese. Falls nein:

☐ Es gelten die von der ZPO in Art. 20 - 46 je nach Rechtsgebiet vorgegebenen besonderen Gerichtsstände oder alternativ die allgemeinen Gerichtsstände: Sitz/Wohnsitz (Art. 10 ZPO), Aufenthaltsort (Art. 11 ZPO) und Niederlassung (Art. 12 ZPO).

# Privates Schiedsgericht

Wir haben gesehen, dass die Parteien in einer Gerichtsstandsvereinbarung – soweit zulässig – das im Streitfall zuständige Gericht bestimmen können. Es ist aber auch möglich, dass die Parteien in einer Vereinbarung vorsehen, dass ein Streit gar nicht durch ein staatliches Gericht sondern durch ein Schiedsgericht beurteilt werden soll. Solche Schiedsgerichte können entweder ständig bestehen oder extra für einen Streitfall gebildet werden.

Die Schiedsgerichtsbarkeit ist besonders zwischen Unternehmen in den Bereichen Handels- und Vertragsrecht sowie bei internationalen Streitigkeiten verbreitet, da sie im Vergleich zu gerichtlichen Verfahren oft schneller, vertraulicher und flexibler ist. In internationalen Fällen kommt hinzu, dass Schiedssprüche dank des New Yorker Übereinkommens von 1958 in vielen Ländern leichter vollstreckbar sind als Gerichtsurteile. Die Schweiz ist ein beliebter Sitz für internationale Schiedsverfahren. Ihre Neutralität, das klare rechtliche Umfeld und die Verfügbarkeit hochqualifizierter Schiedsrichter machen das Land attraktiv für internationale Streitbeilegung.

Für internationale Schiedsverfahren gelten Art. 176 ff. IPRG, während für nationale Schiedsverfahren Art. 353 ff. ZPO massgeblich sind.

Im privaten Bereich sind Schiedsverfahren selten und teilweise gar nicht zulässig (z.B. Scheidungen und familienrechtliche Angelegenheiten), weshalb die Art. 353 ff. ZPO im Anhang gar nicht abgedruckt sind.

Liegt eine Schiedsvereinbarung zwischen den Parteien vor und bringt der Kläger einen Streit trotzdem vor ein staatliches Gericht, lehnt dieses seine Zuständigkeit in der Regel ab (Art. 61 ZPO).

*Beispiel einer Schiedsklausel: „Alle Streitigkeiten, Meinungsverschiedenheiten oder Ansprüche aus oder im Zusammenhang mit diesem Vertrag, einschliesslich über dessen Gültigkeit, Ungültigkeit, Verletzung oder Auflösung, sind durch ein Schiedsverfahren gemäss der Internationalen Schweizerischen Schiedsordnung des Swiss Arbitration Centre zu entscheiden. Es gilt die zur Zeit der Einreichung der Einleitungsanzeige in Kraft stehende Fassung der Schiedsordnung. Das Schiedsgericht soll aus drei Mitgliedern bestehen. Der Sitz des Schiedsverfahrens ist Zürich. Die Sprache des Schiedsverfahrens ist Deutsch."*

## Einrede der Unzuständigkeit, Einlassung

Obwohl ein Gericht prüfen muss, ob es zuständig ist oder nicht, sollte die beklagte Partei die örtliche Zuständigkeit zu Beginn des Prozesses ebenfalls überprüfen und gegebenenfalls die sogenannte Einrede der Unzuständigkeit erheben. Später, z.B. nachdem ein unliebsames Urteil ergangen ist, ist eine solche Einrede nicht mehr zulässig. Nach Art. 18 ZPO wird das angerufene Gericht nämlich zuständig, wenn sich die beklagte Partei ohne Einrede der fehlenden Zuständigkeit zur Sache äussert. Der juristische Fachbegriff dazu nennt sich **Einlassung**. Besteht jedoch ein zwingender Gerichtsstand (vgl. oben), ist eine Einlassung nicht möglich.

## Internationale Verhältnisse

Von grosser Tragweite ist die örtliche Zuständigkeit, wenn ein internationaler Sachverhalt vorliegt, d.h. wenn Kläger und Beklagter ihren Sitz bzw. Wohnsitz nicht im gleichen Land haben. Jedes Land hat grundsätzlich sein eigenes Zivilprozessrecht. Es gibt aber Staatsverträge, welche die örtliche Zuständigkeit der Gerichte in internationalen Verhältnissen regeln. Das wichtigste Beispiel eines solchen Staatsvertrags ist das Übereinkommen über die gerichtliche Zuständigkeit und die Anerkennung und Vollstreckung von Entscheidungen in Zivil- und Handelssachen (**Lugano-Übereinkommen**), welches zwischen allen EU- und EFTA-Staaten abgeschlossen worden ist und somit praktisch europaweit gültig ist (die Schweiz ist Mitglied der EFTA).

Wenn kein Staatsvertrag vorhanden ist, bestimmt sich die internationale Zuständigkeit nach dem IPRG. Die Zuständigkeitsvorschriften in der ZPO gelten somit bei internationalen Sachverhalten nicht (Art. 2 ZPO).

Falls nach den anwendbaren Staatsverträgen eine gerichtliche Zuständigkeit in verschiedenen Staaten begründet werden kann, kommt es darauf an, welche Partei zuerst klagt. Wer schnell reagiert, kann sich einen vorteilhaften Gerichtsstand im eigenen Land sichern. Man nennt dieses Vorgehen auch „Forum Running".

Falls die beklagte Partei ihren Sitz oder Wohnsitz im Ausland hat, kann das Gericht Vorladungen und Verfügungen nicht einfach so per Post zustellen. Bei gerichtlichen Zustellungen handelt es sich nämlich um hoheitliche Akte. Konkret bedeutet dies, dass das verfahrenseinleitende, d.h. erste Schriftstück auf dem Rechtshilfeweg zugestellt werden muss. Diese internationale Rechtshilfe ist ebenfalls in Staatsverträgen geregelt (Haager Übereinkommen). Der Beklagte im Ausland wird dann in der ersten Verfügung des Gerichts verpflichtet, einen sogenannten Zustellempfänger in der Schweiz zu bezeichnen (Art. 140 ZPO). Danach können Sendungen direkt an diesen zugestellt werden.

# 5.2 Schlichtungsverfahren

## Zuerst schlichten, dann richten

Die ZPO schreibt vor, dass vor dem eigentlichen Prozess ein Schlichtungsverfahren durchgeführt werden muss (Art. 197 ZPO).

Die Schlichtungsbehörde versucht dabei, die Parteien zu einer gütlichen Einigung zu bewegen (Art. 201 Abs. 1 ZPO). Sie darf nicht entscheiden, sondern ist als Vermittlerin tätig. Dadurch sollen die eigentlichen Gerichtsinstanzen entlastet werden. Statistisch gesehen sind die Schlichtungsbehörden sehr erfolgreich: Deutlich über die Hälfte der Fälle werden mit einer gütlichen Einigung erledigt.

Zum Grundsatz, dass die Schlichtungsbehörde nicht entscheiden darf, gibt es folgende Ausnahmen:

- Vermögensrechtliche Streitigkeiten bis zu einem Streitwert von CHF 2'000 kann die Schlichtungsbehörde entscheiden, sofern der Kläger bereits im Schlichtungsgesuch einen entsprechenden Antrag stellt (Art. 212 Abs. 1 ZPO).

- In Streitigkeiten mit einem Streitwert unter CHF 10'000 und darüber hinaus in gewissen mietrechtlichen Fällen kann die Schlichtungsbehörde den Parteien einen Entscheidvorschlag unterbreiten (Art. 210 f. ZPO).

## Kein Schlichtungsverfahren

Auch zum Grundsatz „Zuerst schlichten, dann richten" gibt es Ausnahmen. Kein Schlichtungsverfahren ist gemäss Art. 198 ZPO nämlich erforderlich:

- bei bestimmten Klagen, die in dieser Bestimmung aufgeführt sind, wie beispielsweise einer Scheidungsklage oder einer Scheidung auf gemeinsames Begehren,

- Wenn die Parteien stattdessen eine Mediation durchführen (vgl. nachfolgenden Abschnitt),

- im summarischen Verfahren (siehe 7. Kapitel).

## Verzicht auf das Schlichtungsverfahren

In gewissen Fällen ist die Durchführung eines Schlichtungsverfahrens freiwillig, d.h. es kann darauf verzichtet werden:

- bei einem Streitwert von über CHF 100'000 können die Parteien auf die Durchführung eines Schlichtungsverfahrens verzichten (Art. 199 Abs. 1 ZPO),

- wenn die beklagte Partei ihren Sitz oder Wohnsitz im Ausland hat, kann der Kläger auf die Durchführung eines Schlichtungsverfahrens verzichten (Art. 199 Abs. 2 ZPO, dies ist meistens sinnvoll, da die beklagte Partei kaum extra für die Schlichtungsverhandlung anreisen wird),

- wenn nur die obere kantonale Instanz oder das Handelsgericht für die Beurteilung der Klage zuständig ist (Art. 5, 6 und 8 ZPO), kann der Kläger ebenfalls auf die Durchführung eines Schlichtungsverfahrens verzichten (Art. 199 Abs. 3 ZPO).

Ob der Kläger auf die Durchführung eines Schlichtungsverfahrens verzichten soll oder nicht, kann nicht generell gesagt werden, sondern hängt von den konkreten Umständen ab.

## Schlichtungsbehörde

Die Kantone können selbst bestimmen, wer als Schlichtungsbehörde tätig ist. Ja nach Kanton wird die Schlichtungsbehörde darum anders bezeichnet, etwa als Friedensrichteramt, Vermittleramt oder Schlichtungsstelle. Teilweise ist auch der Gerichtspräsident oder ein Gerichtsschreiber an einem unteren kantonalen Gericht für die Durchführung der Schlichtung zuständig.

In der Regel hat jede Gemeinde mindestens eine Schlichtungsbehörde. In grossen Städten können aber auch mehrere Schlichtungsbehörden tätig sein. So gibt es etwa in der Stadt Zürich sechs Friedensrichterkreise. Gemeinden können sich umgekehrt aber auch zusammenschliessen. In einzelnen Kantonen gibt es teilweise regionale Schlichtungsbehörden oder in kleinen Kantonen sogar nur eine einzige Schlichtungsbehörde.

Vielfach haben die Schlichter keine juristische Ausbildung.

Je nach Rechtsgebiet können unterschiedliche Schlichtungsbehörden zuständig sein. Insbesondere in folgenden Bereichen bestehen besondere Schlichtungsbehörden:

- In **Miet- oder Pachtstreitigkeiten** ist immer die Schlichtungsbehörde in Miet- und Pachtsachen des Bezirks zuständig. Diese ist paritätisch zusammengesetzt, d.h. neben einem Vorsitzenden sind je ein Vertreter des Mieter- und des Hauseigentümerverbands als Schlichter tätig (Art. 200 Abs. 1 ZPO).

- Paritätische Schlichtungsbehörden gibt es auch für **Gleichstellungsfragen** (Art. 200 Abs. 2 ZPO).

- Im einzelnen Kantonen werden Schlichtungen im **Arbeitsrecht** von den unteren Gerichten durchgeführt. Einzelne Kantone (z.B. St. Gallen) kennen paritätische Schlichtungsstellen mit drei Schlichtern auch im Arbeitsrecht.

Anstelle der Bezeichnung Schlichtungsbehörde ist nachfolgend auch vom Friedensrichter die Rede.

## Rechtshängigkeit

Die Einreichung eines Schlichtungsgesuches bzw. einer Klage (wenn kein Schlichtungsverfahren erforderlich ist) begründet die sogenannte Rechtshängigkeit (Art. 62 Abs. 1 ZPO, der Ausdruck ist auf die Tatsache zurückzuführen, dass die Akten früher am Gericht aufgehängt wurden, damit sie nicht von den Mäusen gefressen werden konnten).

Die Rechtshängigkeit hat folgende Wirkungen:

- der Streit kann zwischen den gleichen Parteien nicht mehr einem anderen Gericht vorgelegt werden (Art. 64 Abs. 1 lit. a ZPO). Im Schlichtungsverfahren kann eine Klage aber noch unter Vorbehalt der Wiedereinbringung zurückgezogen werden.

- die örtliche Zuständigkeit des Gerichts bleibt erhalten, beispielsweise wenn die beklagte Partei an einen anderen Ort zieht (Art. 64 Abs. 1 lit. b ZPO).

- Die Verjährung wird unterbrochen (Art. 135 Ziff. 2 OR).

## Ablauf des Schlichtungsverfahrens

### Schlichtungsgesuch

Das Schlichtungsverfahren wird durch das Schlichtungsgesuch des Klägers eingeleitet (Art. 202 Abs. 1 ZPO). Im Schlichtungsgesuch müssen die Parteien genannt werden, es sollte ein Rechtsbegehren enthalten (vgl. dazu 6. Kapitel) sowie eine kurze Beschreibung, worum es geht (Art. 202 Abs. 2 ZPO). Das Schlichtungsgesuch muss nicht sehr umfangreich sein. Viele Friedensrichter stellen im Internet Formulare bereit. Zwei bis drei Seiten genügen oft. Dem Schlichtungsgesuch sollten die wichtigsten Unterlagen zum Fall beigelegt werden. Das Schlichtungsgesuch und die Beilagen müssen im Doppel eingereicht werden (die beklagte Partei erhält das Doppel zusammen mit der Vorladung zur Schlichtungsverhandlung, Art. 202 Abs. 3 ZPO).

Nach Erhalt des Schlichtungsgesuchs verschickt die Schlichtungsbehörde eine Eingangsbestätigung (Art. 62 Abs. 2 ZPO).

### Schlichtungsverhandlung

Nach Eingang des Schlichtungsgesuchs lädt der Friedensrichter zur Schlichtungsverhandlung vor. Die ZPO gibt vor, dass die Schlichtungsverhandlung innerhalb von zwei Monaten nach Eingang des Schlichtungsgesuchs stattfinden muss (Art. 203 Abs. 1 ZPO).

Die Schlichtungsverhandlung ist nicht öffentlich (Art. 203 Abs. 3 ZPO). Sowohl Kläger als auch Beklagter müssen an der Verhandlung persönlich teilnehmen. Eine säumige Partei kann mit einer Ordnungsbusse bis zu 1'000 Franken bestraft werden (Art. 206 Abs. 4 ZPO).

Ist eine juristische Person Partei (also z.B. eine AG oder eine GmbH), so muss für sie entweder ein Organ (d.h. ein Verwaltungsrat oder ein Gesellschafter) oder eine Person erscheinen, die mit einer kaufmännischen Handlungsvollmacht (Art. 462 Abs. 2 OR) ausgestattet, zur Prozessführung sowie zum Abschluss eines Vergleichs befugt und über die Streitsache Bescheid weiss (Art. 204 Abs. 1 ZPO).

Eine Vertretung ist nur in Ausnahmefällen zugelassen (Art. 204 Abs. 3 ZPO):

- wenn die betreffende Partei in einem anderen Kanton oder im Ausland wohnt oder

- wenn die Teilnahme aus Altersgründen oder gesundheitlichen Gründen nicht möglich ist (was mit einem Arztzeugnis belegt werden muss).

Muss eine Partei persönlich erscheinen (d.h. liegt keine solche Ausnahme vor), kann sie sich von einem Anwalt oder von einer anderen Vertrauensperson begleiten lassen (Art. 204 Abs. 2 ZPO). Dagegen ist es nicht möglich, Zeugen an die Schlichtungsverhandlung mitzubringen.

Falls der Kläger nicht an die Schlichtungsverhandlung erscheint, gilt das Schlichtungsgesuch als zurückgezogen (Art. 206 Abs. 1 ZPO). Kommt der Beklagte unentschuldigt nicht an die Verhandlung, wird dem Kläger die Klagebewilligung ausgestellt (Art. 206 Abs. 2 ZPO, vgl. unten).

Die Schlichtungsverhandlung wird formlos durchgeführt (Art. 201 Abs. 1 ZPO). Die Aussagen werden nicht protokolliert. Sie müssen somit keine Bedenken haben, dass gewisse Aussagen an der Schlichtungsverhandlung später vor Gericht gegen Sie verwendet werden können.

## Abschluss des Schlichtungsverfahrens

Je nach Ausgang der Verhandlung geht es wie folgt weiter:

1. Die Parteien einigen sich (Art. 208 ZPO: Vergleich, Anerkennung der Klage durch die beklagte Partei oder Rückzug der Klage durch den Kläger): Das Verfahren ist abgeschlossen.

2. Die Parteien einigen sich nicht oder die beklagte Partei erscheint nicht an die Schlichtungsverhandlung: Der Friedensrichter stellt die Klagebewilligung (Art. 209 ZPO) aus. Damit kann innert drei Monaten beim zuständigen Gericht geklagt werden. In miet- oder pachtrechtlichen Fällen beträgt die Klagefrist lediglich 30 Tage. Die Frist steht während den Gerichtsferien still (mehr dazu im 8. Kapitel).

3. Der Friedensrichter unterbreitet den Parteien freiwillig einen Entscheidvorschlag (Art. 210 f. ZPO): Ein solcher Vorschlag kann von jeder Partei innert 20 Tagen ohne Angabe von Gründen abgelehnt werden. Lehnt mindestens eine Partei den Vorschlag ab, stellt der Friedensrichter die Klagebewilligung aus. Lehnt keine Partei den Vorschlag ab, ist das Verfahren abgeschlossen.

4. Der Friedensrichter entscheidet den Fall, falls der Streitwert weniger als CHF 2'000 beträgt und der Kläger im Schlichtungsgesuch einen entsprechenden Antrag gestellt hat (Art. 212 Abs. 1 ZPO).

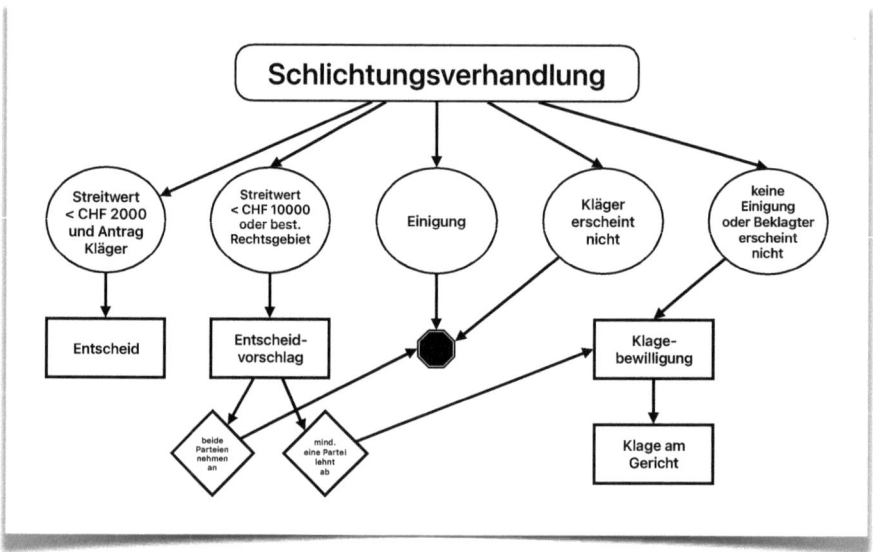

Bei den Varianten 2. und 3. geht es entweder mit dem ordentlichen oder dem vereinfachten Verfahren weiter. Diese beiden Verfahrensarten werden im 6. und 7. Kapitel vorgestellt. Bei der Variante 4. kann ein Rechtsmittel gegen den Entscheid des Friedensrichters ergriffen werden, sollte eine Partei damit nicht einverstanden sein.

# 5.3 Mediation

Mediation ist eine Form der Streitbeilegung und Alternative zum gerichtlichen Verfahren. Es ist ein freiwilliges, nicht öffentliches Verfahren, in dem eine speziell ausgebildete, unabhängige und unparteiische Drittperson (der Mediator) die Parteien darin unterstützt, selbst eine gütliche Lösung für ihre Konflikte zu erarbeiten. Der Mediator darf den Konflikt nicht entscheiden. Zentral ist nicht die Frage nach Recht oder Unrecht bzw. Gewinnen oder Verlieren, sondern die Suche nach einer optimalen Lösung für alle Beteiligten unter Berücksichtigung der gegenseitigen Interessen.

Mediationen werden vor allem in familien- und erbrechtlichen Angelegenheiten durchgeführt. Aber auch im wirtschaftsrechtlichen Bereich werden vermehrt Mediationsverfahren eingeleitet, auch im internationalen Bereich.

Die ZPO begünstigt ein Mediationsverfahren:

- Auf Antrag sämtlicher Parteien kann eine Mediation an die Stelle des Schlichtungsverfahrens treten (Art. 213 Abs. 1 ZPO).

- Das Gericht kann den Parteien jederzeit eine Mediation empfehlen. Auch die Parteien können beim Gericht jederzeit gemeinsam eine Mediation beantragen. Das Gerichtsverfahren wird dann unterbrochen (sistiert), Art. 214 ZPO.

Ein Mediationsverfahren kann aber auch völlig unabhängig von einem Gerichtsverfahren stattfinden.

Eine Mediation hat folgende **Vorteile**:

- Die Parteien spielen eine aktive Rolle bei der Bearbeitung des Konflikts. Die Mediation kann jederzeit abgebrochen werden.

- In einer Mediation sind auch kreative Lösungen möglich, die ein Richter gar nicht anordnen könnte.

- Eine Mediation ist nicht auf Konfrontation ausgelegt wie ein Gerichtsverfahren. Die Beziehungen zwischen den Parteien können erhalten und weiterentwickelt bzw. gestärkt werden. Dies ist vor allem dann ein Vorteil, wenn familiäre Streitigkeiten ausgetragen werden.

- Eine Mediation ist vertraulich. Es finden keine öffentlichen Verhandlungen statt (wie wir im 2. Kapitel gesehen haben, sind Gerichtsverhandlungen in der Regel öffentlich).

- Eine Mediation kann insbesondere auch dann Vorteile haben, wenn unterschiedliche Kulturen aufeinandertreffen.

Eine Mediation kann aber auch **Nachteile** mit sich bringen: Damit eine Mediation erfolgreich ist, müssen beide Parteien bereit sein, konstruktiv zusammenzuarbeiten. Wenn eine Partei nicht kompromissbereit ist oder die Machtverhältnisse zwischen den Parteien ungleich sind, kann die Mediation scheitern. Wenn die Mediation scheitert, müssen die Parteien unter Umständen dennoch ein Gerichtsverfahren anstrengen. Dadurch entstehen zusätzliche Kosten und Zeitaufwand. Scheitert die Mediation, dürfen die Aussagen der Parteien während der Mediation vor Gericht nicht verwendet werden (Art. 216 Abs. 2 ZPO).

Ein Gerichtsverfahren kann zu einem Präzedenzfall führen, der anderen Personen oder Unternehmen in ähnlichen Situationen als Orientierung dient. Eine Mediation führt dagegen nur zu einer individuellen Lösung zwischen den beteiligten Parteien und hat keine Signalwirkung für zukünftige Fälle.

Die Unterschiede zwischen Mediation und Gerichtsverfahren habe ich in der nachfolgenden Tabelle zusammengestellt.

Vergleich Gerichtsverfahren – Mediation

| | Gerichtsverfahren | Mediation |
|---|---|---|
| Freiwillig | Für den Beklagten: nein | Ja (für alle Beteiligten) |
| Optik | Vergangenheit (Klärung Sachverhalt) | Gestaltung der Zukunft |
| Aufgabe Richter/ Mediator | Rechtslage klären | Interessen der Parteien klären |
| Lösung | Eine Partei gewinnt, die andere verliert | Einigung im Interesse aller Parteien |
| Dauer | länger | kürzer (falls erfolgreich) |
| Kosten | höher | tiefer |

# 6. Ordentliches Hauptver-fahren

---

### 📌 Checkliste

☐ Bis wann muss die Klage eingereicht werden? (Ablauf Klagebewilligung)

☐ Welche Verfahrensart findet Anwendung?

☐ Welches Gericht ist sachlich zuständig?

☐ Gerichtskostenvorschuss bezahlen

---

## 6.1 Verfahrensarten

Die ZPO kennt verschiedene Verfahrensarten. Die Unterschiede sind aus der nachfolgenden Tabelle ersichtlich. Die einzelnen Verfahrensarten werden dann weiter hinten detaillierter beschrieben – beginnend mit dem ordentlichen Verfahren.

| Vergleich der Verfahrensarten | | | |
|---|---|---|---|
| | **Ordentl. Verfahren** | **Vereinf. Verfahren** | **Summar. Verfahren** |
| **Bezeichnung der Parteien** | Kläger und Beklagter | Kläger und Beklagter | Gesuchsteller und Gesuchgegner |
| **Schlichtungsverfahren** | ja | ja | nein |
| **Verfahren ist** | vor allem schriftlich | vor allem mündlich | schriftlich oder mündlich |
| **Verfahrensdauer** | lang | kurz | sehr kurz |
| **Beweismittel beschränkt?** | nein | nein | ja |
| **Beweismass** | voller Beweis | voller Beweis | in der Regel Glaubhaftmachen |
| **Gerichtsferien** | Fristenstillstand | Fristenstillstand | Fristen laufen weiter |

Doch wie wird entschieden, welche Verfahrensart überhaupt anwendbar ist? Am besten halten Sie sich an die nachfolgende Checkliste.

### 📌 Checkliste Verfahrensart

☐ Ist die Klage in Art. 248 bis 251a, 271, 302 oder 305 ZPO aufgeführt? Falls ja → summarisches Verfahren, falls nein → weiter in der Liste

☐ Ist die Klage in Art. 243 ZPO aufgeführt? Falls ja → vereinfachtes Verfahren, falls nein → weiter in der Liste

☐ Falls weder summarisches noch vereinfachtes Verfahren → ordentliches Verfahren

# 6.2 Streitwert

Der Streitwert eines Prozesses wird durch das Rechtsbegehren bestimmt. Zinsen und Kosten des laufenden Verfahrens werden nicht hinzugerechnet. Die Höhe des Streitwerts spielt bei folgenden Fragen eine Rolle:

- **Zuständigkeit** (siehe 2. Kapitel): Sind das Einzelgericht oder mehrere Richter zuständig?
- **Verfahrensart**: Ordentliches oder vereinfachtes Verfahren?
- Höhe der **Gerichtskosten** und der **Parteientschädigung** (siehe 9. Kapitel): Je höher der Streitwert, umso höher die Gerichtskosten und die Parteientschädigung.
- Art des **Rechtsmittels** (siehe 11. Kapitel): Beschwerde bei tieferen, Berufung bei höheren Streitwerten.

Bei Geldforderungen entspricht der Streitwert der eingeklagten Forderung, bei der Herausgabe von Sachen dem Wert der Sache. Geht es nicht um die Bezahlung von Geld sondern die Herausgabe von Gegenständen oder Aushändigung von Dokumenten gilt als Streitwert in der Regel deren Wert. Zu verschiedenen Fragen dazu besteht eine Gerichtspraxis

---

**Beispiel**

Die Ausstellung eines Arbeitszeugnisses hat nach der Gerichtspraxis den Streitwert von einem Bruttomonatslohn.

---

# 6.3 Sachliche Zuständigkeit

Bei der sachlichen Zuständigkeit geht es um die Frage, wer innerhalb des örtlich zuständigen Gerichts für die Beurteilung des Falls zuständig ist. Entweder ist dies ein Einzelrichter (in der ZPO Einzelgericht genannt) oder mehrere (drei bis fünf) Richter (Kollegialgericht oder Abteilung genannt). Wie bereits festgehalten, gibt es in vielen Kantonen Spezialgerichte wie Arbeits- oder Mietgerichte. Ist ein solches Spezialgericht zuständig, wäre das ordentliche erstinstanzliche Gericht sachlich unzuständig.

Die Kantone bestimmen, wie die Richterbank zur Beurteilung eines Falles besetzt wird. Fälle mit einem Streitwert bis CHF 30'000 entscheidet in der Regel ein Einzelrichter. In den letzten Jahren haben die Einzelrichter aus Kostengründen immer mehr Kompetenzen erhalten. Das ist nicht unproblematisch, denn wenn mehrere Richter entscheiden, ist die Wahrscheinlichkeit grösser, dass das Urteil ausgewogen ist und mehrere (Welt-)Anschauungen mit einfliessen. Es kann eine entscheidende Rolle spielen, ob Einzelrichter A oder Einzelrichter B Ihren Fall beurteilt.

An einem Gericht sind mehrere Richter tätig. Welcher Richter für einen Fall zuständig sein wird, lässt sich nicht im voraus prognostizieren. Die Fallzuteilung innerhalb des Gerichts erfolgt in der Regel durch den Gerichtspräsidenten und richtet sich nach sachlichen Kriterien (wie z.B. die Auslastung der einzelnen Richter). Grosse Gerichte verfügen aber über spezialisierte Einzelgerichte und Abteilungen, so dass sich die Fallzuteilung danach richtet, in welches Rechtsgebiet eine Klage fällt.

Je höher der Streitwert ist, umso mehr Richter sind bei der Entscheidfindung mit dabei. Aber auch wenn mehrere Richter für die Beurteilung eines Falls zuständig sind, können einzelne Aufgaben an einen einzelnen Richter delegiert werden (Art. 124 Abs. 2 ZPO), z.B. Die Beweisabnahme oder das Führen einer Vergleichsverhandlung. Dieser Richter wird dann als „Referent" bezeichnet.

# 6.4 Klage

Das ordentliche Verfahren findet immer dann Anwendung, wenn keine andere Verfahrensart greift. Konkret ist dies der Fall, wenn der Fall nicht (1.) im summarischen Verfahren oder (2.) im vereinfachten Verfahren beurteilt wird. Letzteres ist bei Streitwerten von CHF 30'000 oder tiefer der Fall und in den in Art. 243 Abs. 2 ZPO genannten Rechtsgebieten.

Zudem werden Streitigkeiten, für welche gemäss Art. 5, 6 und 8 ZPO nur eine einzige kantonale Instanz vorgesehen ist, immer im ordentlichen Verfahren beurteilt. In der Praxis werden mehr Prozesse im vereinfachten und summarischen als im ordentlichen Verfahren durchgeführt. Auf diese beide Verfahren kommen wir später zurück. Auf das vereinfachte und das summarische Verfahren sind ergänzend die Regeln des ordentlichen Verfahrens anwendbar (Art. 219 ZPO). Darum sehen wir uns diese Verfahrensart zuerst an, auch wenn sie in der Praxis etwas weniger häufig vorkommt.

Das ordentlichen Verfahren beginnt mit der Einreichung der Klage (Art. 220 ZPO). Es ist ein schriftliches Verfahren, d.h. die Klage muss schriftlich abgefasst und eingereicht werden.

---

**So ist eine Klageschrift aufgebaut** (siehe auch Art. 221 ZPO)

- **Rubrum**: genaue Bezeichnung der Parteien (bei natürlichen Personen inkl. Geburtsdatum, Bürgerort und Beruf sowie Adresse) und allfälliger Rechtsvertreter

- **Rechtsbegehren**

- Die Angabe des **Streitwerts**

- Ausführungen, dass die **Prozessvoraussetzungen** gegeben sind (= **Formelles**).

- **Tatsachenbehauptungen (Sachverhalt)**: Dem Gericht muss präzis mitgeteilt werden, was sich genau ereignet hat bzw. aufgrund welcher Vorfälle die Klage eingereicht wird. Dies ist der wichtigste Teil der ganzen Klageschrift, denn nur wenn das Gericht den Sachverhalt verstanden hat und nachvollziehen kann, wird es den Standpunkt des Klägers schützen können. Die Darstellung muss konsistent und frei von Widersprüchen sein. Falls Sie einen Anwalt mandatiert haben, ist es darum äusserst wichtig, dass Sie ihn ausführlich und vollständig instruieren. Natürlich muss die Darstellung nicht neutral sein: Punkte, die Ihnen nichts nützen sondern im Gegenteil schaden, haben in einer Klage nichts zu suchen.

- **Beweise**: Zusammen mit der Klageschrift werden dem Gericht auch bereits die Beweismittel angeboten (siehe 10. Kapitel). Dokumente sind der Klage beizulegen.

- **Rechtliche Ausführungen**: Diese sind nicht unbedingt notwendig, denn das Gericht kennt das Recht und wendet es von Amtes wegen an (siehe 10. Kapitel). Es kann aber trotzdem sinnvoll sein, das Gericht über einschlägige Entscheide anderer Gerichte zu informieren, welche einen ähnlichen Fall zu beurteilen hatten. Rechtliche Ausführungen sind auch dann sinnvoll, wenn die sich stellenden Rechtsfragen noch nie von einem Gericht entschieden worden sind oder diese Fragen in der Rechtslehre umstritten sind.

- **Datum** und **Unterschrift**

- **Beweismittelverzeichnis**: Am Schluss müssen sämtliche Beweismittel nochmals aufgelistet werden (die zulässigen Beweismittel werden im 10. Kapitel erläutert).

- Neben den Beweismitteln müssen dem Gericht eingereicht werden: eine Anwaltsvollmacht bei Vertretung und die **Klagebewilligung** (falls ein Schlichtungsverfahren erforderlich war, siehe 5. Kapitel).

---

Ich werde oft gefragt, ob in der Klage auch bereits Gegenargumente thematisiert werden sollen, welche von der Gegenpartei in der Klageantwort höchstwahrscheinlich aufgegriffen werden. Diese Frage kann nicht allgemein beantwortet werden, sondern ist von der konkreten Situation abhängig. Im Zweifel ist es besser, sich noch nicht dazu zu äussern.

Nach Erhalt der Klage verschickt das Gericht eine Eingangsbestätigung (Art. 62 Abs. 2 ZPO).

## Rechtsbegehren

Dem Gericht muss am Anfang einer Klageschrift (bzw. auch einer Klageantwort) mit dem Rechtsbegehren mitgeteilt werden, was es überhaupt entscheiden soll. Die Rechtsbegehren müssen so formuliert werden, dass das Gericht diese 1:1 als Urteilsspruch (Dispositiv) übernehmen kann. Das Gericht darf einer Partei nicht mehr und nichts anderes zusprechen, als sie verlangt hat. Das Rechtsbegehren muss daher sehr sorgfältig formuliert werden. Es ist wichtig, sich vor Einleitung des Prozesses genau zu überlegen, was man mit dem Prozess schlussendlich erreichen will. Wie wir noch sehen werden, ist eine Änderung des Rechtsbegehrens im Verlauf des Prozesses nicht immer möglich. Oft werden sogenannte Eventualbegehren gestellt (Begehren für den Fall, dass das Gericht bestimmte Fragen anders beurteilt).

---

**Beispiele für Rechtsbegehren** (vereinfacht)

- Zahlung einer Geldsumme:

*„Es sei die Beklagte zu verpflichten, der Klägerin CHF 10'000 zuzüglich Zins zu 5% seit 1. Juni 2021 zu bezahlen."*

Es kann natürlich auch ein Betrag in einer Fremdwährung eingeklagt werden, z.B. EUR oder USD.

- Aufhebung des Rechtsvorschlags in einer Betreibung

*„Es sei der Rechtsvorschlag in der Betreibung Nr. 123456789 des Betreibungsamts Zürich 10 (Zahlungsbefehl vom 20. August 2024) aufzuheben."*

- Ausstellen eines Dokuments:

*„Es sei die Beklagte zu verpflichten, der Klägerin ein Arbeitszeugnis (Vollzeugnis) aus- und zuzustellen."*

- Herausgabe einer Sache:

*„Es sei die Beklagte zu verpflichten, der Klägerin den silberfarbenen Laptop der Marke Apple (MacBook Pro) auf erstes Verlangen herauszugeben."*

- Unterlassung:

*„Es sei der Beklagten gerichtlich zu verbieten, die Marke ‚Sonnenschein' zu benutzen."*

- Scheidungsklage:

> *„Es sei die Ehe der Parteien zu scheiden, unter gerichtlicher Regelung der Scheidungsfolgen."*

- Beispiel für ein Eventualbegehren:

> *„1. Auf die Klage sei nicht einzutreten; 2. eventualiter sei die Klage abzuweisen."*

(Das Hauptbegehren lautet auf Nichteintreten weil der Beklagte z.B. der Ansicht ist, das Gericht sei örtlich nicht zuständig. Das Eventualbegehren wird nur für den Fall erhoben, dass sich das Gericht wider Erwarten für zuständig erachtet und den Fall inhaltlich beurteilt.)

- Es muss auch ein Begehren gestellt werden, wie die Kosten und Entschädigungen zu verteilen sind (mehr dazu im 9. Kapitel):

> *"Alles unter Kosten- (einschliesslich Kosten Schlichtungsverfahren) und Entschädigungsfolgen zuzüglich Mehrwertsteuer zu Lasten des Beklagten."*

- Begehren in einer Klageantwort:

> *„Es sei die Klage vollumfänglich abzuweisen, unter Kosten- und Entschädigungsfolgen zu Lasten des Klägers."*

**Tipp**: Prüfen Sie immer, ob Sie auch Verzugszinsen einklagen können.

## So überzeugen Sie das Gericht

### Do's

- präzise, klare und verständliche Ausführungen
- versuchen Sie, dem Gericht den Eindruck zu vermitteln, dass Sie moralisch im Recht sind
- versuchen Sie, Sympathie und Verständnis für Ihr Anliegen zu gewinnen

- versuchen Sie es dem Gericht leicht zu machen, Ihre Ausführungen zu erfassen und zu prüfen

**Dont's**

- dem Gericht unnötige Arbeit machen

- unklarer Aufbau Ihrer Eingaben oder Ausführungen

- falsche Zitate oder ungenaue Bezeichnung der Akten, auf welche verwiesen wird

- unnötige Wiederholungen (gegen kurze Zusammenfassungen ist aber nichts einzuwenden)

- mangelnder Respekt vor dem Gericht, Überheblichkeit, Zynismus, Ironie, Drohungen

- Versuch, das Gericht in die Irre zu führen

- klingelnde Mobiltelefone während einer Gerichtsverhandlung


## Klagearten

Man unterscheidet folgende Klagearten:

- **Leistungsklage** (Art. 84 ZPO): Der Kläger verlangt vom Beklagten ein bestimmtes Tun, Unterlassen oder Dulden. Das kann auch die Bezahlung einer Forderung sein (Forderungsklage).

- **Gestaltungsklage** (Art. 87 ZPO): Der Kläger verlangt die Begründung, Änderung oder Aufhebung eines Rechts oder Rechtsverhältnisses. Beispiele: Vaterschaftsklage, Erbteilungsklage, Scheidungsklage.

- **Feststellungsklage** (Art. 88 ZPO): Der Kläger ersucht das Gericht um die Feststellung, dass ein bestimmtes Recht oder Rechtsverhältnis besteht oder nicht (mehr) besteht. Beispiele: Feststellung der Nichtigkeit eines Vertrags, Feststellung der Widerrechtlichkeit einer Persönlichkeitsverletzung.

# Klagenhäufung

Es kann vorkommen, dass ein Kläger verschiedene Ansprüche gegenüber dem Beklagten hat. Es ist natürlich für den Kläger einfacher, wenn er in einem solchen Fall nicht verschiedene Klagen einreichen muss, sondern alle Ansprüche in einem einzigen Verfahren geltend machen kann. Das ist nach Art. 90 ZPO unter folgenden Voraussetzungen möglich:

- das gleiche Gericht ist dafür sachlich zuständig und
- es ist die gleiche Verfahrensart anwendbar

Die Voraussetzung der gleichen sachlichen Zuständigkeit bedeutet konkret, dass Ansprüche, für welche ein Spezialgericht (Arbeitsgericht oder Mietgericht) zuständig ist nicht kombiniert werden können mit Ansprüchen ausserhalb des Arbeits- bzw. Mietrechts, weil dafür das ordentliche Zivilgericht zuständig ist. In einem solchen Fall müssten somit zwei separate Klagen erhoben werden.

## Unbezifferte Forderungsklage

Grundsätzlich muss der Kläger einen konkreten Geldbetrag einklagen. Es ist beispielsweise nicht möglich, im Rechtsbegehren zu verlangen, dass ein „angemessener Betrag im Ermessen des Gerichts" zugesprochen wird.

Oft kann der Kläger die Rechtsbegehren zu Beginn des Prozesses noch nicht präzis stellen, da die Beweise noch nicht abgenommen worden sind oder der Beklagte die eingeklagten Auskünfte noch nicht erteilt hat. Ist es dem Kläger unmöglich oder unzumutbar, die ihm zustehende Forderung bereits zu Beginn des Prozesses zu beziffern, so kann er eine unbezifferte Forderungsklage erheben (Art. 85 ZPO). Er muss jedoch einen Mindestwert angeben, der als vorläufiger Streitwert gilt. Die Forderung ist dann zu beziffern, sobald der Kläger nach Abschluss des Beweisverfahrens oder nach Auskunftserteilung durch die beklagte Partei dazu in der Lage ist.

**Beispiel**

Ein Arbeitgeber hat keine Provisionsabrechnung erstellt. Daher ist zunächst unklar, wie hoch die Forderung des Arbeitnehmers überhaupt ist. Hier kann der Arbeitnehmer zunächst die Erstellung der Provisionsabrechnung einklagen. Sobald diese vorliegt, kann der Anspruch beziffert werden. Aufgrund des mehrstufigen Vorgehens heisst eine solche Klage daher **Stufenklage**.

# 6.5 Gerichtskostenvorschuss

Nach Eingang der Klage verlangt das Gericht vom Kläger einen Gerichtskostenvorschuss. Mehr dazu im 9. Kapitel zu den Prozesskosten.

# 6.6 Prozessvoraussetzungen

Damit das Gericht sich mit der Klage überhaupt befasst, müssen eine ganze Reihe von Voraussetzungen erfüllt sein (= **Prozessvoraussetzungen**, Art. 59 ZPO):

- Das Gericht ist **zuständig** (siehe 2. Kapitel)

- Die **Klagebewilligung** liegt vor, falls eine solche notwendig ist (siehe 5. Kapitel)

- Es ist nicht ein anderes Gericht mit der gleichen Sache befasst

- Die Sache ist noch nicht entschieden, d.h. es besteht noch kein Urteil eines anderen Gerichts

- Der **Gerichtskostenvorschuss** wurde geleistet

- Die Parteien sind **prozessfähig** (Prozessfähig ist, wer handlungsfähig ist, für eine handlungsunfähige Person muss ihr gesetzlicher Vertreter handeln, vgl. Art. 67 ZPO.)

- Der Kläger hat ein **schutzwürdiges Interesse**. Diese Voraussetzung ist meistens gegeben und bereitet nur vereinzelt Probleme, etwa bei sogenannten Feststellungsklagen nach Art. 88 ZPO).

## 6.7 Nichteintreten

Das Gericht prüft die Prozessvoraussetzungen von Amtes wegen (Art. 60 ZPO). Ist auch nur eine dieser Voraussetzungen nicht gegeben, tritt das Gericht auf die Klage nicht ein und brummt dem Kläger Gerichtskosten auf.

Was ist der Unterschied zwischen Nichteintreten und Abweisung der Klage? Auf die Klage wird nicht eingetreten, wenn eine Prozessvoraussetzung fehlt, d.h. aus Gründen des Prozessrechts. In einem solchen Fall muss sich das Gericht inhaltlich gar nicht mit der Rechtslage auseinandersetzen, da die Klage aus formellen Gründen nicht anhand genommen wird. Abgewiesen wird eine Klage, wenn die Prozessvoraussetzungen gegeben sind, die Klage aber aus materiellen Gründen (d.h. aufgrund der Rechtslage) abgewiesen wird.

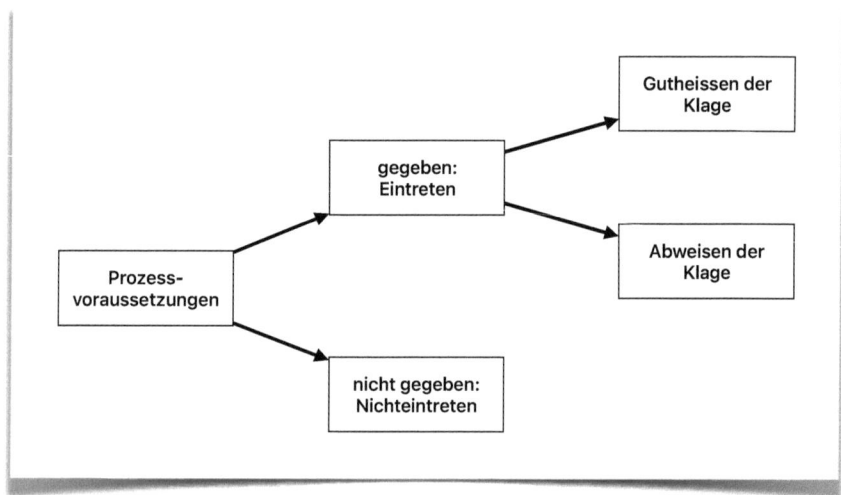

Wird eine Klage letztinstanzlich abgewiesen, ist der Streit endgültig verloren. Derselbe Fall kann nicht mehr einem anderen Gericht zur Beurteilung vorgelegt werden. Bei Nichteintreten ist dies jedoch nicht der Fall. Tritt beispielsweise ein Gericht wegen fehlender örtlicher Zuständigkeit nicht auf die Klage ein, ist der Prozess nicht endgültig vom Tisch. Die Klage kann vielmehr beim zuständigen Gericht noch einmal eingereicht werden, wobei jedoch möglicherweise Klagefristen zu beachten sind.

# 6.8 Klageantwort

Nach Eingang des Kostenvorschusses stellt das Gericht die Klage der beklagten Partei zu und setzt ihr gleichzeitig eine Frist zur schriftlichen Klageantwort (Art. 222 ZPO). Die beklagte Partei hat darin darzulegen, welche Tatsachenbehauptungen des Klägers anerkannt oder bestritten werden. Der Aufbau der Klageantwort richtet sich in der Regel nach dem Aufbau der Klageschrift. Es ist äusserst wichtig, sich detailliert mit den einzelnen Behauptungen in der Klageschrift auseinanderzusetzen. Wird nämlich keine Stellung genommen, gelten die Ausführungen in der Klage als anerkannt. Diesen Anforderungen wird nach der strengen Praxis nicht Genüge getan, wenn einfach festgehalten wird, alle Behauptungen in der Klage würden bestritten, es sei denn, sie würden in der Klageantwort ausdrücklich anerkannt.

Bei versäumter Klageantwort setzt das Gericht der beklagten Partei eine kurze Nachfrist (Art. 223 ZPO).

# 6.9 Widerklage und Verrechnung im Prozess

Der Beklagte kann im Rahmen der Klageantwort seinerseits eine Klage erheben (Art. 224 ZPO). Eine solche Klage nennt man Widerklage. Eine Widerklage ist aber nach der ZPO in der Regel nur zulässig, wenn sie in der gleichen Verfahrensart zu beurteilen ist wie die Hauptklage und das

Gericht für die Beurteilung sachlich zuständig ist. Dazu gibt es aber Ausnahmen.

Wenn die Klage im vereinfachten Verfahren erhoben wird, kann keine Widerklage mit einem Streitwert mit mehr als CHF 30'000 erhoben werden, weil diese im ordentlichen Verfahren beurteilt würde. Umgekehrt ist aber möglich: Wenn die Klage im ordentlichen Verfahren durchgeführt wird, kann der Beklagte eine Widerklage auch mit einem Streitwert von unter CHF 30'000 erheben, auch wenn diese für sich allein im vereinfachten Verfahren durchgeführt würde.

Eine Widerklage führt dazu, dass im Prozess eine Rechtsschriften mehr abgeliefert werden muss (fünf anstelle von vier):

1. Klage

2. Klageantwort und Widerklage

3. Replik und Widerklageantwort

4. Duplik und Widerklagereplik

5. Widerklageduplik

Nicht ganz dasselbe wie eine Widerklage ist die Verrechnung im Prozess. Der Beklagte kann nämlich vor Gericht vorbringen, dass ihm eine Gegenforderung zusteht, welche mit dem klägerischen Anspruch zu verrechnen ist, sollte dieser gutgeheissen werden. Wenn zwei Personen einander Geldsummen schulden, so kann nämlich nach Art. 120 Abs. 1 OR jede ihre Schuld, insofern beide Forderungen fällig sind, mit ihrer Forderung verrechnen. Eine solche Verrechnung kann erklärt werden, ohne dass eine Widerklage erhoben werden muss. Das Gericht muss dann auch prüfen, ob die Verrechnungsforderung besteht (allerdings nur, wenn die vom Kläger eingeklagte Forderung gutgeheissen wurde).

Falls die eingeklagte Forderung abgewiesen wird, muss die zur Verrechnung gestellte Forderung gar nicht behandelt werden. Wird die Forderung dagegen im Rahmen einer Widerklage erhoben, muss sie auch beurteilt werden, wenn die eingeklagte Forderung abgewiesen wird.

# 6.10 Hauptverhandlung

## Zweiter Schriftenwechsel (Replik und Duplik)

Nach Eingang der Klageantwort kann das Gericht einen so genannten zweiten Schriftenwechsel (schriftliche Replik und Duplik) anordnen (Art. 225 ZPO). Es kann aber auch zur Hauptverhandlung mit mündlicher Replik/Duplik vorladen (Art. 228 ZPO). Das Gericht hat hier freien Spielraum, und es kann daher im voraus nicht gesagt werden, wie es nach dem ersten Schriftenwechsel (Klage und Klageantwort) genau weitergeht.

## Durchführung der Hauptverhandlung

An der Hauptverhandlung stellen die Parteien ihre Anträge und begründen sie. Das Gericht gibt ihnen Gelegenheit zur mündlichen Replik und Duplik, falls diese nicht bereits schriftlich erstattet wurden. Von Anwälten wird erwartet, dass diese die Plädoyers dem Gericht in Schriftform abgeben, um die Protokollierung zu erleichtern (= **Plädoyernotizen**). Die Hauptverhandlung kann auch mit Vergleichsverhandlungen kombiniert werden.

Je nach Besetzung des Gerichts (siehe 2. Kapitel) sind ein oder mehrere Richter an der Hauptverhandlung anwesend. Dazu kommt der Gerichtsschreiber und in der Regel ein Protokollführer (auch Auditor genannt). Gerichtsverhandlungen kommen nicht so theatralisch daher wie Sie dies aus amerikanischen Serien oder Kinofilmen kennen – sie laufen weit nüchterner ab.

Auf die Hauptverhandlung kann verzichtet werden, wenn beide Parteien zustimmen. (Art. 233 ZPO) Dies macht vor allem dann Sinn, wenn sich die Parteien bereits je zwei Mal geäussert haben (Kläger: Klagebegründung und Replik, Beklagter: Klageantwort und Duplik) und keine Beweismittel abzunehmen sind. Wie wir gleich sehen werden, darf sich jede Partei nur zwei Mal äussern, danach können keine neuen Tatsachen oder Beweismittel mehr vorgebracht werden.

## Neue Tatsachen und Beweismittel

Die ZPO gibt klare Spielregeln vor. Es ist genau geregelt, wann und wie oft eine Partei die Gelegenheit hat, dem Gericht den Fall vorzutragen. Es kann nicht genug betont werden, dass das Gericht neue Tatsachen und Beweise (= Noven) nicht mehr berücksichtigt, wenn diese verspätet in den Prozess eingebracht wurden.

Grundsätzlich hat jede Partei die Möglichkeit, Tatsachen und Beweismittel je zwei Mal während des Prozesses vorzubringen: Zunächst in der Klage (Kläger) oder in der Klageantwort (Beklagter) und danach noch einmal in der Replik (Kläger) und Duplik (Beklagter). Danach berücksichtigt das Gericht keine neu vorgebrachten Tatsachen und Beweismittel mehr (Art. 229 ZPO).

Neue Tatsachen und Beweismittel (sogenannte „Noven") werden zu einem späteren Zeitpunkt ausnahmsweise nur noch dann berücksichtigt, wenn sie ohne Verzug vorgebracht werden und:

- erst nach dem Aktenschluss entstanden oder gefunden bzw. entdeckt worden sind, oder

- wenn sie zwar bereits vorhanden waren, aber trotz zumutbarer Sorgfalt nicht vorher vorgebracht werden konnten.

Trägt die beklagte Partei in ihrem letzten Vortrag (Duplik) neue Tatsachen oder Beweismittel vor, kann der Kläger dazu (und nur dazu) Stellung nehmen (= sogenannte „Stellungnahme zu den Dupliknoven").

Leider ist es ein Trugschluss zu denken, Fehler vor der ersten Instanz könnten in einem späteren Rechtsmittelverfahren wieder wettgemacht werden. Das ist leider nicht der Fall, wie wir bei der Behandlung der Rechtsmittel im 11. Kapitel sehen werden. Wird ein Rechtsmittel ergriffen, wird der Fall nämlich nicht vollständig neu aufgerollt. Man kann somit nicht einfach wieder von vorne beginnen.

Fazit: Falls Sie anwaltlich vertreten sind, ist es wichtig, dass Sie gegenüber Ihrem Anwalt alle Tatsachen und Beweismittel zu Beginn offen auf den Tisch legen. Es bringt nichts, einzelne Themen oder Dokumente zurückzuhalten. Dies kann ausserdem zu unliebsamen Situationen führen, wenn das Thema im Prozess – für Ihren Anwalt unerwartet – von der Gegenpartei aufgegriffen wird.

Falls Sie den Prozess selbst führen, ist es im allgemeinen nicht empfehlenswert, einzelne Argumente zurückzuhalten und „aus strategischen Gründen" im letzten Moment vorzubringen. Wenn das Gericht von Anfang an offen und transparent über den Sachverhalt informiert worden ist, wird es eher geneigt sein, Ihren Anträgen zu folgen.

## Klageänderung

Eine ähnliche Frage wie ob noch neue Tatsachen und Beweise vorgebracht werden können ist die Frage, ob die Klage nachträglich noch geändert werden kann. Bis zur Hauptverhandlung ist eine Klageänderung nach Art. 227 Abs. 1 ZPO zulässig, wenn der geänderte oder neue Anspruch nach der gleichen Verfahrensart zu beurteilen ist und mit dem bisherigen Anspruch in einem sachlichen Zusammenhang steht oder die Gegenpartei zustimmt. An der Hauptverhandlung ist eine Klageänderung nur noch möglich, wenn sie zusätzlich auf neuen Tatsachen oder Beweismitteln beruht (Art. 230 ZPO).

Wie wir oben gesehen haben, kann der Forderungsbetrag bei einer unbezifferten Forderungsklage erst zu einem späteren Zeitpunkt im Prozess genannt werden.

# 6.11 Beweisverfahren und Stellungnahme zum Beweisergebnis

Nach den Parteivorträgen nimmt das Gericht die von den Parteien angebotenen Beweise ab (z.B. Befragung der Parteien oder von Zeugen, mehr dazu im 10. Kapitel). Nach Abschluss der Beweisabnahme können die Parteien mündlich oder schriftlich zum Beweisergebnis Stellung nehmen (Art. 232 ZPO).

Die Beweisverhandlung kann auch mit der Hauptverhandlung kombiniert werden (Art. 231 ZPO). Es kann aber auch eine separate Beweisverhandlung anberaumt werden, nachdem die Hauptverhandlung bereits stattgefunden hat (vor allem, wenn viele Zeugen zu befragen sind).

# 6.12 Prozesserledigung ohne Entscheid

Laien sind oft erstaunt, dass durchschnittlich deutlich weniger als die Hälfte der Fälle mit einem Urteil entschieden werden. In den meisten Fällen erfolgt die Prozesserledigung somit ohne Urteil. Hier gibt es drei Möglichkeiten (Art. 241 ZPO):

- **Klagerückzug**: Das Gericht legt dem Kläger nahe, seine Klage wegen Aussichtslosigkeit zurückzuziehen.

- **Klageanerkennung**: Das Gericht legt dem Beklagten nahe, die Klage anzuerkennen, weil sie offensichtlich ausgewiesen ist.

- **Vergleich**: Die Parteien schliessen einen Kompromiss, welcher auf einem Vorschlag des Gerichts bzw. einer vorläufigen Einschätzung des Falls beruht. Mehr zum Vergleich lesen Sie im folgenden Abschnitt.

Achtung: Wird der Prozess infolge eines Klagerückzugs, einer Klageanerkennung oder eines Vergleichs beendet, sind keine ordentlichen Rechtsmittel möglich.

Ein Prozess kann unter Umständen aber auch ohne Urteil beendet werden, wenn er gegenstandslos wird (Art. 242 ZPO).

---

**Beispiele**

- Einer der Ehegatten im Scheidungsverfahren stirbt.

- Das Auto, um welches im Prozess gestritten wird, wird gestohlen.

---

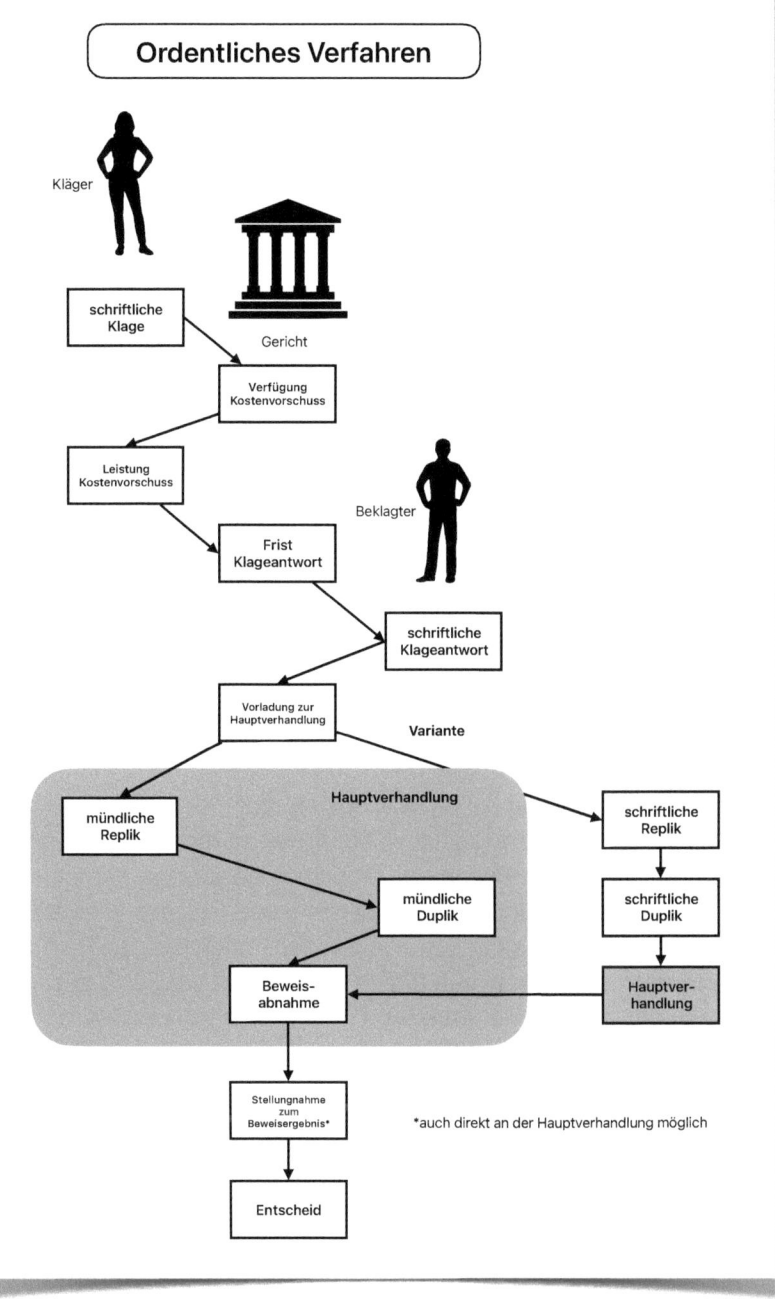

# Klagerückzug

Wer eine Klage beim Gericht zurückzieht, kann gegen die gleiche Partei über die gleiche Sache keinen zweiten Prozess mehr führen, sofern das Gericht die Klage der beklagten Partei bereits zugestellt hat und diese dem Rückzug nicht zustimmt (Art. 65 ZPO). Ist eine Klage eingeleitet und die Klageschrift der Gegenpartei zugestellt, gibt es also ohne Zustimmung der Gegenpartei kein Zurück mehr.

# Vergleich

Nach Art. 124 Abs. 3 ZPO kann das Gericht jederzeit versuchen, eine Einigung zwischen den Parteien herbeizuführen. Schon im Schlichtungsverfahren bzw. bei der Schlichtungsbehörde (5. Kapitel) wird versucht, eine Einigung zwischen den Parteien herbeizuführen. Aber auch vor Gericht werden Prozesse, wie bereits erwähnt, häufiger mit einem Vergleich erledigt als mit einem Urteil.

Parteien weigern sich oft, Vergleiche abzuschliessen, weil sie dies als Schuldeingeständnis sehen. Diese Haltung ist meistens nicht gerechtfertigt, denn bei einem Vergleich sind verschiedene Aspekte zu berücksichtigen:

Richter sind auch nur Menschen. Sie neigen dazu, den bequemsten Weg zu gehen und sich möglichst wenig Arbeit zu machen. Gerade bei tiefen Streitwerten (bei welchen das Gericht auch weniger Gerichtskosten einnimmt) macht es für das Gericht Sinn, den Prozess in einem möglichst frühen Prozessstadium zu beenden, indem es den Parteien einen Kompromiss schmackhaft macht. Kommt ein Vergleich zustande, erspart sich das Gericht viel Arbeit. Es muss keine Zeugen befragen und kein Urteil schreiben. Um den Parteien einen zusätzlichen Anreiz für den Vergleichsschluss zu geben, reduziert das Gericht oft auch die Gerichtskosten beträchtlich.

Es wäre aber zu einfach, den Gerichten einfach nur Faulheit und Bequemlichkeit zu unterstellen. Viele Gerichte bereiten sich seriös auf die Vergleichsverhandlung vor und machen den Parteien fundierte Kompromissvorschläge. Sie stützen sich dabei auf die Rechtslage und die Beweisrisiken. Kompromisse gehören zudem zur DNA der Schweiz. Unser ganzes politisches System beruht auf dem Schliessen von Kompromissen.

Oft ist auch den Parteien gedient, einen Fall schnell abzuschliessen, um den Rechtsfrieden wieder herzustellen. Damit können auch weitere Kosten und Umtriebe vermieden werden. In vielen Fällen ist daher ein Vergleich für die Parteien eine echte Alternative.

Vergleichsverhandlungen können im Anschluss an die Hauptverhandlung stattfinden. Das Gericht kann aber auch zu einer reinen Vergleichsverhandlung vorladen (man spricht dann von einer **Instruktionsverhandlung** oder Referentenaudienz, Art. 226 ZPO). Vergleichsverhandlungen werden von Gericht nicht protokolliert. Sie sind nicht öffentlich. Zugeständnisse einer Partei während einer Vergleichsverhandlung können nicht gegen sie verwendet werden, wenn dann doch kein Vergleich zustande kommt.

Es kommt immer wieder vor, dass Vergleichsgespräche zu einem „orientalischen Bazar" ausarten.

Wichtig zu wissen ist, dass eine Partei bzw. beide Parteien den Vergleichsvorschlag des Gerichts ablehnen dürfen. Das Gericht muss dann den Fall mit einem Urteil entscheiden. Es kann beispielsweise sein, dass eine Partei ein Urteil ausdrücklich wünscht, weil eine bestimmte Rechtsfrage bis anhin noch nicht entschieden wurde und die Partei ein Präjudiz für weitere, künftige Fälle benötigt. Wünscht eine Partei in jedem Fall ein Urteil, sollte sie dies dem Gericht jedoch frühzeitig signalisieren, d.h. bevor es zu Vergleichsverhandlungen vorlädt bzw. diese begonnen werden. Sonst wird das Gericht nur unnötig verärgert.

Wie wir gesehen haben, werden juristische Personen im Prozess durch ihre Organe vertreten (Gesellschafter, Verwaltungsrat, Geschäftsführer etc.). Wichtig ist, dass die an der Gerichtsverhandlung anwesenden Organe befugt sind, einen Vergleich einzugehen. Verfügt das anwesende Organ nur über eine Kollektivunterschrift, sollte eine Vollmacht eines weiteren Kollektivzeichnungsberechtigten mitgebracht werden, wonach das an der Verhandlung anwesende Organ berechtigt ist, einen Vergleich zu schliessen. Wird eine Person an die Vergleichsverhandlung geschickt, welche über gar keine Zeichnungsberechtigung im Handelsregister verfügt, muss ihr eine Handlungsvollmacht zur Prozessführung nach Art. 462 Abs. 2 OR ausgestellt werden.

Es ist möglich, eine Widerrufsfrist in den Vergleich einzubauen. Jede Partei kann dann den Vergleich innert einer bestimmten Frist widerrufen. Tut dies eine Partei, muss das Gericht den Fall mit Urteil entscheiden.

Ein Vergleich beendet das Verfahren. Ein ordentliches Rechtsmittel kann nicht mehr ergriffen werden – dies gilt für beide Parteien.

Ein Vergleich kann auch ohne Mithilfe des Gerichts zustande kommen, in diesem Fall spricht man von einem aussergerichtlichen Vergleich. Die Parteien reichen diesen dann beim Gericht ein, worauf dieses das Verfahren als beendet erklärt („Abschreibung des Verfahrens").

Aus standesrechtlichen Gründen dürfen Anwälte Zugeständnisse der Gegenpartei in den aussergerichtlichen Verhandlungen nicht vor Gericht verwenden. Eine Aussage wie „vor Anhebung des Prozesses war der Beklagte noch bereit, im Rahmen eines Vergleichs CHF 10'000 zu bezahlen", darf im Gerichtssaal keinesfalls gemacht werden.

Wenn beide Parteien mit einem abgeschlossenen Vergleich nicht glücklich sind, ist dies in der Regel ein gutes Zeichen. Dies bedeutet, dass der Vergleich gerecht war. Die Zufriedenheit stellt sich dann meist erst nach einigen Tagen und etwas Abstand ein.

## 6.13 Entscheid

Doch nun wieder zurück zur Möglichkeit, dass sich die Parteien nicht auf einen Vergleich einigen und das Gericht somit nach der Stellungnahme zum Beweisergebnis ein Urteil zu fällen hat: Das Gericht eröffnet sein Urteil in der Regel zunächst ohne schriftliche Begründung. Dies kann entweder direkt an der Hauptverhandlung geschehen oder durch Zusendung des Urteilsdispositivs per Post (Art. 239 ZPO).

Eine schriftliche Begründung muss vom Gericht nachgeliefert werden, wenn eine Partei dies innert zehn Tagen seit der Eröffnung des Urteils verlangt. Wenn keine Begründung verlangt wird, reduziert das Gericht die Gerichtskosten. Wird keine Begründung verlangt, ist eine Anfechtung des Entscheides mit einem Rechtsmittel nicht möglich!

Das (unbegründete oder begründete) Urteil wird den Vertretern der Parteien (d.h. den Anwälten) bzw. Den Parteien ohne Vertreter direkt zugeschickt. Das Gericht kann das Urteil auch Ämtern und Behörden (z.B. Konkursamt, Handelsregisteramt, Zivilstandsamt, Grundbuchamt etc.) zustellen, falls dies geboten ist.

Ein ordentliches Verfahren benötigt viel Zeit. Von der Einreichung der Klage bis zum Urteil vergehen mindestens acht Monate, nicht selten ein Jahr oder mehr. Richterliche Fristen (die Fristen zur Einreichung der Klageantwort und allenfalls von Replik und Duplik) können vielfach bis zu zwei Mal erstreckt werden (siehe 8. Kapitel). Oft muss auch eine Weile auf den Termin der Hauptverhandlung gewartet werden.

# 7. Vereinfachtes, summarisches und weitere Verfahren

## 7.1 Vereinfachtes Verfahren

### Anwendungsbereich

Das vereinfachte Verfahren gilt gemäss Art. 243 Abs. 1 ZPO für vermögensrechtliche Streitigkeiten bis zu einem Streitwert von CHF 30'000.

Es gilt ohne Rücksicht auf den Streitwert zudem auch für die in Art. 243 Abs. 2 ZPO aufgeführten Streitigkeiten.

### Ablauf

Das vereinfachte Verfahren ist mündlich. Die ZPO sieht folgenden Ablauf vor:

Eine Begründung der Klage ist nicht erforderlich (Art. 244 Abs. 1 ZPO). Enthält die Klage keine Begründung, so stellt sie das Gericht der beklagten Partei zu und lädt die Parteien zugleich zur Verhandlung vor (Art. 245 Abs. 1 ZPO).

Enthält die Klage eine (freiwillige) Begründung, so setzt das Gericht der beklagten Partei zunächst eine Frist zur schriftlichen Stellungnahme (Art. 245 Abs. 2 ZPO).

Ich rate Klägern regelmässig davon ab, die Klage begründet einzureichen. Die Gründe dafür sind klar: Das Verfahren dauert länger, weil
dann auch der beklagten Partei Gelegenheit zur schriftlichen Stellungnahme eingeräumt wird. Ausserdem ermöglicht eine schriftliche Begründung der Gegenpartei, sich besser vorzubereiten. Erfolgt die Begründung der Klage hingegen direkt an der Hauptverhandlung, hört die
beklagte Partei möglicherweise gewisse Argumente zum ersten Mal,
muss aber sofort dazu Stellung nehmen.

Der Gesetzgeber wollte das vereinfachte Verfahren eigentlich laientaug-
lich ausgestalten. Gerade an einer mündlichen Verhandlung ist die Gefahr aber gross, dass eine prozessunerfahrene Partei vergisst, einzelne
Punkte vorzutragen oder angemessen auf den Vortrag der Gegenpartei
zu reagieren. Im Gegensatz dazu besteht in schriftlichen Verfahren
mehr Zeit, um Stellungnahmen sorgfältig vorzubereiten. Bei nicht anwaltlich vertretenen Parteien übt das Gericht immerhin seine Fragepflicht aus (siehe 2. Kapitel). Allerdings darf das Gericht einer Partei natürlich unter keinen Umständen helfen, denn das Gericht muss ja stets
unparteiisch sein.

Im vereinfachten Verfahren wird, wenn immer möglich, nur eine einzige
Verhandlung durchgeführt (Art. 246 Abs. 1 ZPO). Daher ist es unerläss-
lich, dass Sie sich gut vorbereiten und alle relevanten Unterlagen an die
Verhandlung mitnehmen.

Ganz wichtig ist, dass die beklagte Partei an der Hauptverhandlung erscheint. Tut sie dies nicht, stellt das Gericht nämlich (wie beim ordentlichen Verfahren) nur auf die Vorbringen des Klägers ab. Es wird also
kein neuer Verhandlungstermin anberaumt. Das kann natürlich für den
Beklagten verheerend sein. Falls der klägerische Vortrag für das Gericht
stimmig ist, wird es die Klage gutheissen, ohne dass der Beklagte die
Gelegenheit hatte, seine Argumente vorzutragen. Im Rechtsmittelverfahren lässt sich dies in der Regel nicht mehr korrigieren.

Als Anwalt erlebe ich es immer wieder, dass nicht anwaltlich vertretene
Beklagte kurz vor der Verhandlung ein Verschiebungsgesuch stellen
und dann davon ausgehen, dass die Verhandlung platzt. Das ist ein
sehr riskantes Vorgehen, denn die Gerichtspraxis ist sehr streng. Ver-
schiebungsgesuche in letzter Minute werden nur bei Vorliegen von trifti-

gen Gründen, welche belegt werden können, bewilligt (mehr dazu im nächsten Kapitel).

Das vereinfachte Verfahren ist wesentlich schneller als das ordentliche Verfahren und dauert im Durchschnitt zwei bis vier Monate.

Ansonsten gelten im vereinfachten Verfahren die Bestimmungen über das ordentliche Verfahren (Art. 219 ZPO), namentlich muss auch hier ein Gerichtskostenvorschuss geleistet werden (es sei denn, das Verfahren sei kostenlos ausgestaltet, vgl. 9. Kapitel). Auch bezüglich dem Urteil kann auf die Ausführungen zum ordentlichen Verfahren im 6. Kapitel verwiesen werden.

# 7.2 Summarisches Verfahren

## Anwendungsbereich

Das summarische Verfahren ist ein rasches und vereinfachtes Verfahren. Im summarischen Verfahren heissen die Parteien Gesuchsteller und Gesuchsgegner. Zudem spricht man nicht von einer Klage sondern einem Gesuch. Es ist anwendbar:

- in den von der ZPO bestimmten Fällen (Art. 248 bis 251a, Art. 271, Art. 302 und 305 ZPO), z.B. Rechtsöffnung (Beseitigung eines Rechtsvorschlags in einer Betreibung), Eheschutz (Bewilligung und Regelung des Getrenntlebens), Eintragung eines Bauhandwerkerpfandrechts oder die Durchsetzung eines Rechts zur Gegendarstellung gegenüber einer Zeitung.

- für den **Rechtsschutz in klaren Fällen** (Art. 257 ZPO), wenn der Sachverhalt unbestritten oder sofort beweisbar und die Rechtslage klar ist. Dies ist etwa häufig bei der Ausweisung von Mietern der Fall (falls Mieter über den Kündigungstermin hinaus einfach in der Wohnung verbleiben und ausgewiesen werden müssen). Dies ist eine interessante Alternative zum vereinfachten oder ordentlichen Verfahren, weil das summarische Verfahren viel schneller abläuft und weniger kostet. Ausserdem muss kein Schlichtungsverfahren bei der Schlichtungsbehörde durchgeführt werden. In Verfahren über Rechtsschutz in klaren Fällen sollte eine Anwältin oder ein Anwalt beigezogen werden.

- für das **gerichtliche Verbot** (Art. 258 bis 260 ZPO, z.B. Verbot des Betretens oder Parkierens auf einem Grundstück, Sie kennen bestimmt die entsprechenden Tafeln, die dann an den entsprechenden Orten aufgehängt werden).

- für die **vorsorglichen Massnahmen** (Art. 261 ff. ZPO, sofortige, vorläufige Anordnungen des Gerichts, z.B. Verbot der Ausstrahlung einer Fernsehsendung oder Verbreitung eines Buches oder Zeitungsartikels, Verbot des Verkaufs eines Grundstücks oder von gefälschten Waren, Unterlassung einer drohenden Persönlichkeitsverletzung, vorläufige Eintragung eines Bauhandwerkerpfandrechts etc.). Dauert ein Prozess voraussichtlich länger, können vorsorgliche Massnahmen auch für die Dauer des Prozesses angeordnet werden (z.B. provisorische Zuteilung der Obhut über Kinder im Scheidungsprozess). Unter bestimmten, strengen Voraussetzungen können vorsorgliche Massnahmen sogar angeordnet werden, ohne dass die Gegenpartei vorher angehört wird (sie kann sich erst im Nachhinein dazu äussern). Man spricht dann von superprovisorischen Massnahmen (Art. 265 ZPO). Vorsorgliche Massnahmen sind immer nur vorläufig und müssen in einem nachfolgenden ordentlichen Gerichtsverfahren bestätigt werden, ansonsten sie wieder dahinfallen.

## Ablauf

Für das summarische Verfahren ist charakteristisch, dass nicht alle Beweismittel zulässig sind (in der Regel können nur Urkunden vorgelegt werden, vgl. Art. 254 ZPO). Ausserdem genügt in der Regel blosses Glaubhaftmachen, d.h. ein strikter Beweis ist nicht erforderlich.

In summarischen Verfahren muss kein Schlichtungsverfahren bei der Schlichtungsbehörde stattfinden (Art. 198 lit. a ZPO). Das Gesuch kann vielmehr ohne Klagebewilligung direkt beim Gericht eingereicht werden

(Art. 252 ZPO). Danach kann das Gericht entweder dem Gesuchsgegner eine Frist zur schriftlichen Beantwortung des Gesuchs ansetzen. Das Gericht hat aber auch die Möglichkeit, zu einer Verhandlung vorzuladen, an welcher sich der Gesuchsgegner mündlich äussern kann. Dies gilt nicht bei superprovisorischen Massnahmen, die sich ja dadurch auszeichnen, dass das Gericht etwas anordnet, ohne die Gegenseite vorher anzuhören.

Achtung: Anders als im ordentlichen und vereinfachten Verfahren, wo jede Partei sich zwei Mal zur Sache äussern kann, haben die Parteien im summarischen Verfahren in der Regel nur je einen Vortrag. Es ist daher wichtig, schon im ersten Vortrag alles vorzutragen.

In gewissen Fällen kann ein Anspruch nach Wahl des Klägers entweder in einem summarischen Verfahren (Rechtsschutz in klaren Fällen) oder aber im Rahmen eines ordentlichen (oder bei tieferem Streitwert) eines vereinfachten Verfahrens gestellt werden. Ist der Sachverhalt umstritten, die Rechtslage unklar oder sind nur wenig Beweismittel vorhanden, empfiehlt es sich in jedem Fall, den Anspruch im ordentlichen (oder vereinfachten) Verfahren einzuklagen. Ist hingegen der Sachverhalt unbestritten oder sofort beweisbar und die Rechtslage klar, ist der Rechtsschutz in klaren Fällen (summarisches Verfahren) die erste Wahl.

Summarische Verfahren können rechtlich sehr anspruchsvoll sein, gerade im Bereich von vorsorglichen oder superprovisorischen Massnahmen. Hier ist es sicherlich eine gute Idee, einen Anwalt beizuziehen.

Ansonsten gelten im summarischen Verfahren die Bestimmungen über das ordentliche Verfahren (Art. 219 ZPO), namentlich muss auch hier ein Gerichtskostenvorschuss geleistet werden (und zwar in der Regel in der Höhe der ganzen mutmasslichen Gerichtskosten – und nicht, wie sonst, nur der Hälfte, Art. 98 Abs. 2 lit. c ZPO). Die Gerichtskosten im summarischen Verfahren sind aber generell tiefer angesetzt.

# 7.3 Besondere familienrechtliche Verfahren

Die ZPO sieht noch einige besondere Verfahren vor, für welche zusätzlich besondere Bestimmungen gelten:

- Scheidungsverfahren (Art. 274 ff. ZPO): Scheidung auf gemeinsames Begehren (Art. 285 - 289 ZPO), Scheidungsklage (Art. 290 - 293 ZPO) und Eheungültigkeits- und Ehetrennungsklage (Art. 294 ZPO)

- Kinderbelange in familienrechtlichen Angelegenheiten (Art. 295 ff. ZPO): Unterhalts- und Vaterschaftsklage (Art. 303 - 304 ZPO)

- Verfahren bei eingetragener Partnerschaft (Art. 305 ff. ZPO): Hier ist zu beachten, dass die eingetragene Partnerschaft ein Auslaufmodell ist. Eingetragene Partnerschaften können seit dem 1. Juli 2022 nicht mehr begründet werden, weil seit dann die „Ehe für alle" gilt.

Die ZPO enthält aber jeweils nur die verfahrensrechtlichen Bestimmungen. Die materiellen Fragen (z.B. güterrechtliche Auseinandersetzung, Unterhalt) sind im ZGB bzw. im Partnerschaftsgesetz geregelt.

## Scheidung auf gemeinsames Begehren

Einvernehmliche Scheidungen werden von den Beteiligten besser akzeptiert als Urteile und sind deshalb auch dauerhafter. Deswegen favorisiert die ZPO die Scheidung auf gemeinsames Begehren gegenüber der Scheidung auf Klage. Wenn sich die Eheleute über die Scheidung einig sind, genügt das als Scheidungsgrund. Für die Scheidung kann direkt das untere kantonale Gericht angerufen werden (Art. 198 lit. c ZPO; Art. 285 f. ZPO). Die Gerichte stellen dazu im Internet häufig Formulare und Musterkonventionen bereit. Ein Schlichtungsverfahren bei der Schlichtungsbehörde ist also nicht notwendig. Bei der Scheidung auf gemeinsames Begehren treten die Eheleute nicht als Kläger und Beklagter auf, sondern als gemeinsame Gesuchsteller.

Zusammen mit dem gemeinsamen Scheidungsbegehren sollte bereits eine vollständige Vereinbarung (Konvention) über die Scheidung und deren Folgen eingereicht werden (Art. 111 Abs. 1 ZGB). Beizulegen sind auch weitere Unterlagen wie der Familienausweis und Bestätigungen der Pensionskassen beider Ehegatten.

Es ist aber auch möglich, dem Gericht nur eine Teilvereinbarung über den gemeinsamen Scheidungswillen und allenfalls über weitere Fragen einzureichen und den Antrag zu stellen, das Gericht solle über die verbleibenden Fragen entscheiden (Art. 112 ZGB, Art. 286 ZPO).

In beiden Fällen hört das Gericht die Parteien zum Scheidungsbegehren und zur Konvention getrennt und gemeinsam an und prüft, ob der Wille zur Scheidung und die Vereinbarung über die Folgen auf reiflicher Überlegung beruhen und ob die Vereinbarung nicht offensichtlich unangemessen ist (Art. 140 Abs. 2 ZGB). Über streitige Punkte versucht das Gericht, zwischen den Parteien eine Einigung zu erzielen. Unter Umständen wird eine Kinderanhörung durchgeführt.

## Scheidungsklage

Bei einer Scheidung auf Klage gelten erschwerte Anforderungen. Dadurch sollen einvernehmliche Scheidungslösungen gefördert und die Beteiligten angehalten werden, sich mit ihrem Konflikt auseinanderzusetzen.

Hauptklagegrund ist die Scheidung nach zweijährigem Getrenntleben (Art. 114 ZGB). Es genügt, dass die Trennung im Zeitpunkt der Klageeinleitung tatsächlich zwei Jahre gedauert hat. Entscheidend ist, dass mindestens ein Ehegatte die Haushaltsgemeinschaft aufgegeben hat. Neben der räumlichen Trennung ist auch ein Trennungswille nötig: Unfreiwillige Unterbrüche in der ehelichen Gemeinschaft (Montageaufenthalte, Militärdienst, Reisen etc.) genügen nicht.

Vor Ablauf der zweijährigen Frist ist eine Scheidung auf Klage nur möglich, wenn aus schwerwiegenden Gründen die Fortführung der Ehe unzumutbar ist (Art. 115 ZGB). Darunter fallen etwa Gewaltfälle, schwere Persönlichkeitsverletzungen anderer Art wie das dauernde Nachstellen während einer Trennung, Heiratsschwindel oder das Vorgaukeln eines echten Ehewillens aus fremdenpolizeilichen Motiven. Entscheidend ist, ob der klagenden Partei der Fortbestand des ehelichen Bandes seelisch zugemutet werden kann. Nicht möglich ist eine Klage bei Gründen, welche der klagenden Partei zu einem massgeblichen Teil selbst zuzurechnen sind.

Die Parteien werden vom Gericht zu einer Verhandlung vorgeladen. An der Verhandlung wird zuerst der Scheidungsgrund geprüft und versucht, eine Einigung über die Folgen der Scheidung herbeizuführen. Bleibt der Scheidungsgrund unklar oder wird keine Einigung über die Folgen erzielt, so wird dem Kläger Frist zur schriftlichen Begründung der Klage angesetzt. Danach geht es weiter wie oben beim Prozess im ordentlichen Verfahren beschrieben.

Für die Dauer des Verfahrens werden die Rechte und Pflichten der Parteien in der Regel mit vorsorglichen Massnahmen geregelt.

Kampfscheidungen sind meistens langwierig und kostspielig. Wenn immer möglich sollte eine Scheidung auf gemeinsames Begehren angestrebt werden.

# 8. Eingaben, Fristen, Verhandlungen

## 8.1 Vorladungen und Prozessleitung

Das Gericht leitet den Prozess. Es erlässt dazu die notwendigen Verfügungen und Vorladungen etc. (Art. 124 ZPO).

Die Vorladung zu einer Gerichtsverhandlung muss mindestens zehn Tage vor dem Erscheinungstermin versandt werden (Art. 134 ZPO). Das Gericht kann einen Erscheinungstermin nur aus ausreichenden Gründen verschieben (Art. 135 ZPO). Das Verschiebungsgesuch sollte so schnell wie möglich gestellt werden. Die Verhinderung muss belegt werden (z.B. mit Arztzeugnis oder Flugtickets).

Ist eine Partei anwaltlich vertreten (oder beide Parteien), wird der Termin vorher mit dem Vertreter abgesprochen.

Falls Sie nach Erhalt einer Vorladung einen Anwalt beiziehen möchten, sollten sie ihn sofort, d.h. umgehend nach dem Erhalt einer Vorladung, kontaktieren. Falls Sie damit zuwarten und der Anwalt ein Verschiebungsgesuch stellen muss, weil ihm der Termin nicht passt, wird ein das Gericht das Gesuch mit hoher Wahrscheinlichkeit ablehnen, weil es zu spät gestellt wurde.

# 8.2 Zustellungen

## Zustellungen per Briefpost oder Bote

Die Zustellung von Vorladungen, Verfügungen und Entscheiden erfolgt in der Regel mit eingeschriebener Post (Art. 138 Abs. 1 ZPO).

Eine eingeschriebene Postsendung, die nicht abgeholt worden ist, gilt am siebten Tag nach dem erfolglosen Zustellungsversuch als zugestellt, sofern die Person mit einer Zustellung rechnen musste (Art. 138 Abs. 3 ZPO, dies ist vor allem dann der Fall, wenn das Verfahren bereits läuft).

Falls Sie während eines Prozesses Ihren Wohnort wechseln, müssen Sie Ihre neue Adresse unbedingt dem Gericht mitteilen, ansonsten gelten Sendungen an die alte Adresse als zugestellt!

Musste die Person dagegen nicht mit einer gerichtlichen Zustellung rechnen und nimmt sie den eingeschriebenen Brief nicht entgegen, erfolgt eine nochmalige, persönliche Zustellung – in der Regel durch den Gerichtsweibel oder die Polizei. Wenn der Adressat bei persönlicher Zustellung die Annahme verweigert, gilt die Sendung am Tag der Weigerung als zugestellt (Art. 138 Abs. 3 ZPO).

Ist eine Partei vertreten, so erfolgt die Zustellung an deren Anwalt (Art. 137 ZPO).

## Elektronische Zustellungen und Zustellplattformen

Mit dem Einverständnis der betroffenen Person können Vorladungen, Verfügungen und Entscheide auch elektronisch zugestellt werden (Art. 139 Abs. 1 ZPO).

Zwischen Anwälten und Gerichten werden Zustellungen per Post bald ausgedient haben. Das Projekt Justitia 4.0 zielt darauf ab, die heutigen Papierakten in der Schweizer Justiz durch elektronische Dossiers zu ersetzen. Verfahrensbeteiligte sollen in Zukunft die zentrale Plattform justitia.swiss für den elektronischen Rechtsverkehr sowie die Akteneinsicht nutzen. Für Gerichte und Anwälte wird die Nutzung dieser neuen Plattform voraussichtlich ab 2027 obligatorisch sein. Ich wäre aber nicht erstaunt, wenn es noch zu Verzögerungen kommt.

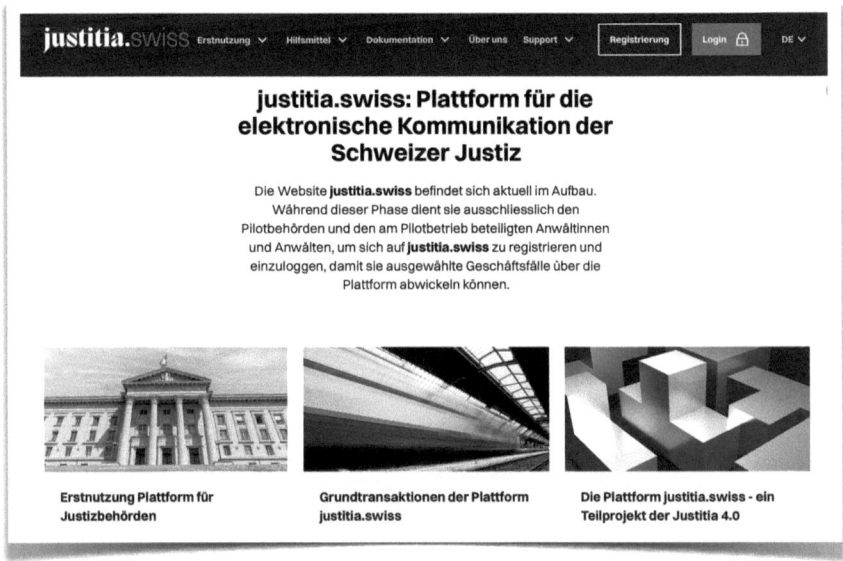

*Im Zeitpunkt der Drucklegung dieses Buches ist die elektronische Zustellplattform justizia.swiss noch nicht operativ.*

## Zustellung durch öffentliche Bekanntmachung

Schliesslich kann eine Zustellung auch gültig durch Publikation im kantonalen Amtsblatt oder im Schweizerischen Handelsamtsblatt erfolgen, vor allem wenn der Aufenthaltsort des Adressaten unbekannt ist und trotz zumutbarer Nachforschungen nicht ermittelt werden kann (Art. 141 ZPO).

## 8.3 Verfahrenssprache

Das Verfahren wird in der Amtssprache des zuständigen Kantons geführt (Art. 129 Abs. 1 ZPO). Spricht eine der Parteien diese Sprache nicht, wird in Gerichtsverhandlungen ein Gerichtsdolmetscher beigezogen.

In internationalen handelsrechtlichen Streitigkeiten kann das Verfahren seit Anfang 2025 sogar in Englisch geführt werden, falls der betreffende Kanton dies so vorsieht (Art. 129 Abs. 2 ZPO).

## 8.4 Eingaben an das Gericht und Fristen

Eingaben und Beilagen sind in je einem Exemplar für das Gericht und für jede Gegenpartei einzureichen (Art. 131 ZPO, dies gilt aber natürlich nicht bei elektronischen Eingaben).

Für alle Eingaben an ein Gericht besteht eine Frist. Diese kann entweder im Gesetz vorgesehen oder vom Gericht angesetzt werden. Ein Rechtsanwalt hat vor Fristen grössten Respekt. Ist eine Frist verpasst, ist der Prozess im schlimmsten Fall verloren. Nur in seltenen Fällen ist es möglich, die Frist wieder herzustellen (Art. 148 f. ZPO). Wiederhergestellt wird die Frist nämlich nur dann, wenn sie ohne Verschulden verpasst worden ist, was eigentlich nur bei einem Unfall oder bei schwerer Krankheit der Fall ist.

Verpasst der Anwalt eine Frist, stellt dies eine grobe Sorgfaltspflichtverletzung dar, für welche er haftet. Wie Sie im 3. Kapitel gelesen haben, muss ein Anwalt über eine Berufshaftpflichtversicherung verfügen, die in einem solchen Fall für den Schaden aufkommt.

Fristen, die vom Gericht angesetzt worden sind (nicht aber Fristen, die sich aus der ZPO oder einem anderen Gesetz ergeben), können in der Regel erstreckt werden. Dazu muss vor Ablauf der Frist ein begründetes Fristerstreckungsgesuch eingereicht werden (Art. 144 Abs. 2 ZPO).

Wann ist eine Frist eingehalten? Eingaben müssen spätestens am letzten Tag der Frist beim Gericht eingereicht oder der Schweizer Post übergeben werden (Art. 143 Abs. 1 ZPO, am besten per Einschreiben). Bei elektronischer Übermittlung ist die Frist eingehalten, wenn das System die sogenannte Abgabequittung übermittelt hat (Art. 143 Abs. 2 ZPO). Eine elektronische Übermittlung funktioniert jedoch nur über eine anerkannte Zustellplattform (IncaMail oder PrivaSphere) und wenn Sie eine elektronische Signatur besitzen. Eingaben mit normalem E-Mail (oder auch per Fax) sind nicht gültig.

In Zukunft wird voraussichtlich auch der staatlich anerkannte elektronische Identifikationsnachweis (E-ID) als elektronische Signatur funktionieren. Der Bundesrat hat im November 2023 den Entwurf eines entsprechenden Bundesgesetzes über den elektronischen Identitätsnachweis verabschiedet. Bei Drucklegung dieses Buches wird das Gesetz parlamentarisch beraten und – hoffentlich – verabschiedet werden. Die Einführung der staatlichen E-ID ist frühestens Anfang 2026 zu erwarten.

Wird eine Frist verpasst, wird das Verfahren ohne die versäumte Handlung einfach weitergeführt (Art. 147 Abs. 2 ZPO). Es gibt nur zwei Ausnahmefälle, in welchen die ZPO vorsieht, dass bei Verpassen einer Frist noch eine kurze Nachfrist angesetzt werden muss:

- verpasste Klageantwort (Art. 223 ZPO)
- verpasste Leistung des Gerichtskostenvorschusses (Art. 101 Abs. 3 ZPO)

## So berechnen Sie Fristen

In gerichtlichen Verfügungen wird der Ablauf einer Frist in der Regel nicht mit einem Datum angegeben. Es wird vielmehr lediglich ein Zeitraum (z.B. 10 oder 20 Tage) genannt, so dass der genaue Ablauf der Frist anhand eines Kalenders berechnet werden muss. Dabei gelten folgende Grundsätze (Art. 142 ZPO):

- Fristen beginnen am der Zustellung folgenden Tag zu laufen. (Notieren Sie sich daher unbedingt, an welchem Tag Sie die Sendung erhalten haben. Bewahren Sie auch den Briefumschlag auf. Möglicherweise können Sie anhand der Sendungsnummer auf der Webseite der Post auch eine Sendungsverfolgung durchführen.)

- Berechnet sich eine Frist nach Monaten, so endet sie im letzten Monat an dem Tag, der dieselbe Zahl trägt wie der Tag, an dem die Frist zu laufen begann. Fehlt der entsprechende Tag, so endet die Frist am letzten Tag des Monats.

- Fällt der letzte Tag einer Frist auf einen Samstag, einen Sonntag oder einen am Gerichtsort anerkannten Feiertag, so endet sie am nächsten Werktag.

- Gesetzliche und gerichtliche Fristen stehen während der Gerichtsferien still:

  - vom siebten Tag vor Ostern bis und mit dem siebten Tag nach Ostern

  - vom 15. Juli bis und mit dem 15. August

  - vom 18. Dezember bis und mit dem 2. Januar

Dieser Fristenstillstand gilt jedoch nicht im Schlichtungsverfahren und im summarischen Verfahren (siehe 5. und 7. Kapitel). Die Gerichtsferien sind nicht zu verwechseln mit Betreibungsferien, diese dauern nämlich im Sommer weniger lang.

---

 **Weiterführende Links**

fristenrechner.ch (Tool, mit denen der Ablauf von Fristen berechnet werden kann)

Die Berechnung sollte aber immer nachgeprüft werden, denn wird die Frist verpasst, ist die falsche Berechnung durch ein Internet-Tool keine Entschuldigung.

# 8.5 Verhandlungen, Protokoll

In der Regel wird die Verhandlung aufgezeichnet (nur Ton), um die Erstellung des Protokolls zu erleichtern. Es wird kein Wortprotokoll erstellt, sondern dem Sinn nach protokolliert (Art. 235 ZPO). Vergleichsverhandlungen werden weder aufgezeichnet noch protokolliert.

Es ist wichtig, dass Sie nach einer Gerichtsverhandlung Kopien des Protokolls verlangen. Sollte eine Aussage falsch wiedergegeben werden, muss dann unbedingt ein Protokollberichtigungsbegehren gestellt werden (Art. 235 Abs. 3 ZPO).

Während der Corona Epidemie wurden vereinzelt Verhandlungen per Videokonferenz durchgeführt. Diese Möglichkeit besteht nun seit 2025 auch ohne pandemische Lage (siehe Art. 141a f. ZPO), allerdings nur, wenn sämtliche Parteien damit einverstanden sind.

Sollte eine anwaltlich vertretene Partei an die Verhandlung mitkommen? In der Regel ist dies nicht unbedingt notwendig, das Gericht kann aber das persönliche Erscheinen anordnen (Art. 68 Abs. 4 ZPO). Im Zweifel ist es aber besser, wenn Sie Ihren Anwalt an die Hauptverhandlung begleiten. Oft ergeben sich erst an der Verhandlung Fragen, die vorher nicht diskutiert worden sind.

Wie sollen sich die Parteien für die Gerichtsverhandlung anziehen? Die Kleidung sollte gepflegt und sauber aber nicht zu protzig oder zu salopp sein. Es macht keinen Sinn, dass Sie Krawatte und Anzug tragen, wenn Sie dies sonst nie tun und sich darin nicht wohl fühlen. Anwälte erscheinen dagegen stets in Anzug und mit Krawatte. In der Schweiz tragen Anwälte aber kein Talar (schwarzes Übergewand mit weiten Ärmeln). Auch die Richter übrigens nicht.

# 9. Prozesskosten

---

📌 **Checkliste**

☐ Wie teuer kommt mich der Prozess voraussichtlich zu stehen (Best Case / Worst Case)?

☐ Wie hoch ist der zu leistende Gerichtskostenvorschuss?

☐ Kann die Gegenseite verlangen, dass ich die Parteientschädigung sicherstelle?

☐ Kommt eine Rechtsschutzversicherung für die Kosten auf?

☐ Kommt eine Prozessfinanzierung in Frage?

☐ Kann ein Gesuch für unentgeltliche Prozessführung gestellt werden?

---

## 9.1 Anwaltskosten

Anwälte sind teuer. Der rechtzeitige Beizug eines Anwalts kann Ihnen aber letztendlich helfen, Ärger zu vermeiden und Zeit und Kosten zu sparen.

In der Regel stellen Anwälte ihre Leistungen nach dem Zeitaufwand in Rechnung. Der Stundenansatz muss individuell vereinbart werden. Folgende Umstände sind für die Festlegung des Stundensatzes von Bedeutung:

- Komplexität des Falles,

- vorausgesetzte Spezialkenntnisse oder ausgewiesene Erfahrung,

- zeitliche Dringlichkeit,

- Interesse oder Streitwert,

- besondere Sprachkenntnisse,

- allenfalls auch die Einkommens- und Vermögenssituation des Klienten.

Art. 12 lit. i BGFA hält fest, dass Anwälte ihre Klienten bei Übernahme des Mandates über die Grundsätze ihrer Rechnungsstellung aufklären und sie periodisch oder auf Verlangen über die Höhe des geschuldeten Honorars informieren müssen.

Die Stundenansätze variieren von Anwalt zu Anwalt teils beträchtlich. Sie liegen zwischen CHF 200 und CHF 400 pro Stunde. In grossen Wirtschaftskanzleien kann der Stundenansatz aber auch weit höher ausfallen. Sie sollten jedoch nicht in Versuchung geraten, nur die Stundenansätze zu vergleichen, denn ein erfahrener bzw. spezialisierter Anwalt kann einen Fall unter Umständen viel schneller und effizienter erledigen als ein unerfahrener Kollege.

Sie können mit dem Anwalt auch ein Kostendach vereinbaren bzw. ihm ein Budget vorgeben. Er wird sich dann bei Ihnen melden, bevor das Budget aufgebraucht ist und Sie um weitere Instruktionen bitten. Es ist jedoch sehr schwierig, den Zeitaufwand für einen Prozess im voraus abzuschätzen, denn Ihr Anwalt weiss ja nicht, wie sich die Gegenpartei im Prozess verhalten wird. Ein seriöser Anwalt ist daher nicht in der Lage, eine genaue Kostenschätzung für das Führen eines ganzen Prozesses abzugeben.

Sinnvoll ist es, wenn Sie von Ihrem Anwalt eine monatliche Rechnungsstellung verlangen. So können Sie das Anwaltshonorar besser kontrollieren und nötigenfalls das Mandat kündigen bzw. den Anwalt wechseln, wenn die Kosten aus dem Ruder laufen.

Sprechen Sie mit Ihrem Anwalt über eine Erfolgsprämie bei dafür tieferem Stundensatz. Anwälte dürfen vor Beendigung eines Rechtsstreits mit dem Klienten jedoch keine Vereinbarung über die Beteiligung am Prozessgewinn als Ersatz für das Honorar abschliessen; sie dürfen sich auch nicht dazu verpflichten, im Falle eines ungünstigen Abschlusses des Verfahrens auf das Honorar zu verzichten (Art. 12 lit. e BGFA).

Die Gegenpartei muss Ihnen die Anwaltskosten ganz oder zumindest teilweise ersetzen, wenn Sie den Prozess gewinnen. Mehr dazu erfahren Sie sogleich.

Sekretariatsarbeiten sind üblicherweise im Honorar inbegriffen. Separat verrechnet werden aber in der Regel Auslagen bzw. Spesen (Porti, Telefongebühren, Kopien, Reisespesen), entweder effektiv oder pauschal (z.B. 3% des Honorars). In der Regel gilt auch Reisezeit als Arbeitszeit und wird zum vereinbarten Stundensatz verrechnet.

Sie haben das Recht, eine detaillierte Abrechnung von Ihrem Anwalt zu verlangen. Dieser muss genau angeben, wie lange er was in Ihrem Fall gemacht hat.

Viele Anwälte verlangen, dass Klienten einen Teil des Honorars zu Beginn der Zusammenarbeit vorschiessen. Grund dafür ist die Tatsache, dass Honorarforderungen von Anwälten aufgrund des Anwaltsgeheimnisses nur unter erschwerten Bedingungen durchsetzbar sind. Damit Anwälte Ihr Honorar eintreiben können, müssen sie sich nämlich von der Aufsichtsbehörde vom Anwaltsgeheimnis befreien lassen, wenn der Klient nicht freiwillig eine Entbindungserklärung abgibt. Eine Pflicht, einen Kostenvorschuss zu verlangen, besteht jedoch nicht.

Viele kantonale Anwaltsverbände verfügen über Honorarkommissionen. Diese beurteilen auf Beschwerde eines Klienten hin Honorarrechnungen von Anwälten, falls der betreffende Anwalt Mitglied im Verband ist, und geben dann eine Empfehlung ab.

# 9.2 Gerichtskosten

Das Gericht klärt nicht anwaltlich vertretene Parteien über die mutmassliche Höhe der Prozesskosten auf (Art. 97 ZPO).

## Gerichtskostenvorschuss

Bei Zivilprozessen gilt generell, dass der Kläger dem Gericht die Hälfte
der mutmasslichen Gerichtskosten vorschiessen muss (Art. 98 Abs. 1
ZPO). Ausnahmsweise kann das Gericht sogar einen Kostenvorschuss
in der höhe der gesamten mutmasslichen Gerichtskosten verlangen,
und zwar vor allem in bestimmten Verfahren vor Handelsgericht, im
Schlichtungsverfahren und in Rechtsmittelverfahren (Art. 98 Abs. 2
ZPO).

Das Gericht setzt dem Kläger zur Leistung des Vorschusses eine Frist
an (Art. 101 Abs. 1 ZPO). Wird der Gerichtskostenvorschuss nicht bezahlt, wird – nach Ablauf einer vom Gericht angesetzten kurzen Nachfrist – auf die Klage nicht eingetreten (Art. 101 Abs. 2 ZPO, die Kosten
für diesen Entscheid werden dem Kläger aufgebrummt). Die Frist für
eine Zahlung an das Gericht ist eingehalten, wenn der Betrag spätestens am letzten Tag der Frist zugunsten des Gerichts der Post übergeben oder einem Post- oder Bankkonto in der Schweiz belastet worden
ist (Art. 143 Abs. 3 ZPO).

Im späteren Verlauf des Prozesses kann das Gericht weitere Vorschüsse für die Kosten von Beweiserhebungen (z.B. das Einholen von Gutachten) verlangen (Art. 102 ZPO).

## Höhe und Aufteilung der Gerichtskosten

Die Gerichtskosten sind vom Streitwert abhängig. Es bestehen kantonale Tarife (Art. 96 Abs. 1 ZPO). Die juristische Fachzeitschrift Plädoyer
hat im Rahmen einer Umfrage bei den kantonalen Gerichten die Höhe
der Gerichtskosten erhoben und miteinander vergleichen und dabei

festgestellt, dass die Kosten von Kanton zu Kanton zum Teil beträchtlich variieren.

> *Plädoyer 3/2021, S. 18: „Bei Forderungen mit einem Streitwert von 50'000 Franken beträgt die Bandbreite der Richtwerte 500 Franken (Glarus) bis 20'000 Franken (Freiburg)."*

Zu diesen pauschalierten Gerichtskosten können noch die Kosten für die Beweiserhebung (z.B. für ein Gutachten) und allfällige Übersetzungskosten dazukommen.

AKTUELL

Kantonsgericht Glarus: Günstig bei Forderungsstreitigkeiten

# Grosse Unterschiede bei Gerichtsgebühren

**Zivilprozess** · Die finanziellen Hürden für Gerichtsverfahren sind in einigen Kantonen bei Forderungsstreitigkeiten weiter angestiegen. Das zeigt eine Umfrage von *plädoyer*.

nehmliche Scheidungen in den Westschweizer Kantonen günstiger als in der Deutschschweiz. Und die Gerichtskosten für eine einvernehmliche Scheidung sind ungefähr gleich hoch wie vor zehn

*Ausriss aus der Fachzeitschrift Plädoyer 3/2021, welche die Grossen Unterscheide zwischen den Kantonen bei den Gerichtskosten feststellte.*

Die Gerichtskosten werden vom Gericht im Urteil in der Regel der unterliegenden Partei auferlegt (Art. 106 Abs. 1 ZPO). In begründeten Fällen kann das Gericht die Prozesskosten aber auch nach Ermessen verteilen (Art. 107 ZPO). Obsiegt keine Partei vollständig, werden die Prozesskosten anteilsmässig verteilt (Art. 106 Abs. 2 ZPO).

---

**Beispiel**

Sie haben CHF 50'000 eingeklagt, erhalten vom Gericht jedoch nur CHF 30'000 zugesprochen. In diesem Fall müssen Sie zwei Fünftel der Gerichtskosten übernehmen, da Sie nur zu drei Fünfteln gewonnen haben.

---

Es lohnt sich daher nicht, mehr einzuklagen als einem nach realistischer Einschätzung zusteht. Dies spielt vor allem in Prozessen eine Rolle, in welchen Schadenersatz gefordert wird. Anders als etwa in den USA sind in der Schweiz die zugesprochenen Summen eher tief und an strenge Voraussetzungen gebunden.

Unnötige Prozesskosten muss bezahlen, wer sie verursacht hat (Art. 108 ZPO, z.B. die Kosten einer Verhandlung, zu welcher die betreffende Partei unentschuldigt nicht erschienen ist).

Wird ein Rechtsmittel ergriffen, verteilt die Rechtsmittelinstanz die Kosten der Vorinstanz in der Regel neu.

## Kostenlose Verfahren

Gewisse Prozesse sind aus sozialen Gründen von der ZPO kostenfrei ausgestaltet (Art. 114 ZPO).

---

**Beispiele**

- Schlichtungsverfahren vor Schlichtungsbehörde in Mietsachen (nicht aber dasjenige vor Mietgericht)

- arbeitsrechtliche Streitigkeiten bis zu einem Streitwert von CHF 30'000

---

Wie wir gesehen haben, bestimmt dieser Betrag von CHF 30'000 in der Regel auch, ob der Prozess im ordentlichen (darüber) oder vereinfachten Verfahren (darunter) durchgeführt wird. In arbeitsrechtlichen Streitigkeiten kommt es häufig vor, dass eine Forderung von über CHF 30'000 auf diesen Betrag reduziert wird, um von der Kostenlosigkeit profitieren zu können.

## Teilklage

Nach Art. 86 ZPO ist eine Teilklage zulässig. Dies bedeutet, dass nur ein Teil eines Anspruchs eingeklagt wird. Da die Gerichtskosten nach dem Streitwert bemessen werden, hilft dieses Vorgehen, die Kosten tief zu halten. Ein Urteil lautet dann zwar nur auf den eingeklagten Teilbetrag, hat dann aber unter Umständen darüber hinaus eine präjudizielle Wirkung. Mit einer Teilklage kann auch die Verfahrensart (vgl. 6. Kapitel) beeinflusst werden, da diese vom Streitwert abhängig ist.

## Parteientschädigung

Die unterliegende Partei muss der obsiegenden Partei deren Anwaltskosten zurückerstatten bzw. eine Parteientschädigung bezahlen. Auch diese ist in kantonalen Tarifen geregelt und abhängig vom Streitwert. In einzelnen Kantonen fordern die Gerichte die Parteien gegen Ende des Verfahrens sogar dazu auf, die Anwaltsrechnungen (auch „Honorarnoten" genannt) einzureichen.

Es kann sein, dass die Parteientschädigung tiefer ausfällt als das Honorar, welches Sie Ihrem Anwalt tatsächlich bezahlt haben. Gerade bei tieferen Streitwerten deckt die Parteientschädigung die entstandenen Anwaltskosten häufig nicht. Erfahrungsgemäss lohnt es sich daher als Faustregel – aus finanzieller Sicht – nicht, bei Streitwerten unter CHF 10'000 einen Anwalt mit der Prozessführung zu beauftragen. Es sei denn, eine Rechtsschutzversicherung decke die Kosten.

Auch bei der Parteientschädigung gilt: Wenn Ihnen nicht der ganze eingeklagte Betrag zugesprochen wird, wird die Parteientschädigung anteilsmässig reduziert. Wird Ihnen weniger als die Hälfte des eingeklagten Betrags zugesprochen, erhalten Sie gar keine Parteientschädigung und können vom Gericht sogar verpflichtet werden, der beklagten Partei eine (reduzierte) Entschädigung zu bezahlen.

In gewissen, von der ZPO in Art. 99 definierten Fällen kann die beklagte Partei zu Beginn des Prozesses verlangen, dass der Kläger die Parteientschädigung sicherstellt. Dies ist in der Praxis vor allem dann der Fall, wenn der Kläger zahlungsunfähig erscheint, insbesondere wenn gegen ihn der Konkurs eröffnet oder ein Nachlassverfahren im Gang ist oder Verlustscheine bestehen.

Umgekehrt kann der Kläger vom Beklagten aber in keinem Fall verlangen, dass die mutmassliche Parteientschädigung sichergestellt wird.

Eine Parteientschädigung muss auch in den Verfahren bezahlt werden, welche von den Gerichtskosten befreit sind.

Für die eigenen Umtriebe kann eine anwaltlich vertretene Partei keine zusätzliche Entschädigung verlangen. Eine nicht anwaltlich vertretene Partei kann keine Parteientschädigung nach Tarif geltend machen. Sie kann aber in begründeten Fällen eine Umtriebsentschädigung einfordern (Art. 95 Abs. 3 lit. c ZPO). Die Voraussetzungen sind jedoch streng.

## Best und worst Case

Im **besten Fall** – der Kläger obsiegt vollständig – muss die beklagte Partei somit den Kostenvorschuss ans Gericht und die Kosten des Schlichtungsverfahrens übernehmen und dem Kläger eine Parteientschädigung bezahlen. Gewinnt der Kläger, bezahlt ihm das Gericht den von ihm geleisteten Gerichtskostenvorschuss zurück.

Im **schlechtesten Fall** – der Kläger verliert vollständig – muss dieser die Gerichtskosten definitiv tragen, den eigenen Anwalt honorieren und der Gegenpartei eine Parteientschädigung bezahlen.

Aus Sicht des Beklagten sind die beiden Fälle natürlich vertauscht: Im besten Fall verliert der Kläger vollständig und im schlechtesten Fall gewinnt der Kläger vollständig.

Hier ein Beispiel für den Kanton Zürich. Der Streitwert beträgt CHF 50'000. Gewinnt der Kläger den Prozess vollständig, erhält er vom Gericht die Gerichtskosten zurück und eine Parteientschädigung. Gewinnt er nur zur Hälfte, werden die Gerichtskosten unter den Parteien hälftig aufgeteilt. Die Parteientschädigung hebt sich gegenseitig auf. Verliert der Kläger vollständig, muss er die Gerichtskosten definitiv übernehmen und dem Beklagten eine Parteientschädigung (und den eigenen Anwalt) bezahlen:

| Szenarien Verteilung Gerichtskosten | | | |
|---|---|---|---|
| | Kläger gewinnt zu 100% | Kläger gewinnt zu 50% | Kläger verliert zu 100% |
| Prozessgewinn | CHF 50'000.00 | CHF 25'000.00 | CHF 0.00 |
| Gerichtskosten gemäss Tarif | CHF 5'550.00 | -CHF 2'775.00 | -CHF 5'550.00 |
| Parteientschädigung gemäss Tarif | CHF 7'000.00 | CHF 0.00 | -CHF 7'000.00 |
| eigener Anwalt (Schätzung) | -CHF 7'000.00 | -CHF 7'000.00 | -CHF 7'000.00 |
| Ergebnis | CHF 55'550.00 | CHF 15'225.00 | -CHF 19'550.00 |

# Spezielle Kostenregelungen

## Kosten bei einem Vergleich

Wird ein gerichtlicher Vergleich (Kompromiss) geschlossen, werden die Gerichtskosten in der Regel hälftig geteilt, und die Parteien verzichten gegenseitig auf Parteientschädigungen (Art. 109 ZPO). Es kann jedoch auch eine abweichende Regelung vereinbart werden.

Das Gericht senkt die Kosten im Falle eines Vergleichs oft beträchtlich, um den Parteien einen Anreiz zum Vergleichsschluss zu bieten. Das

Gericht ist am Zustandekommen eines Vergleichs sehr interessiert, weil dann weniger Aufwand anfällt – insbesondere muss das Gericht kein Urteil schreiben.

## Kosten bei Rückzug oder Nichteintreten

Bei einem Rückzug der Klage muss der Kläger die Gerichtskosten übernehmen. Das gleiche gilt, wenn das Gericht auf die Klage nicht eintritt, weil eine Prozessvoraussetzung nicht gegeben ist (z.B. fehlende örtliche Zuständigkeit).

## Kosten im Rechtsmittelverfahren

Auch die Partei, welche die Rechtsmittelinstanz anruft (zu den Rechtsmitteln siehe 11. Kapitel), hat einen Kostenvorschuss in der Höhe der mutmasslichen Gerichtskosten zu leisten. Die Gerichtskosten werden dann im Urteil in der Regel der unterliegenden Partei auferlegt. Wird der angefochtene Entscheid geändert, so kann das Gericht auch die Kosten des vorangegangenen Verfahrens anders verteilen. Kostenlose Verfahren (siehe oben) sind jedoch auch vor der Rechtsmittelinstanz weiterhin kostenlos.

Die unterliegende Partei wird in der Regel auch im Rechtsmittelverfahren verpflichtet, der obsiegenden Partei eine Parteientschädigung nach Massgabe der anwendbaren Tarife zu bezahlen.

## Fazit

Wie Sie sehen, ist mit der Erhebung einer Klage ein beträchtliches Kostenrisiko verbunden. Es ist daher unerlässlich, die Prozessrisiken vor Erhebung der Klage sorgfältig abzuschätzen. In diesem Zusammenhang ist es ausserordentlich wichtig, dass Sie – falls Sie anwaltlich vertreten sind – Ihrem Anwalt alle relevanten Unterlagen zukommen lassen und ihn über alle wichtigen Umstände, wie etwa zu erwartende Einwände der Gegenpartei, informieren. Nur dann ist es Ihrem Anwalt möglich, eine korrekte Einschätzung vorzunehmen und unliebsame Überraschungen möglichst zu vermeiden.

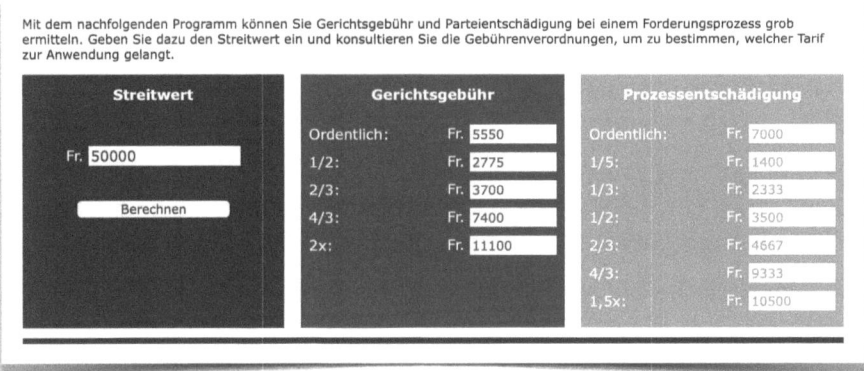

Mit dem nachfolgenden Programm können Sie Gerichtsgebühr und Parteientschädigung bei einem Forderungsprozess grob ermitteln. Geben Sie dazu den Streitwert ein und konsultieren Sie die Gebührenverordnungen, um zu bestimmen, welcher Tarif zur Anwendung gelangt.

*Die Gerichte des Kantons Zürich bieten auf ihrer Webseite (www.gerichte-zh.ch) ein online-Tool, ‚mit welchem sich die Gerichtskosten und die Parteientschädigung unter Angabe des Streitwerts (hier CHF 50'000) grob berechnen lassen. In anderen Kantonen ist dies wesentlich mühsamer.*

# 9.3 Unentgeltliche Prozessführung

Falls eine Partei nicht über genügend Mittel verfügt, um einen Prozess führen zu können, kann sie beim Gericht ein Gesuch um Gewährung der unentgeltlichen Prozessführung stellen. Dies steht bereits in Art. 29 Abs. 3 der BV:

*„Jede Person, die nicht über die erforderlichen Mittel verfügt, hat Anspruch auf unentgeltliche Rechtspflege, wenn ihr Rechtsbegehren nicht aussichtslos erscheint. Soweit es zur Wahrung ihrer Rechte notwendig ist, hat sie ausserdem Anspruch auf unentgeltlichen Rechtsbeistand."*

Wird das Gesuch gutgeheissen, werden der entsprechenden Partei die Gerichtskosten erlassen (es muss auch kein Gerichtskostenvorschuss geleistet werden), und der Staat übernimmt unter Umständen sogar das Anwaltshonorar (Art. 118 ZPO). Die Voraussetzungen sind jedoch sehr streng. Das Gericht muss nicht anwaltlich vertretene Parteien über die Möglichkeit der unentgeltlichen Prozessführung informieren (Art. 97 ZPO).

Die unentgeltliche Prozessführung setzt natürlich ein Gerichtsverfahren voraus. Auch ein unentgeltlicher Rechtsvertreter kann nur im Rahmen eines laufenden Gerichtsverfahrens vom Staat finanziert werden.

Die unentgeltliche Prozessführung und ein unentgeltlicher Rechtsvertreter fallen ausser Betracht, wenn eine Rechtsschutzversicherung diese Kosten übernimmt.

Nun zu den einzelnen Voraussetzungen:

- **Natürliche Person**: Juristischen Personen (z.B. Verein, AG, GmbH) wird die unentgeltliche Prozessführung – von seltenen Ausnahmen abgesehen – nicht bewilligt.

- **Mittellosigkeit** (Art. 117 lit. a ZPO): Der betroffenen Partei müssen die Mittel fehlen, um neben dem Lebensunterhalt für sich und ihre Familie für Gerichts- bzw. Anwaltskosten aufzukommen. Ob Mittellosigkeit vorliegt, bestimmt sich anhand des betreibungsrechtlichen Existenzminimums, erweitert um die Steuern. Für die Berechnung des Existenzminimums bestehen kantonale Richtlinien, wobei dem Gericht beim Entscheid ein Ermessensspielraum zukommt. Gemäss einem Entscheid des Zürcher Obergerichts liegt Mittellosigkeit zum Beispiel vor, wenn das Nettoeinkommen (inkl. Anteil 13. Monatslohn) einer allein stehenden Person mit Kinderbetreuung das erweiterte Existenzminimum um weniger als CHF 1'000 pro Monat übersteigt. Massgeblich ist aber auch die voraussichtliche Höhe der Prozesskosten. Bezüglich Vermögen hebt nicht schon jeder Notgroschen den Anspruch auf unentgeltliche Prozessführung auf. Besitzt jemand Wohneigentum, schliesst dies vielfach die Gewährung der unentgeltlichen Prozessführung aus.

- **Kein aussichtsloses Verfahren** (Art. 117 lit. b ZPO): Die unentgeltliche Prozessführung soll nicht aussichtslosen Prozessen Vorschub leisten. Deshalb dürfen die Erfolgsaussichten zu Beginn des Verfahrens nicht erheblich geringer sein als die Verlustgefahr. Da die unentgeltliche Prozessführung in der Regel zum Beginn eines Prozesses beantragt wird, hat dies die paradoxe Folge, dass das Gericht bereits in einem frühen Stadium prüfen muss, ob der Prozess für die beantragende Partei gewisse Chancen hat oder nicht.

Ob auch die Gegenpartei angehört werden soll, ob die unentgeltliche Prozessführung zu gewähren ist oder nicht, entscheidet das Gericht (Art. 119 Abs. 3 ZPO)

Für die Bestellung eines unentgeltlichen Rechtsvertreters muss zusätzlich eine weitere Voraussetzung erfüllt sein (Art. 118 Abs. 1 lit. c ZPO):

- **Notwendigkeit**: Die betreffende Partei muss zur Führung des Prozesses auf einen Anwalt angewiesen sein. In Prozessen ohne schwierige Fragen wird keine unentgeltliche Rechtsvertretung gewährt. Für die Gutheissung eines Gesuchs sprechen etwa komplexe Sachverhalte, schwierige Rechtsfragen, die grosse Tragweite eines Verfahrens oder der Umstand, dass auch die Gegenpartei anwaltlich vertreten ist (Waffengleichheit).

Die unentgeltliche Rechtspflege wird nur auf Gesuch hin gewährt (Art. 119 ZPO). Sie kann nur ausnahmsweise rückwirkend bewilligt werden (Art. 119 Abs. 4 ZPO). Das Gesuch sollte somit möglichst frühzeitig gestellt werden.

---

Damit das Gesuch behandelt wird, muss eine Vielzahl von **Belegen** eingereicht werden (Art. 119 Abs. 2 ZPO), u.a.:

- Bestätigung der Steuerbehörde, letzte detaillierte Steuerveranlagung, letzte Steuererklärung (inkl. Wertschriftenverzeichnis)

- Bestätigung der Sozialhilfebehörde, sofern Sozialhilfe bezogen wird

- Lohnausweis des Vorjahres, Lohnabrechnungen des laufenden Jahres

- Mietvertrag, Hypothekarzins- und Nebenkostenabrechnungen

- Arbeitsvertrag

- Bestätigung Krankenkassen-Prämien, Verfügung betreffend Prämien-
  verbilligung

- Beleg für Mobiliar- und Haftpflichtversicherung

- aktuelle Bankauszüge

---

Unwahre Angaben zu den wirtschaftlichen Verhältnissen führt nicht nur
zum Entzug der unentgeltlichen Prozessführung, sondern kann auch
strafrechtliche Folgen nach sich ziehen.

Weder die unentgeltliche Prozessführung noch die Bestellung einer unentgeltlichen Rechtsvertretung befreit die betreffende Partei von einer
Parteientschädigung an die Gegenseite, wenn sie das Verfahren verliert
(siehe oben).

Kommt die unterstützte Person (z.B. durch den Prozessausgang) in
günstige wirtschaftliche Verhältnisse, so kann das Gericht sie noch zehn
Jahre lang zur Nachzahlung der erlassenen Gerichtskosten und der
Auslagen für die Vertretung verpflichten.

Fazit: Die Voraussetzungen sind sehr streng. Die Praxis zeigt, dass nur
wirklich bedürftige Personen in den Genuss der unentgeltlichen Rechtspflege kommen. Da sich vermögende Personen einen Prozess ohnehin
leisten können, ist es vor allem der Mittelstand, der darunter leidet, dass
das Führen von Prozessen sehr kostspielig ist.


# 9.4 Prozessfinanzierung

In der Schweiz sind verschiedene Prozessfinanzierer tätig. Diese bevor-
schussen die Gerichtskosten und tragen das Verlustrisiko. Dafür wird
der Prozessfinanzierer am Prozessgewinn beteiligt, d.h. wenn die Klage
gutgeheissen wird. Geht der Prozess verloren, geht der Prozessfinanzierer leer aus. Darum wird er natürlich die Chancen und Risiken eines
Prozesses genau prüfen, bevor er sich sich entscheidet, den Prozess zu

finanzieren. Eine solche Prozessfinanzierung ist aber nur bei höheren Streitwerten möglich.

# 9.5 Rechtsschutzversicherungen

Eine Rechtsschutzversicherung übernimmt in der Regel die Anwaltskosten und Gerichtskosten sowie die Parteientschädigung an die Gegenseite. Prüfen Sie aber unbedingt, ob die Streitigkeit überhaupt versichert ist und melden Sie Ihren Fall frühzeitig bei der Rechtsschutzversicherung an bzw. verlangen Sie eine entsprechende Kostengutsprache. Einzelne Rechtsschutzversicherungen setzen Fristen für die Meldung eines Falles.

Die Ursache für die Deckungsanfrage bei der Rechtsschutzversicherung darf erst nach dem Vertragsabschluss entstanden sein. Zudem gelten zum Teil Wartefristen. Bei Streitigkeiten, die vor dem Versicherungsabschluss entstanden sind, gibt es somit keine Kostengutsprache. Eine Rechtsschutzversicherung kann somit nicht erst dann abgeschlossen werden, wenn gerade eine Deckung benötigt wird.

# 9.6 Betreibungskosten

Im 12. Kapitel werden wir sehen, dass ein Betreibungs- bzw. Konkursverfahren notwendig ist, wenn die Gegenpartei ein Urteil nicht freiwillig erfüllt.

Die Betreibungskosten sind in der Gebührenverordnung zum SchKG geregelt. Sie sind vom Gläubiger (d.h. Gewinner des Prozesses) vorzuschiessen, werden letztlich jedoch dem Schuldner überbunden. Die Kosten des Zahlungsbefehls sind abhängig von der Forderungssumme und betragen (ausser bei Forderungssummen über CHF 100'000) CHF 100 oder weniger. Sind mehrere Zustellungsversuche erforderlich, fallen zusätzliche Gebühren in bescheidener Höhe an. Für die Pfändung und die Verwertung fallen Kosten in einer ähnlichen Grössenordnung an.

Handelt es sich beim Schuldner um eine im Handelsregister eingetragene Person, unterliegt diese der Konkursbetreibung. Hier sind die zu erwartenden Kosten, welche vom Gläubiger vorzuschiessen sind, wesentlich höher (in der Regel um die CHF 2'000). Es muss daher sorgfältig geprüft werden, ob es sich lohnt, das Konkursbegehren zu stellen. Vielmehr kann es angezeigt sein zu warten, bis ein anderer Gläubiger das Konkursbegehren stellt oder der Schuldner selbst die Konkurseröffnung verlangt (wozu er bei einer Überschuldung verpflichtet ist).

Das Honorar für einen Anwalt oder ein Inkassobüro für Leistungen im Rahmen des Betreibungsverfahrens muss in der Regel vom Schuldner nicht übernommen werden (Art. 27 Abs 3 SchKG). Dies gilt jedoch nicht für das Rechtsöffnungsverfahren (siehe 12. Kapitel), bei welchen die unterliegende Partei der obsiegenden Partei eine Parteientschädigung bezahlen muss.

# 10. Beweisrecht

---

**📌 Checkliste**

☐ Was muss ich alles Beweisen?

☐ Welche Beweismittel kommen in Frage? Wer kommt als Zeuge in Frage?

☐ Muss ich damit rechnen, dass die Gegenpartei das Gegenteil beweisen kann?

---

## 10.1 Gegenstand des Beweises

Bewiesen werden müssen Tatsachen, welche im Prozess umstritten geblieben sind (d.h. welche von der Gegenpartei nicht anerkannt wurden, Art. 150 Abs. 1 ZPO). Offenkundige und gerichtsnotorische Tatsachen (d.h. Tatsachen, die dem Gericht bereits bekannt sind) müssen jedoch nicht bewiesen werden (Art. 151 ZPO).

## 10.2 Beweislast

Bereits zu Beginn dieses Buches haben wir gesehen, dass „Recht haben" nicht unbedingt auch „Recht bekommen" bedeutet. Recht bekommen Sie nur, wenn Sie dem Gericht auch Beweise liefern können, welche Ihre Behauptungen untermauern. Im Streitfall zählen nur beweisbare Fakten! Grundsätzlich liegt die Beweislast bei demjenigen, der etwas behauptet. Das ist so in Art. 8 ZGB festgehalten:

> *„Wo das Gesetz es nicht anders bestimmt, hat derjenige das Vorhandensein einer behaupteten Tatsache zu beweisen, der aus ihr Rechte ableitet."*

Zu diesem Grundsatz gibt es jedoch auch Ausnahmen. So gibt es etwa Fälle, wo es nach einer Gesetzesvorschrift oder nach der Rechtsprechung zu einer sogenannten Beweislastumkehr kommt. Auch gibt es sogenannte gesetzliche Vermutungen, welche faktisch ebenfalls zu einer Beweislastumkehr führen.

---

**Beispiel für eine Beweislastumkehr**

Bei einem Konkubinat, das im Zeitpunkt der Einleitung des Verfahrens bereits fünf Jahre gedauert hat, nimmt die Gerichtspraxis an, dass es sich um eine Schicksalsgemeinschaft ähnlich einer Ehe handelt. Dies kann dann zum Wegfall von Unterhaltsbeiträgen führen. Nach fünf Jahren Dauer des Konkubinats muss nicht die unterhaltsverpflichtete Person beweisen, dass das Konkubinat genügend gefestigt ist. Aufgrund der Beweislastumkehr muss vielmehr die unterhaltsberechtigte Person die Vermutung widerlegen und nachweisen, dass trotz langer Dauer keine eheähnliche Gemeinschaft besteht.

**Beispiel für eine gesetzliche Vermutung**

Art. 3 ZGB vermutet, dass eine Person gutgläubig gehandelt hat. Somit müsste die Gegenpartei beweisen, dass böser Glaube vorliegt.

---

Die andere Partei hat die Möglichkeit das Gegenteil zu beweisen (= **Gegenbeweis**).

Grundsätzlich ist es die Aufgabe der Parteien, dem Gericht die Beweismittel anzubieten. Das Gericht stellt keine eigenen Nachforschungen über mögliche Beweismittel an. Nur in den Prozessen, welche vom sogenannten Untersuchungsgrundsatz beherrscht sind (siehe 2. Kapitel), kann das Gericht Beweise auch von sich aus erheben.

In der Regel muss der volle Beweis erbracht werden, d.h. Das Gericht muss voll davon überzeugt sein, dass sich etwas so zugetragen hat wie es behauptet wird. Es genügt daher nicht, dass das Gericht einer Partei mehr glaubt als der anderen.

In einem summarischen Verfahren (siehe 7. Kapitel) genügt dagegen in der Regel sogenanntes Glaubhaftmachen. Hier muss das Gericht nicht voll überzeugt sein sondern es genügt, wenn es das Gericht für überwiegend wahrscheinlich hält, dass sich etwas so zugetragen hat wie behauptet. Glaubhaftmachen genügt aber nur dann, wenn die ZPO dies ausdrücklich so vorsieht. Das ist vor allem in Verfahren mit vorläufigem Charakter der Fall wie z.B. im Rechtsöffnungsverfahren oder bei vorsorglichen Massnahmen.

# 10.3 Freie Beweiswürdigung

Das Gericht würdigt die Beweise nach freier Überzeugung (Art. 157 ZPO). Die freie Beweiswürdigung im Zivilprozess bedeutet, dass das Gericht den vorgelegten Beweisen nicht nach festgelegten Regeln, sondern nach eigenem Ermessen und eigener Überzeugung eine Bewertung beimisst. Das Gericht ist dabei nicht an formale Beweisregeln gebunden, sondern kann die Beweise nach ihrem inneren Gehalt und ihrer Überzeugungskraft beurteilen. Dabei berücksichtigt das Gericht z.B. die Glaubwürdigkeit der Zeugen oder die Plausibilität der vorgelegten Dokumente. Dem Gericht kommt somit bei der Würdigung von Beweisen ein grosses Ermessen zu. Die Beweiswürdigung muss jedoch nachvollziehbar und begründet sein.

## 10.4 Rechtswidrig beschaffte Beweise

Rechtswidrig beschaffte Beweismittel werden nur berücksichtigt, wenn das Interesse an der Wahrheitsfindung überwiegt (Art. 152 Abs. 2 ZPO).

**Beispiele**

- unbefugte Video- oder Tonbandaufnahmen
- gestohlene Dokumente

## 10.5 Zeitpunkt der Beweisabnahme

Beweismittel werden in einem späten Prozessstadium abgenommen. In der ersten Phase des Prozesses stellen die Parteien in den Rechts- schriften bzw. Parteivorträgen Ihre Behauptungen auf, bewiesen werden müssen diese aber erst später, denn das Beweisverfahren findet in der Regel erst statt, wenn die Parteien fertig plädiert haben. Es gilt somit das Motto: „Zuerst behaupten, dann beweisen."

Es gibt hierzu aber Ausnahmen:

- Sind Beweismittel gefährdet oder wird sonst ein schützenswertes In- teresse glaubhaft gemacht, können Beweise schon zu Beginn des Prozesses oder sogar davor abgenommen werden (Art. 158 ZPO).

**Beispiele**

Ein Haus droht einzustürzen, ein Zeuge liegt im Sterbebett, ein Haus soll abgerissen werden.

- Dokumente werden dem Gericht bereits zusammen mit der Rechts- schrift bzw. an der Hauptverhandlung abgegeben (Art. 221 Abs. 2 lit. c ZPO).

- Ist ein Beweismittel zentral, kann das Gericht das entsprechende Beweismittel schon in einem frühen Zeitpunkt in die Wege leiten (Art. 226 Abs. 3 ZPO).

---

**Beispiele**

Ein medizinisches Gutachten in einem Haftpflichtprozess oder die Schätzung eines Grundstücks in einer Erbteilung.

---

Vor der Beweisabnahme erlässt das Gericht eine **Beweisverfügung**. Darin werden die zugelassenen Beweismittel bezeichnet, und es wird bestimmt, welche Partei zu welchen Tatsachen den Beweis führen muss (Art. 154 ZPO).

In der Praxis werden selten alle beantragten Beweismittel abgenommen, welche von den Parteien angeboten worden sind. Das Gericht beschränkt sich in der Regel auf einige wenige Beweismittel. Oft kommt es auch vor, dass das Gericht gänzlich auf die Abnahme von Beweisen verzichtet mit der Begründung, es sei der Auffassung, dass die streitigen Tatsachen bereits bewiesen worden sind (z.B. Aufgrund der Parteibefragung oder der eingereichten Urkunden) oder dass die zu beweisenden Tatsachen für die Entscheidung des Falls gar nicht relevant sind. Falls das Gericht darauf verzichtet, die angebotenen Beweise abzunehmen, kann dies unter Umständen vor der Rechtsmittelinstanz als Verletzung des Rechts auf Beweis (Art. 152 Abs. 1 ZPO) gerügt werden. Gemäss dieser Bestimmung hat nämlich jede Partei das Recht, dass das Gericht die von ihr form- und fristgerecht angebotenen tauglichen Beweismittel abnimmt.

# 10.6 Art der Beweismittel

Es gibt verschiedene Arten von Beweismitteln (Art. 168 Abs. 1 ZPO), welche ich Ihnen der Reihe nach kurz vorstelle.

## Urkunden

Im Sinne der ZPO sind Urkunden nicht nur Schriftstücke, sondern auch Zeichnungen, Pläne, Fotos, Filme, Tonaufzeichnungen und elektronische Dateien sowie private Gutachten (Art. 177 ZPO).

Urkunden sind die besten Beweismittel, denn sie sind sofort verfügbar und können dem Gericht bereits in einem frühen Prozessstadium übergeben werden.

Die Urkunde kann in Kopie eingereicht werden. Das Gericht oder eine Partei kann die Einreichung des Originals oder einer amtlich beglaubigten Kopie verlangen, wenn begründete Zweifel an der Echtheit bestehen (Art. 180 Abs. 1 ZPO).

Bei fremdsprachigen Dokumenten kann das Gericht verlangen, dass beglaubigte Übersetzungen eingereicht werden.

Bei umfangreichen Urkunden ist die für die Beweisführung erhebliche Stelle zu bezeichnen (Art. 180 Abs. 2 ZPO).

Oft werde ich auch gefragt, ob E-Mails taugliche Beweismittel sind. Meine Antwort: Auf jeden Fall, denn E-Mails haben ja im Alltag auch eine wichtige Bedeutung. Die Gegenpartei kann zwar die Echtheit von E-Mails im Prozess anzweifeln, sie muss dies aber begründet tun. Eine pauschale Behauptung, die eingereichten E-Mails seien nicht echt, genügt in der Regel nicht. Schlimmstenfalls müsste dann ein Gutachten über die Echtheit des E-Mails eingeholt werden. Ich habe das aber noch nie erlebt. Dasselbe gilt übrigens für Textnachrichten wie SMS oder WhatsApp. Es wäre absolut fahrlässig, wenn Sie wichtige E-Mails und SMS löschen und nicht aufbewahren.

Für gewisse Verträge oder Rechtsgeschäfte fordert das Gesetz die Beachtung einer besonderen Form (z.B. eigenhändige Unterschrift oder öffentliche Beurkundung). In solchen Fällen (z.B. Testament oder Kaufvertrag über ein Grundstück) würde ein E-Mail oder SMS als Beweismittel aber natürlich nicht genügen.

# Zeugenbefragung

Die Parteien selbst können nicht Zeugen sein (Art. 169 ZPO). Bei einer juristischen Person können deren Organe (z.b. Gesellschafter, Verwaltungsrat) keine Zeugen sein, einfache Angestellte hingegen schon (Art. 159 ZPO).

Zeugen sind verpflichtet, vor Gericht zu erscheinen. Sie werden vom Gericht vorgeladen (Art. 170 Abs. 1 ZPO). Das Gericht kann den Parteien aber auch erlauben, Zeugen ohne Vorladung direkt zu einer Verhandlung mitzubringen (Art. 170 Abs. 2 ZPO). Erscheint ein Zeuge nicht freiwillig, kann er gebüsst und polizeilich vorgeführt werden. Zeugen haben Anrecht auf eine Entschädigung und die Erstattung ihrer Auslagen. Diese Kosten werden schlussendlich von der Partei getragen, welche den Prozess verliert (siehe 9. Kapitel). Zeugeneinvernahmen können aber auch via Videokonferenz stattfinden (Art. 170a ZPO).

Wichtig ist, dass Sie Zeugen nicht beeinflussen und Sie keinesfalls instruieren, wie sie aussagen sollen. Zeugen werden vom Gericht nämlich in der Regel gefragt, wann sie zum letzten Mal Kontakt mit einer der Parteien gehabt haben (Art. 172 lit. b ZPO).

Der Zeuge muss frei sprechen, d.h. er darf nicht einfach eine Erklärung vorlesen. Das Gericht kann ihm aber die Benützung schriftlicher Unterlagen (z.B. einer Agenda) gestatten (Art. 171 Abs. 3 ZPO).

Zeugen im Ausland müssen rechtshilfeweise einvernommen werden, falls Sie nicht freiwillig in die Schweiz reisen möchten.

Die Zeugenaussagen werden vom Gericht protokolliert (Art. 176 f. ZPO). Die Parteien können selbstverständlich an der Befragung teilnehmen und Ergänzungsfragen stellen (Art. 173 ZPO). Zeugen trifft eine Wahrheitspflicht. Sie werden vom Gericht darauf aufmerksam gemacht. Wer als Zeuge falsch aussagt, kann mit Freiheitsstrafe bis zu fünf Jahren oder Geldstrafe bestraft werden (Art. 307 StGB, Art. 171 Abs. 1 ZPO).

In bestimmten – in Art. 165 und 166 ZPO aufgeführten – Fällen kann ein Zeuge von einem Aussageverweigerungsrecht Gebrauch machen.

Die Zeugenaussage ist nur dann zulässig, wenn der Zeuge etwas unmittelbar wahrgenommen hat (Art. 169 ZPO). Ein Zeugnis, welches sich nur auf Hörensagen stützt, ist nicht verwertbar.

Auch wenn der Prozess von mehreren Richtern entschieden wird, müssen nicht unbedingt alle an der Zeugeneinvernahme teilnehmen (Art. 124 Abs. 2 ZPO). Dies kann ein Nachteil sein, weil dann nicht alle Richter einen persönlichen Eindruck vom Zeugen gewinnen konnten.

Meine Erfahrung ist, dass Parteien von Zeugenaussagen oft enttäuscht sind. Vielfach erinnern sich Zeugen schlicht nicht mehr oder machen eine Aussage nicht in der gewünschten Deutlichkeit oder weichen in der Befragung aus. Fazit: Falls sich ein Kläger im Prozess vor allem auf Zeugenaussagen verlässt, steht die Klage auf wackeligen Füssen. Im Vergleich zu Zeugen sind Urkunden grundsätzlich die verlässlicheren Beweismittel.

## Parteibefragung und Beweisaussage

Meistens werden die Parteien an der Hauptverhandlung – oder auch später an einer separaten Beweisverhandlung – befragt. Diese sind zur Wahrheit verpflichtet (Art. 191 ZPO).

Es gibt noch eine qualifizierte Form der Parteibefragung: die Beweisaussage (Art. 192 ZPO). Der Unterschied ist, dass hier die befragte Partei auf die Strafandrohung von Art. 306 StGB hingewiesen wird. Dies hat zur Folge, dass die Beweiskraft der Aussage etwas höher ist. In der Praxis kommt die Beweisaussage aber eher selten vor.

---

### Tipps zur Parteibefragung

Bleiben Sie möglichst ruhig und gelassen. Überlassen Sie es der Gegenpartei, einen schlechten Eindruck zu machen. Unterbrechen Sie den Richter nicht wenn er redet. Sprechen Sie deutlich und schauen Sie dem (vorsitzenden) Richter in die Augen. Sprechen Sie nicht zu schnell, damit der Protokollführer mithalten kann.

Nachfolgend gebe ich Ihnen einige Empfehlungen, wie Sie sich bei gerichtlichen Befragungen verhalten sollen. Ich lehne mich dabei an die

Ausführungen von PETER HAFTER im Buch „Strategie und Technik des Zivilprozesses" an, welches 2011 im Schulthess Verlag in Zürich erschienen ist.

- **Wahrheitspflicht**: Sagen Sie die Wahrheit. Bei falschen Angaben machen Sie sich unter Umständen nach Art. 306 StGB strafbar. Ausserdem ist die Gefahr gross, dass Sie sich später in Widersprüche verstricken. Dies führt dann dazu, dass die Glaubwürdigkeit aller Ihrer Aussagen vom Gericht in Frage gestellt wird.

- **Aussagen und Erinnerung**: Wenn Sie nicht sicher sind, dass Sie sich an etwas richtig erinnern, dann weisen Sie darauf hin (Beispiel: „Wenn ich mich richtig erinnere, ..."). Wenn Ihre Erinnerung unsicher ist und Sie lediglich aus den Umständen auf etwas schliessen, d.h. rekonstruieren, wie es gewesen sein muss, dann weisen Sie darauf hin und nennen Sie diese Umstände (Beispiel: „Ich bin nicht mehr sicher, ob ..., aber ich halte dies für wahrscheinlich, weil ..."). Wenn Sie Ihrer Sache sicher sind, dann versuchen Sie nicht, die Wahrheit Ihrer Aussage zu belegen. Kurze, deutliche Antworten wirken überzeugender. Wenn Sie etwas nicht aus eigener Wahrnehmung wissen, dann sagen Sie, woher Sie Ihre Kenntnis haben.

- **Antwort auf Fragen**: Beschränken Sie sich darauf, die Ihnen gestellte Frage zu beantworten. Geben Sie nicht von sich aus Informationen Preis, nach denen Sie nicht gefragt wurden. Dies gilt besonders bei Fragen, welche Ihnen vom Gegenanwalt gestellt werden. Geben Sie keine ironischen Antworten. Beantworten Sie eine Frage auch dann, wenn Sie der Meinung sind, Sie hätten Sie bereits beantwortet (Beispiel: „Wie bereits erwähnt, ..."). Versuchen Sie nicht zu plädieren, d.h. dem Gericht zu sagen, wie es den Fall entscheiden soll und weshalb.

- **Unklare und unzulässige Fragen**: Wenn Ihnen eine Frage nicht klar ist, dann sagen Sie es. Es ist nicht Ihre Aufgabe, eine unklare Frage zu interpretieren. Wenn Sie der Auffassung sind, eine Ergänzungsfrage des Gegenanwalts sei unzulässig (z.B. unerheblich oder vertrauliche Informationen betreffend), dann können Sie den Richter fragen, ob Sie diese Frage beantworten müssen. Machen Sie von dieser Möglichkeit aber nur zurückhaltend Gebrauch.

- **Fehlende Erinnerung**: Wenn Sie eine Frage nicht beantworten können, weil Sie sich nicht mehr erinnern, dann brauchen Sie sich nicht zu entschuldigen. Dass man sich nach längerer Zeit nicht mehr an Einzelheiten erinnert, ist normal.

- **Änderung von Aussagen**: Wenn Sie nachträglich feststellen, dass Sie sich getäuscht und eine Frage zuvor falsch beantwortet haben, dann sagen Sie es und korrigieren Sie Ihre frühere Aussage. Beispiel: „Aufgrund Ihrer Befragung kann ich mich nun besser an die Vorfälle erinnern. Was ich Ihnen vorher gesagt habe, war nicht ganz richtig, und ich möchte es korrigieren. ..."

## Augenschein

Augenschein bedeutet, dass sich das Gericht an einen bestimmten Ort begibt, um sich einen Überblick über die örtlichen Verhältnisse zu verschaffen (Art. 181 ZPO).

**Beispiele**

- Wenn es im Prozess um einen nachbarrechtlichen Streit oder die Einräumung einer Dienstbarkeit geht, wird das Gericht die betreffenden Grundstücke aufsuchen.

- Muss in einem Haftpflichtprozess ein Unfall beurteilt werden, kann das Gericht die Unfallstelle besichtigen.

## Gutachten

Sind komplexe Fragen zu beurteilen, fehlt es dem Gericht oft am notwendigen Fachwissen. In einem solchen Fall muss ein gerichtliches Gutachten (Art. 183 Abs. 1 ZPO, auch Expertise genannt) eingeholt werden.

**Beispiele**

- medizinische Fragen (Operations- oder Behandlungsfehler)

- bauliche Fragen (Statik, Baumängel)

- Ablauf eines Verkehrsunfalls

- Schätzung von Grundstücken oder Kunstwerken

Gutachten werden immer nur zum Sachverhalt eingeholt, nie zu rechtlichen Fragen. Denn die richtige Anwendung des Rechts ist ja die Aufgabe des Gerichts.

Gutachten sind recht teuer. In der Regel muss diejenige Partei die Kosten des Gutachtens vorschiessen, welche es verlangt hat. Schlussendlich muss diejenige Partei die Kosten tragen, welche den Prozess verliert. Mehr dazu im 9. Kapitel zu den Prozesskosten.

Für Gutachter gelten die gleichen Ausstandsgründe wie für Richter (Art. 183 Abs. 2 ZPO, siehe 2. Kapitel). Wer als Gutachter ein falsches Gutachten abgibt, kann mit Freiheitsstrafe bis zu fünf Jahren oder Geldstrafe bestraft werden (Art. 307 StGB, Art. 184 Abs. 2 ZPO).

Die Parteien erhalten die Gelegenheit, dem Gutachter nach Vorliegen des Gutachtens Ergänzungsfragen zu stellen (Art. 187 Abs. 4 ZPO).

Es ist zulässig, dass Parteien Gutachten vor Prozessbeginn selbst einholen und dem Gericht vorlegen. Man spricht in diesem Fall von Parteigutachten. Ein Parteigutachten kann aber einen niedrigeren Beweiswert als ein Gutachten von einem gerichtlich bestellten Experten haben, weil ein privater Gutachter unter Umständen nicht unabhängig ist. Ein Parteigutachten kann zudem nicht verhindern, dass zusätzlich auch ein Gutachten von einem gerichtlich bestellten Experten eingeholt wird. Ein Parteigutachten kann jedoch helfen, die Erfolgschancen eines Prozesses besser beurteilen zu können.

## Schriftliche Auskunft

Das Gericht kann auf Begehren einer Partei Amtsstellen (beispielsweise das Grundbuchamt) um schriftliche Auskunft zu bestimmten Sachverhalten ersuchen (Art. 190 ZPO).

# 11. Rechtsmittel

---

📌 **Checkliste**

☐ Wurde eine Begründung des Urteils verlangt?

☐ Welches Rechtsmittel steht zur Verfügung?

☐ Lohnt sich ein Rechtsmittel, wie steht es um die Erfolgsaussichten?

☐ In welcher Frist muss das Rechtsmittel eingereicht werden?

☐ Besteht eine aufschiebende Wirkung des Rechtsmittels oder kann diese beantragt werden?

☐ Wie hoch ist der Gerichtskostenvorschuss?

---

## 11.1 Rechtsmittelbelehrung

Ein Urteil enthält ganz am Schluss eine Rechtsmittelbelehrung (Art. 238 lit. f ZPO). Darin steht, welches Rechtsmittel gegen das Urteil ergriffen werden kann und innert welcher Frist und wo dieses eingereicht werden muss.

Auch gegen gewisse Verfügungen des Gerichts während der Dauer des Prozesses steht unter Umständen bereits ein Rechtsmittel zur Verfügung.

# 11.2 Kantonale Rechtsmittel

## Einleitung

Gegen Urteile eines unteren kantonalen Gerichts (siehe 2. Kapitel) steht in der Regel ein Rechtsmittel an das obere kantonale Gericht zur Verfügung. Welches Rechtsmittel ergriffen werden kann, hängt in der Regel vom Streitwert ab:

- Bei einem Streitwert von CHF 10'000 oder mehr die **Berufung**

- Bei einem Streitwert unter CHF 10'000 die **Beschwerde**

Das Verfahren ist bei der Berufung umfangreicher als bei der Beschwerde, und es können mehr Anfechtungsgründe geltend gemacht werden. Eine Berufung hat aufschiebende Wirkung (d.h. verunmöglicht eine Vollstreckung), eine Beschwerde dagegen nicht. Dazu gleich mehr.

Sowohl die Berufung als auch die Beschwerde werden in der Regel von mehreren Richtern (drei oder fünf) behandelt, d.h. nicht von einem Einzelrichter.

Das Urteil des oberen kantonalen Gerichts kann dann unter Umständen noch ans Bundesgericht weitergezogen werden.

Wenn nur die obere kantonale Instanz bzw. ein Handelsgericht entschieden hat (siehe 2. Kapitel), steht kein kantonales Rechtsmittel mehr zur Verfügung, und das Urteil muss direkt beim Bundesgericht angefochten werden (siehe nächster Abschnitt).

Wie bereits früher festgehalten, ist ein Rechtsmittel nur möglich, wenn eine Begründung des Urteils der Vorinstanz vorliegt. Wurde auf eine Begründung verzichtet, ist kein Rechtsmittel mehr möglich (vgl. 6. Kapitel).

Wird ein Prozess aufgrund eines Vergleichs erledigt, steht kein ordentliches Rechtsmittel zur Verfügung.

# Berufung

Im Berufungsverfahren heissen die Parteien Berufungskläger und Berufungsbeklagter. Da beide Parteien in Berufung gehen können, kann es sein, dass der Beklagte im erstinstanzlichen Verfahren zum Berufungskläger im zweitinstanzlichen Verfahren wird.

In vermögensrechtlichen Angelegenheiten ist die Berufung nur zulässig, wenn der Streitwert mindestens CHF 10'000 beträgt (Art. 308 Abs. 2 ZPO).

Die Berufung ist bei der Rechtsmittelinstanz (das obere kantonale Gericht, siehe 2. Kapitel) innert 30 Tagen seit Zustellung des begründeten Entscheides schriftlich und begründet einzureichen (Art. 311 Abs. 1 ZPO). Gegen einen im summarischen Verfahren ergangenen Entscheid beträgt die Frist zur Einreichung der Berufung lediglich zehn Tage (Art. 314 Abs. 1 ZPO). Der angefochtene Entscheid ist der Berufung beizulegen (Art. 311 Abs. 2 ZPO).

Mit Berufung kann geltend gemacht werden (Art. 310 ZPO):

- eine unrichtige Rechtsanwendung durch die Vorinstanz

- eine unrichtige Feststellung des Sachverhaltes durch die Vorinstanz

In der Berufung muss genau ausgeführt werden, warum die Vorinstanz an welcher Stelle im Urteil falsch entschieden hat. Es genügt keinesfalls, einfach die Argumente zu wiederholen, wie sie vor der Vorinstanz vorgebracht wurden.

Die Rechtsmittelinstanz stellt die Berufung der Gegenpartei zur schriftlichen Stellungnahme zu. Die Frist für die Berufungsantwort beträgt 30 Tage (Art. 312 Abs. 2 ZPO). Gegen einen im summarischen Verfahren ergangenen Entscheid beträgt die Frist nur zehn Tage (Art. 314 Abs. 1 ZPO). Die Gegenpartei kann in der Berufungsantwort Anschlussberufung erheben (Art. 313 Abs. 1 ZPO, ausser im summarischen Verfahren, Art. 314 Abs. 2 ZPO), d.h. ihrerseits die Abänderung des Urteils der Vorinstanz verlangen.

Die Berufung hat in der Regel aufschiebende Wirkung. Dies bedeutet, dass das angefochtene Urteil noch nicht vollstreckt werden kann. Die

Berufungsinstanz kann aber auf Antrag das Gegenteil anordnen. Wird nur ein Teil des Urteils angefochten, kann aber der nicht angefochtene Teil vollstreckt werden (Art. 315 ZPO).

Die Berufungsinstanz kann eine Verhandlung durchführen oder aufgrund der Akten entscheiden. Sie kann einen zweiten Schriftenwechsel (Replik und Duplik) anordnen, was in der Praxis aber nur selten geschieht (Art. 316 ZPO).

Neue Tatsachen und Beweismittel werden nur noch berücksichtigt, wenn sie (Art. 317 ZPO):

- ohne Verzug vorgebracht werden und

- trotz zumutbarer Sorgfalt nicht schon vor erster Instanz vorgebracht werden konnten

Dies läuft darauf hinaus, dass sich die neuen Tatsachen erst nach dem Urteil der Vorinstanz ereignet haben bzw. Die Beweismittel erst nach diesem Zeitpunkt entstanden sind.

Der Prozess wird somit nicht komplett neu aufgerollt. Vielfach ist es damit nicht mehr möglich, Fehler im Verfahren der Vorinstanz wieder gutzumachen.

Die Rechtsmittelinstanz kann (Art. 318 ZPO):

- den angefochtenen Entscheid bestätigen,

- neu entscheiden, oder

- die Sache an die Vorinstanz zurückweisen (dies wird vor allem dann gemacht, wenn weitere Abklärungen zu treffen sind bzw. der Prozessstoff ergänzt werden muss). Ein neuer Entscheid der Vorinstanz kann dann wiederum angefochten werden.


## Beschwerde

Bei der Beschwerde heissen die Parteien Beschwerdeführer und Beschwerdegegner.

Die Beschwerde kann gegen Urteile in Fällen mit einem Streitwert unter CHF 10'000 ergriffen werden. Ausserdem kann eine Beschwerde unter Umständen auch gegen so genannte prozessleitende Verfügungen des Gerichts (z.B. eine Beweisverfügung) eingelegt werden (Art. 319 ZPO). Mit der Beschwerde kann geltend gemacht werden (Art. 320 ZPO):

- unrichtige Rechtsanwendung durch die Vorinstanz

- offensichtlich unrichtige Feststellung des Sachverhaltes durch die Vorinstanz

Im Vergleich zur Berufung sind damit die Beschwerdegründe limitiert.

Die Beschwerde ist bei der Rechtsmittelinstanz (oberes kantonales Gericht, siehe 2.. Kapitel) innert 30 Tagen seit der Zustellung des begründeten Entscheides schriftlich und begründet einzureichen. Wird ein im summarischen Verfahren ergangener Entscheid angefochten, so beträgt die Beschwerdefrist nur zehn Tage (Art. 321 ZPO).

Auch bei der Beschwerde muss genau ausgeführt und begründet werden, warum die Vorinstanz an welcher Stelle im Urteil falsch entschieden hat.

Die Beschwerdeinstanz stellt der Gegenpartei die Beschwerde zur schriftlichen Stellungnahme zu. Für die Beschwerdeantwort gilt die gleiche Frist wie für die Beschwerde (Art. 322 Abs. 2 ZPO). Eine Anschlussbeschwerde ist ausgeschlossen (Art. 323 ZPO).

Die Beschwerde hat keine aufschiebende Wirkung, d.h. das Urteil der Vorinstanz kann auch dann vollstreckt werden, wenn eine Beschwerde eingereicht worden ist. Die Beschwerdeinstanz kann aber auf Antrag des Beschwerdeführers hin die aufschiebende Wirkung anordnen (Art. 325 ZPO).

Neue Anträge, neue Tatsachenbehauptungen und neue Beweismittel sind bei der Beschwerde generell ausgeschlossen (Art. 326 ZPO).

## Revision

Eine Partei kann beim Gericht, welches das Urteil gefällt hat (also nicht bei einem übergeordneten Gericht), die Revision eines rechtskräftigen Entscheids verlangen. Die Revisionsgründe sind in Art. 328 ZPO aufgeführt.

Das Revisionsgesuch ist innert 90 Tagen seit Entdeckung des Revisionsgrundes schriftlich und begründet einzureichen. Nach Ablauf von zehn Jahren seit Eintritt der Rechtskraft des Entscheids kann die Revision nicht mehr verlangt werden (Art. 329 ZPO).

## Erläuterung und Berichtigung

Auch Gerichte machen Fehler. Es kann passieren, dass das Dispositiv des Entscheids unklar, widersprüchlich oder unvollständig ist oder mit der Begründung im Widerspruch steht. In einem solchen Fall kann das Gericht (nicht die Rechtsmittelinstanz) nach Art. 334 ZPO um Erläuterung oder Berichtigung des Entscheids ersucht werden.

# 11.3 Bundesrechtsmittel

## Das Bundesgericht

Das Urteil der oberen kantonalen Instanz kann dann möglicherweise noch ans Bundesgericht in Lausanne weitergezogen werden. Dieses ist übrigens auf dem Buchtitel abgebildet. Zuerst einige allgemeine Ausführungen zum Bundesgericht:

Am Bundesgericht sind 40 Richter tätig. Pro Jahr gehen um die 7'500 Fälle ein (aus allen Rechtsgebieten, d.h. nicht zur Zivilrecht). Zum Vergleich: Das grösste Gericht der Schweiz (das Bezirksgericht Zürich) behandelt pro Jahr 20'000 Fälle. Das Bundesgericht fällt in der Regel die Urteile in einer Besetzung mit drei Richtern. Wenn sich eine grundsätzli-

**Weiterführende Links**

fwww.bger.ch (Bundesgericht)

Unter →Presse/Aktuelles → Medienmitteilungen können Sie einen Newsletter abonnieren, wenn Sie regelmässig über die aktuelle Rechtsprechung des Bundesgerichts informiert werden möchten.

che Rechtsfrage stellt oder wenn ein Richter dies beantragt, wirken fünf Richter mit.

In der überwältigenden Mehrheit der Fälle wird das Urteil auf dem Zirkulationsweg gefällt, d.h. einer der Richter stellt einen Urteilsantrag und das Dossier wird dann an die anderen Richter weitergegeben. Das Urteil wird nur dann in einer öffentlichen Urteilsberatung gefällt, wenn die beteiligten Richter sich nicht einig sind, wenn der Abteilungspräsident dies anordnet oder ein Richter es verlangt. Pro Jahr kommt es aber nur etwa zu 20 Urteilsberatungen. Der Entscheid wird in der Sprache des angefochtenen Urteils verfasst.

Das Bundesgericht legt seinem Urteil den Sachverhalt zugrunde, den die Vorinstanz festgestellt hat. Es nimmt selbst keine Sachverhaltsabklärungen mehr vor, d.h. es befasst sich ausschliesslich mit Rechtsfragen.

Die Verfahrensbestimmungen für Rechtsmittel ans Bundesgericht sind nicht in der ZPO, sondern im BGG geregelt:

- die Beschwerde in Zivilsachen in Art. 72 ff. und 90 ff. BGG

- die subsidiäre Verfassungsbeschwerde in Art. 113 ff. BGG

Achtung: Angefochten wird ja vielfach der Entscheid des oberen kantonalen Gerichts. Dieser erfolgt in der Regel ohne Begründung (Art. 318 Abs. 2, Art. 327 Abs. 5 ZPO). Soll das Urteil der kantonalen Rechtsmittelinstanz ans Bundesgericht weitergezogen werden, muss somit unbedingt zuerst eine Begründung verlangt werden!

Auch beim Bundesgericht besteht kein Anwaltszwang. Da die Anforderungen an eine Beschwerdeschrift ans Bundesgericht sehr streng sind, ist der Beizug eines Anwalts jedoch sehr empfehlenswert.

Die Erfolgschancen beim Bundesgericht sind – statistisch gesehen –
gering. Gemäss Geschäftsbericht 2023 hat das Bundesgericht in diesem Jahr (Zahlen gerundet):

- in 45% der Rechtsmittel nicht materiell entschieden, weil die Anforderungen nicht gegeben waren (z.B. zu tiefer Streitwert) oder das
  Rechtsmittel zurückgezogen wurde
- 43% der Rechtsmittel abgewiesen
- nur 12% der Rechtsmittel ganz oder teilweise gutgeheissen
- 2% der Fälle wurden auf andere Weise erledigt (z.B. an die Vorinstanz zur neuen Beurteilung zurückgeschickt)

Die Erfolgsquote am Bundesgericht ist statistisch gesehen somit über-
raschend niedrig. Es fragt sich, ob dies für die Qualität der Rechtsprechung der kantonalen Gerichte spricht, oder ob das Bundesgericht einfach nur sehr streng ist.

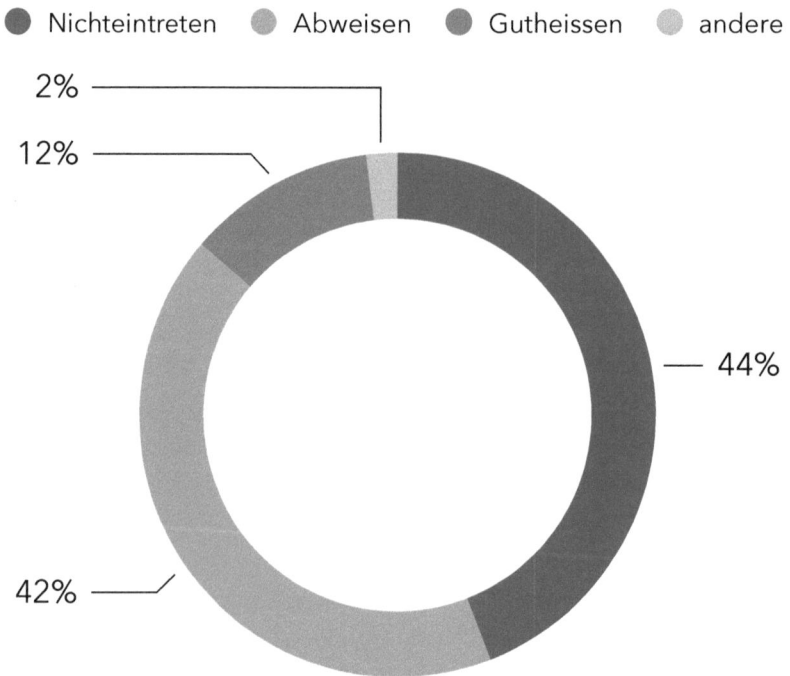

Die durchschnittliche Behandlungsdauer am Bundesgericht liegt gemäss Geschäftsbericht 2023 im Zivilrecht zwischen fünf und sechs Monaten – ein guter Wert!

Nun zu den beiden zur Verfügung stehenden Rechtsmitteln (in Zivilprozessen) vor Bundesgericht im einzelnen:

- Beschwerde in Zivilsachen
- subsidiäre Verfassungsbeschwerde

*So präsentiert sich die Webseite des Bundesgerichts.*

## Beschwerde in Zivilsachen

Das Urteil der oberen kantonalen Instanz kann beim Bundesgericht mit der Beschwerde in Zivilsachen angefochten werden, wenn der Streitwert mindestens CHF 30'000 beträgt. Eine Ausnahme bildet das Arbeits- und Mietrecht, wo ein Streitwert von CHF 15'000 genügt. Unabhängig vom Streitwert bleibt der Zugang zum Bundesgericht immer dann gewahrt,

143

wenn sich eine Rechtsfrage von grundsätzlicher Bedeutung stellt, was jedoch detailliert begründet werden muss. Dies ist etwa dann der Fall, wenn die zu entscheidende Streitfrage noch nie von einem Gericht entschieden wurde oder sich die kantonalen Gerichte in dieser Frage widersprechen. Immer ans Bundesgericht weitergezogen werden kann auch ein Entscheid, wenn nur eine einzige kantonale Instanz zur Verfügung stand (siehe 2. Kapitel).

Die Beschwerde ans Bundesgericht hat in der Regel keine aufschiebende Wirkung. Diese kann aber auf Antrag des Beschwerdeführers hin erteilt werden.

Mit der Beschwerde in Zivilsachen kann nur folgendes gerügt werden:

- die Verletzung von Bundesrecht oder Völkerrecht,

- die Feststellung des Sachverhalts durch die Vorinstanz nur, wenn sie offensichtlich unrichtig ist.

Die Beschwerdeschrift muss innert 30 Tagen begründet eingereicht werden. In der Begründung muss genau angegeben werden, inwiefern die Vorinstanz Recht verletzt hat oder inwiefern eine Feststellung der Vorinstanz offensichtlich unrichtig ist. Die Anforderungen sind wie gesagt sehr streng.

Danach wird die Gegenpartei eingeladen, eine Beschwerdeantwort einzureichen. Das Bundesgericht kann auch die kantonale Vorinstanz einladen, sich zur Beschwerde zu äussern (sogenannte Vernehmlassung). Eine Verhandlung findet in der Regel nicht statt.

Erhält der Berufungskläger vor Bundesgericht Recht, muss die Vorinstanz den Fall nur dann neu beurteilen, wenn das Bundesgericht nicht selber entscheiden kann. Dies ist dann der Fall, wenn der Sachverhalt ergänzt oder neu beurteilt werden muss oder wenn zusätzliche Beweismittel abgenommen werden müssen. Ein neuer Entscheid der Vorinstanz kann dann wiederum ans Bundesgericht weitergezogen werden.

## Subsidiäre Verfassungsbeschwerde

Wenn keine Beschwerde in Zivilsachen zulässig ist (z.b. weil Streitwert zu tief ist), können kantonale Urteile nur noch wegen Verletzung verfassungsmässiger Rechte (Grundrechte nach der BV und der Europäischen Menschenrechtskonvention EMRK) innert 30 Tagen mit der subsidiären Verfassungsbeschwerde angefochten werden. Die Anforderungen sind auch hier sehr streng. Dem Bundesgericht muss detailliert aufgezeigt werden, inwiefern die Vorinstanz in ihrem Urteil Grundrechte verletzt hat. Auch bei einer subsidiären Verfassungsbeschwerde sollte darum ein Rechtsanwalt beigezogen werden.

In Zivilprozessen ist eine subsidiäre Verfassungsbeschwerde eher selten möglich, weil die in der BV garantierten Grundrechte in Zivilprozessen nur eine untergeordnete Rolle spielen. Darum wird die subsidiäre Verfassungsbeschwerde nicht in der nachfolgenden Tabelle dargestellt, welche die verschiedenen Rechtsmittel miteinander vergleicht.

| Vergleich Rechtsmittel auf kantonaler Ebene mit Beschwerde ans Bundesgericht | | | |
|---|---|---|---|
| | **Berufung nach ZPO** | **Beschwerde nach ZPO** | **Beschwerde nach BGG** |
| **Erforderlicher Streitwert** | CHF 10'000.00 | > CHF 0 < CHF 10'000 | CHF 30'000.00, mit Ausnahmen |
| **Gründe** | unrichtige Feststellung des Sachverhalts, unrichtige Rechtsanwendung | *offensichtlich* unrichtige Feststellung des Sachverhalts, unrichtige Rechtsanwendung | *offensichtlich* unrichtige Feststellung des Sachverhalts, fehlerhafte Anwendung von Bundesrecht |
| **Frist** | 30 Tage, mit Ausnahmen | 30 Tage, mit Ausnahmen | 30 Tage, mit Ausnahmen |
| **Aufschiebende Wirkung** | in der Regel ja | in der Regel nein | in der Regel nein |
| **Anschluss** | Anschlussberufung möglich | nein | nein |
| **Neue Tatsachen oder Beweismittel** | unter strengen Voraussetzungen | nein | unter strengen Voraussetzungen |

# 11.4 Beschwerde an den EGMR in Strassburg

Die EMRK sieht eine Beschwerdemöglichkeit vor, die es jedermann erlaubt, vor dem Europäischen Gerichtshof für Menschenrechte (EGMR) in Strassburg (Frankreich) eine Beschwerde wegen Verletzung der EMRK durch einen Vertragsstaat zu erheben. Vertragsstaaten sind alle

Länder des Europarats, also auch die Schweiz. Diese Möglichkeit ist weltweit einzigartig.

Eine Beschwerde nach Strassburg ist in Zivilprozessen nur selten möglich, da nur eine Verletzung der EMRK durch einen Vertragsstaat geltend gemacht werden kann. Dies kann etwa dann der Fall sein, wenn die nationalen Gerichte grobe Verfahrensfehler begangen haben.

Zuerst muss der innerstaatliche Rechtsweg (d.h. in der Schweiz bis vor Bundesgericht) ausgeschöpft werden. Die Beschwerde muss innerhalb von sechs Monaten ergriffen werden. Die Beschwerdeschrift kann grundsätzlich in jeder Sprache des Europarats verfasst werden. Im späteren Verfahren herrscht Anwaltszwang, und es sind nur noch Eingaben in Englisch oder Französisch zulässig.

Ist die Beschwerde erfolgreich, so stellt der EGMR die Verletzung der EMRK fest. In der Schweiz kann in der Folge das bundesgerichtliche Urteil revidiert, d.h. neu beurteilt werden (Art. 122 BGG).

Der EGMR ist überlastet. Die Verfahrensdauer beträgt zurzeit mehrere Jahre.

# 12. Vollstreckung

---

**📌 Checkliste**

☐ Ist der Entscheid rechtskräftig?

☐ Bis wann muss die Gegenseite bezahlen?

☐ Wurde die Gegenseite abgemahnt?

☐ Kann ein Betreibungsbegehren gestellt werden?

☐ Kann ich Verzugszinsen verlangen?

☐ Muss ein Vollstreckungsgesuch gestellt werden?

☐ Unterliegt die Gegenseite der Konkursbetreibung?

---

## 12.1 Keine Überwachung durch das Gericht

Das Gericht überwacht nicht, ob ein von ihm gefälltes Urteil auch umgesetzt wird. Diejenige Partei, welcher im Urteil etwas zugesprochen wird, muss selbst aktiv werden, wenn die Gegenpartei das Urteil nicht freiwillig erfüllt.

Das Urteil ist unter Umständen noch nicht vollstreckbar, weil es noch nicht rechtskräftig ist. Dies hängt von der Frage ab, welches Rechtsmittel zur Verfügung steht, was vom Streitwert des Falls abhängt (siehe 11. Kapitel):

- Ist das Rechtsmittel der Berufung gegeben, muss zuerst die Berufungsfrist von 30 Tagen abgewartet werden, bis das Urteil rechtskräftig ist und vollstreckt werden kann (nur, wenn keine Berufung ergriffen wird).

- Steht nur das Rechtsmittel der Beschwerde zur Verfügung, wird das Urteil sofort rechtskräftig und ist vollstreckbar (Ausnahme: siehe 11. Kapitel).

Erfüllt die Gegenpartei das Urteil nicht freiwillig, muss es mit staatlicher Hilfe vollstreckt werden. Hier muss unterschieden werden:

- Geldforderungen werden mit einer Betreibung vollstreckt. Das Betreibungsverfahren ist nicht in der ZPO sondern im SchKG geregelt.

- Die Vollstreckung anderer Ansprüche, z.B. die Herausgabe einer Sache, werden in Art. 335 ff. der ZPO geregelt. Nach Art. 236 Abs. 3 ZPO kann bereits das urteilende Gericht Vollstreckungsmassnahmen anordnen. Dies ist eine grosse Zeitersparnis, weil dann kein separates Vollstreckungsverfahren erforderlich ist (wenn die verlierende Partei das Urteil nicht freiwillig erfüllt). Es sollten daher unbedingt entsprechende Anträge gestellt werden.

Beispiel eines Rechtsbegehrens, welches bereits einen Vollstreckungsantrag (fett) enthält:

> *„Es sei der Beklagten zu befehlen, dem Kläger das Macbook Pro auf erstes Verlangen herauszugeben,* **unter Androhung der Bestrafung mit Busse wegen Verstosses gegen Art. 292 StGB im Falle der Zuwiderhandlung.***"*

Falls der Schuldner das Urteil nicht erfüllt, sollte er zunächst schriftlich dazu aufgefordert werden, bevor eine Vollstreckung (Betreibung) eingeleitet wird. Am besten setzen Sie ihm eine kurze Zahlungsfrist an, mit der Androhung, dass nach unbenutztem Ablauf der Frist ein Betreibungsbegehren gestellt wird. Falls der Schuldner den ganzen Forderungsbetrag nicht auf einmal bezahlen kann, können Sie sich allenfalls mit ihm auf Ratenzahlungen einigen. In einem solchen Fall sollte unbedingt eine schriftliche Abzahlungsvereinbarung abgeschlossen werden. Diese Vereinbarung sollte die Regelung enthalten, dass der gesamte Restbetrag sofort zur Zahlung fällig wird, falls der Schuldner eine Rate oder Zinszahlung nicht rechtzeitig leistet.

# 12.2 Betreibungsverfahren

Das Betreibungsverfahren wird vom zuständigen Betreibungsamt durchgeführt. In der Regel ist das Amt am Wohnsitz oder Sitz des Schuldners zuständig. Das gilt auch dann, wenn im Vertrag, welcher der betriebenen Forderung zugrunde liegt, eine Gerichtsstandsvereinbarung getroffen worden ist.

Eine Betreibung läuft in 7 Phasen ab:

1. **Betreibungsbegehren** (Art. 67 SchKG)

Der Gläubiger reicht beim zuständigen Betreibungsamt das Betreibungsbegehren ein. Die Forderungssumme muss in CHF angegeben werden. Forderungen in einer anderen Währung müssen somit umgerechnet werden (falls sich der Wechselkurs im Verlauf des Verfahrens zu Gunsten des Gläubigers verändert, kann später eine Anpassung erfolgen). Das Betreibungsbegehren unterbricht die Verjährung, d.h. sie beginnt von neuem zu laufen.

---

**Tipp**

Vergessen Sie nicht, im Betreibungsbegehren auch Verzugszinsen von 5% ab dem Datum der Rechtskraft des Urteils zu fordern. Falls Sie bereits im Rechtsbegehren Verzugszinsen beansprucht haben, laufen diese einfach weiter, bis die Forderung bezahlt ist.

---

Betreibungsbegehren können Sie als Formular im Internet herunterladen. Betreibungsbegehren können zudem auch elektronisch gestellt werden.

**Weiterführende Links**

betreibungsschalter.ch (Betreibungsbegehren online stellen)

bj.admin.ch/bj/de/home/wirtschaft/schkg/musterformulare.html (Musterformulare Bundesamt für Justiz)

2. Zustellung des **Zahlungsbefehls** (Art. 71 SchKG)

Das Betreibungsamt stellt dem Schuldner den sogenannten Zahlungsbefehl zu. Das ist ein sehr häufiger Vorgang: In der Schweiz werden jährlich über drei Millionen Zahlungsbefehle ausgestellt! Im Zahlungsbefehl wird der Schuldner aufgefordert, die betriebene Forderung samt Zinsen und Betreibungskosten innerhalb von 20 Tagen zu begleichen. Der Gläubiger erhält nach Ablauf dieser Frist ein Doppel des zugestellten Zahlungsbefehls.

3. Weiterer Verlauf

Der weitere Verlauf hängt von der Reaktion des Schuldners ab. Es gibt drei Varianten:

a) Der Schuldner befolgt den Zahlungsbefehl und begleicht die Forderung und die Betreibungskosten – das Verfahren ist erledigt.

b) Verhält sich der Schuldner passiv, d.h. kommt er dem Zahlungsbefehl nicht nach und bestreitet er die Forderung nicht, kann das Fortsetzungsbegehren gestellt werden (Schritt 4).

c) Der Schuldner kann innerhalb von zehn Tagen nach Zustellung des Zahlungsbefehls die Forderung oder einen Teil davon bestreiten (= **Rechtsvorschlag** erheben. Art. 74 SchKG). Eine Angabe von Gründen ist nicht notwendig. Der Schuldner kann auch einfach nur Rechtsvorschlag erheben, um Zeit zu gewinnen oder den Gläubiger zu ärgern. Der Rechtsvorschlag kann schriftlich oder mündlich erhoben werden. Aus Beweisgründen sollte er immer schriftlich erfolgen. Der Schuldner kann vom Betreibungsamt zudem eine Bestätigung verlangen, dass er Rechtsvorschlag erhoben hat. Mit dem Rechtsvorschlag wird die Betreibung einstweilen gestoppt. Um die Betrei-

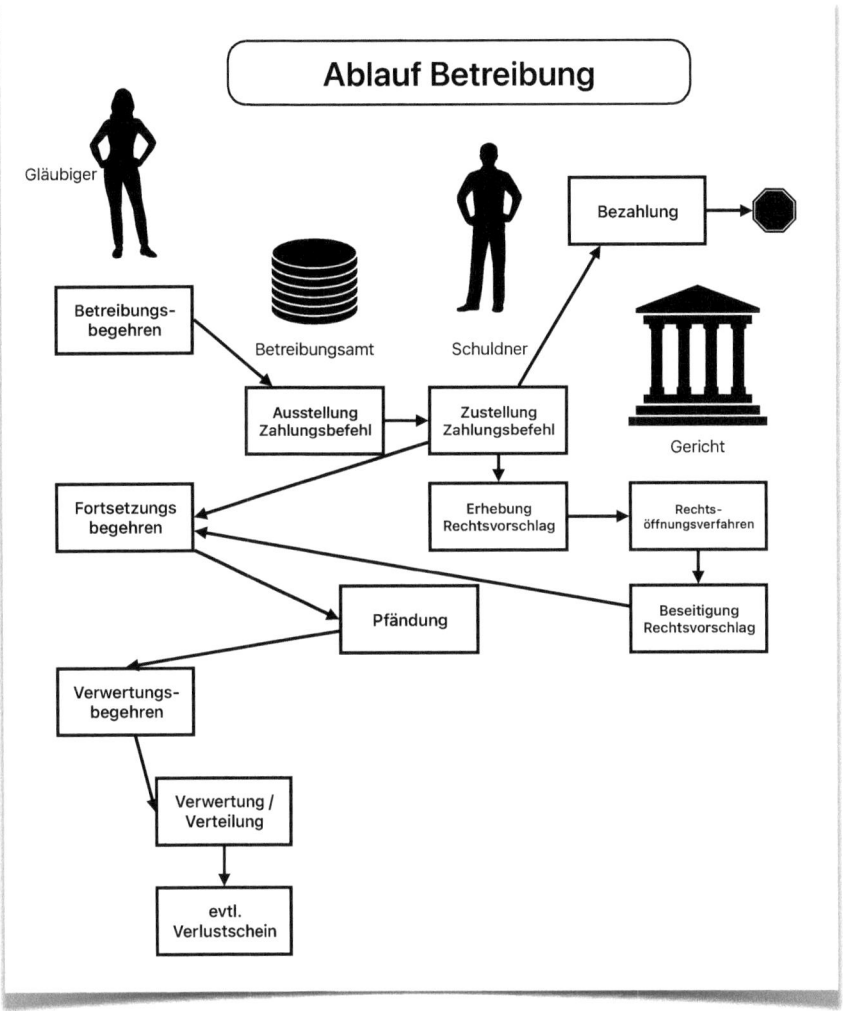

bung nun weiterführen zu können, muss der Rechtsvorschlag vom Gericht beseitigt werden. Da bereits ein Gerichtsurteil vorliegt, greift ein schnelles, relativ kostengünstiges und einfaches (= summarisches) Verfahren: die sogenannte definitive **Rechtsöffnung**. Die Einwendungsmöglichkeiten des Schuldners sind stark eingeschränkt (er kann nur einwenden, die Forderung sei getilgt, gestundet oder verjährt). Ausländische Zivilurteile sind Schweizer Urteilen gleichgestellt, falls entsprechende internationale Abkommen bestehen. Dies ist insbesondere bezüglich Entscheidungen von Gerichten aus EU- oder EFTA-Staaten der Fall (Lugano-Übereinkommen).

### 4. Fortsetzungsbegehren (Art. 88 SchKG)

Falls die Forderung vom Schuldner nicht bestritten wird oder der Rechtsvorschlag vom Gericht beseitigt worden ist, kann der Gläubiger das Fortsetzungsbegehren stellen.

Ein Zahlungsbefehl ist ein Jahr gültig. Falls der Rechtsvorschlag vor Gericht beseitigt werden muss, steht diese Frist aber während des Gerichtsverfahrens still. Mit dem Fortsetzungsbegehren sollte daher nicht lange zugewartet werden.

### 5. Pfändung (Art. 89 ff. SchKG)

Nach Eingang des Fortsetzungsbegehrens werden Vermögensstücke des Schuldners vom Betreibungsamt beschlagnahmt. Am häufigsten ist jedoch die Lohnpfändung, bei welcher das das Existenzminimum des Schuldners übersteigende Einkommen für die Dauer max. eines Jahres gepfändet wird und direkt an das Betreibungsamt abgeliefert werden muss.

6. Hat der Schuldner die Forderung immer noch nicht beglichen, kann der Gläubiger das **Verwertungsbegehren** stellen, damit die gepfändeten Gegenstände verwertet werden (nicht notwendig bei einer Lohnpfändung).

### 7. Verwertung und Verteilung (Art. 122 ff. SchKG)

Die gepfändeten Gegenstände werden dann vom Betreibungsamt im Rahmen einer Versteigerung verwertet und der Erlös (abzüglich Kosten) wird dem Gläubiger überwiesen. Für einen allfälligen ungedeckt gebliebenen Teilbetrag seiner Forderung erhält der Gläubiger einen **Verlustschein**. Dieser verjährt in 20 Jahren und ist nicht verzinslich (Art. 149 SchKG).

Die Kosten des Betreibungsverfahrens sind im 9. Kapitel dargestellt. Die Dauer des Betreibungsverfahrens hängt vom Verhalten des Schuldners und von der Art der gepfändeten Vermögenswerte ab (müssen Grundstücke verwertet werden, dauert es länger). Von der Einleitung der Betreibung bis zur Verwertung der gepfändeten Vermögenswerte vergehen im besten Fall vier bis acht Monate. Ein Rechtsöffnungsverfahren am Gericht dauert allein ca. sechs bis acht Wochen.

Eine Betreibung kann auch eingeleitet werden, ohne dass bereits ein rechtskräftiges Gerichtsurteil besteht. Das Betreibungsamt darf nicht prüfen, ob eine Betreibung zu recht erfolgt ist bzw. ob die betriebene Forderung wirklich besteht. Darum kommt es immer wieder vor, dass Betreibungen aus reiner Schikane eingeleitet werden. Früher war es kompliziert und teuer, eine solche ungerechtfertigte Betreibung wieder aus dem Betreibungsregister löschen zu lassen. 2019 wurde aber das Gesetz geändert. Nach Art. 8a Abs. 3 lit. d SchKG kann der Schuldner nun neu beim Betreibungsamt für CHF 40 ein „Gesuch um Nichtbekanntgabe der Betreibung an Dritte" stellen. Ein solches Gesuch kann aber erst nach Ablauf einer Frist von drei Monaten seit der Zustellung des Zahlungsbefehls gestellt werden. Nach Eingang des Gesuchs fordert das Betreibungsamt den Gläubiger dazu auf, innert 20 Tagen nachzuweisen, dass er ein Verfahren zur Beseitigung des Rechtsvorschlages eingeleitet hat. Das Gesuch ist daher nur dann von Erfolg gekrönt, wenn der Gläubiger nichts unternimmt bzw. passiv bleibt, nachdem er die Betreibung eingeleitet hat.

## Konkursverfahren

Handelt es sich beim Schuldner um eine im Handelsregister eingetragene Person, weicht das Verfahren ab Schritt 5 von der obigen Darstellung ab, und es wird ein Konkursverfahren durchgeführt (Art. 39 SchKG):

5. Stellt der Gläubiger das Fortsetzungsbegehren, so droht das Betreibungsamt dem Schuldner den Konkurs an (**Konkursandrohung**, Art. 159 ff. SchKG).

6. Wird die Schuld nicht innert 20 Tagen bezahlt, kann der Gläubiger das **Konkursbegehren** (Art. 166 SchKG) stellen.

7. Das Konkursgericht setzt eine Verhandlung an und entscheidet dann im summarischen Verfahren über die **Konkurseröffnung** (Art. 171 SchKG).

Im Unterschied zu einer gewöhnlichen Betreibung wirkt sich ein Konkurs auf alle Gläubiger eines Schuldners aus. Nach Durchführung des Konkursverfahrens wird der im Handelsregister eingetragene Schuldner gelöscht.

Damit das Konkursgericht den Konkurs über ein Unternehmen eröffnet, muss jedoch ein Kostenvorschuss geleistet werden. Dies hält viele Gläubiger davon ab, den Konkurs zu verlangen und hat zur Folge, dass das – eigentlich überschuldete – Unternehmen weiter geschäften kann. Ab. 1. Januar 2025 wird sich die Situation jedoch verbessern, da per dann ein Paket mit Massnahmen in Kraft tritt, welche die bestehenden Missbräuche beseitigen sollen.

Kommt es zu einem Konkurs, erhalten Gläubiger in der Regel – wenn überhaupt – nur einen kleinen Prozentbetrag ihrer Forderung (sogenannte Konkursdividende). Bestimmte Forderungen, vor allem gewisse Forderungen von Arbeitnehmern, sind jedoch privilegiert und werden in einem Konkurs zuerst befriedigt (Art. 219 SchKG). Bei solchen privilegierten Forderungen sind die Aussichten somit etwas besser.

---

**Tipp**

Arbeitnehmer sollten immer auch prüfen, ob sie bei Konkurs ihres Arbeitgebers bei der Arbeitslosenkasse eine sogenannte Insolvenzentschädigung beantragen können. Achtung: Der Antrag auf Insolvenzentschädigung muss spätestens 60 Tage nach der Veröffentlichung des Konkurses erfolgen.

---

## Betreibung oder Schlichtungsgesuch?

Gerade weil eine Betreibung schnell und günstig ist und das Betreibungsamt gar nicht prüft, ob die betriebene Forderung berechtigt ist oder nicht, stellen Gläubiger in der Regel zuerst immer ein Betreibungsbegehren. Das macht aber nicht immer Sinn. Es kommt nämlich darauf an, wie gut die Forderung dokumentiert bzw. belegt ist. Eine Betreibung ist nur dann sinnvoll, wenn ein sogenannter Rechtsöffnungstitel besteht. Liegt ein solcher Rechtsöffnungstitel nicht vor, kann die Betreibung, wenn der Schuldner Rechtsvorschlag erhebt, nur dann weiter geführt werden, wenn der Rechtsvorschlag in einem ordentlichen Zivilprozess wieder aufgehoben wird. Ein ordentlicher Zivilprozess beginnt mit dem Schlichtungsgesuch bzw. dem Schlichtungsverfahren. In solchen Fällen ist es schneller und günstiger, wenn von Anfang an ein Schlichtungsverfahren eingeleitet und nicht zuerst betrieben wird. Auch ein Schlichtungsgesuch unterbricht zudem die Verjährung.

Eine Betreibung macht somit nur bei Vorliegen eines sogenannten Rechtsöffnungstitels Sinn. Man unterscheidet definitive und provisorische Rechtsöffnungstitel:

- Ein **definitiver Rechtsöffnungstitel** (Art. 80 SchKG) ist ein vollstreckbares Gerichtsurteil. Hier handelt es sich somit um die Vollstreckung von Urteilen, wie oben beschrieben. Gerichtliche Vergleiche sind Urteilen gleichgestellt (Art. 241 Abs. 2 ZPO). Auch Urteile von ausländischen Gerichten stellen in der Regel definitive Rechtsöffnungstitel dar.

- **Provisorische Rechtsöffnungstitel** (Art. 82 SchKG) sind dagegen hauptsächlich durch Unterschrift bekräftigte Schuldanerkennungen. Aus dem Schriftstück muss der zu bezahlende Betrag hervorgehen, und es muss vom Schuldner unterschrieben sein. Das ist beispielsweise bei einer unterzeichneten Auftragsbestätigung oder bei schriftlichen Verträgen der Fall.

Der unterschied zwischen definitiver und provisorischer Rechtsöffnung kann wie folgt beschrieben werden: Liegt ein definitiver Rechtsöffnungstitel vor, kann der Schuldner nur einwenden, die Forderung sei schon bezahlt, gestundet oder verjährt (wobei das Betreibungsbegehren die Verjährung unterbricht – war die Forderung bei der Einleitung der Betreibung bereits verjährt, bleibt es jedoch dabei). Bei einem provisorischen Rechtsöffnungstitel kann der Schuldner dagegen mit allen plausiblen Einwendungen kommen, welche den Bestand der Forderung entkräften.

Provisorisch ist die Rechtsöffnung, weil der Schuldner – sollte der Rechtsvorschlag vom Rechtsöffnungsrichter aufgehoben werden – noch die Möglichkeit hat, eine ordentliche Klage dagegen einzuleiten (sogenannte „Aberkennungsklage", Art. 83 SchKG). Macht er dies nicht, wird die provisorische Rechtsöffnung eine definitive.

Falls Sie bereits ein Urteil in Händen halten oder zumindest eine Schuldanerkennung, dann können Sie somit eine Betreibung einleiten. Wenn Sie jedoch keine vom Schuldner unterzeichnete Dokumente vorliegen haben, beispielsweise wenn Sie lediglich eine Rechnung gestellt haben, empfiehlt es sich eher, ein Schlichtungsgesuch zu stellen.

# 13. Anhang

## Inhaltsübersicht ZPO

Es folgt der amtliche Text der ZPO mit eigener Seitennummerierung (Stand: 1. Januar 2025). Zuerst habe ich aber noch eine Inhaltsübersicht mit Verweise auf die vorangehenden Kapitel eingefügt, welche nicht Bestandteil des amtlichen Gesetzestexts ist.

| | Artikel | Kapitel |
|---|---|---|
| **1. TEIL: ALLGEMEINE BESTIMMUNGEN** | | |
| **1. Titel: Gegenstand und Geltungsbereich** | 1-3 | 1.2 |
| **2. Titel: Zuständigkeit der Gerichte und Ausstand** | | |
| 1. Kapitel: Sachliche und funktionelle Zuständigkeit | 4-8 | 2.3 |
| 2. Kapitel: Örtliche Zuständigkeit | 9-46 | 5.1 |
| 3. Kapitel: Ausstand | 47-51 | 2.2 |
| **3. Titel: Verfahrensgrundsätze und Prozessvoraussetzungen** | | |
| 1. Kapitel: Verfahrensgrundsätze | 52-58 | 2.4 |

| | | |
|---|---|---|
| 2. Kapitel: Prozessvoraussetzungen | 59-61 | 6.6 |
| **4. Titel: Rechtshängigkeit und Folgen des Klagerückzugs** | 62-65 | 5.2 |
| **5. Titel: Die Parteien und die Beteiligung Dritter** | | |
| 1. Kapitel: Partei- und Prozessfähigkeit | 66-67 | 3.1 |
| 2. Kapitel: Parteivertretung | 68-69 | 3.2 |
| 3. Kapitel: Streitgenossenschaft | 70-72 | 3.1 |
| 4. Kapitel: Intervention | 73-77 | 3.1 |
| 5. Kapitel: Streitverkündung | 78-82 | 3.1 |
| 6. Kapitel: Parteiwechsel | 83 | – |
| **6. Titel: Klagen** | 84-90 | 6.4 |
| **7. Titel: Streitwert** | 91-94 | 6.2 |
| **8. Titel: Prozesskosten und unentgeltliche Rechtspflege** | | |
| 1. Kapitel: Prozesskosten | 95-103 | 9 |
| 2. Kapitel: Verteilung und Liquidation der Prozesskosten | 104-112 | 9 |
| 3. Kapitel: Besondere Kostenregelungen | 113-116 | 9 |
| 4. Kapitel: Unentgeltliche Rechtspflege | 117-123 | 9.3 |
| **9. Titel: Prozessleitung, prozessuales Handeln und Fristen** | | |
| 1. Kapitel: Prozessleitung | 124-128 | 8.1 |

| 2. Kapitel: Formen des prozessualen Handelns | 129-141b | 8 |
| --- | --- | --- |
| 3. Kapitel: Fristen, Säumnis und Wiederherstellung | 142-149 | 8.4 |
| **10. Titel: Beweis** | | |
| 1. Kapitel: Allgemeine Bestimmungen | 150-159 | 10 |
| 2. Kapitel: Mitwirkungspflicht und Verweigerungsrecht | 160-167a | 10 |
| 3. Kapitel: Beweismittel | 168-193 | 10 |
| **11. Titel: Rechtshilfe zwischen schweizerischen Gerichten** | 194-196 | 10 |
| **2. TEIL: BESONDERE BESTIMMUNGEN** | | |
| **1. Titel: Schlichtungsversuch** | | |
| 1. Kapitel: Geltungsbereich und Schlichtungsbehörde | 197-201 | 5.2 |
| 2. Kapitel: Schlichtungsverfahren | 202-207 | 5.2 |
| 3. Kapitel: Einigung und Klagebewilligung | 208-209 | 5.2 |
| 4. Kapitel: Entscheidvorschlag und Entscheid | 210-212 | 5.2 |
| **2. Titel: Mediation** | 213-218 | 5.3 |
| **3. Titel: Ordentliches Verfahren** | | |
| 1. Kapitel: Geltungsbereich | 219 | 6.1 |
| 2. Kapitel: Schriftenwechsel und Vorbereitung der Hauptverhandlung | 220-227 | 6.4 6.8 |
| 3. Kapitel: Hauptverhandlung | 228-234 | 6.10 |

| | | |
|---|---|---|
| 4. Kapitel: Protokoll | 235 | 8.5 |
| 5. Kapitel: Entscheid | 236-240 | 6.13 |
| 6. Kapitel: Beendigung des Verfahrens ohne Sachentscheid | 241-242 | 6.12 |
| **4. Titel: Vereinfachtes Verfahren** | 243-247 | 7.1 |
| **5. Titel: Summarisches Verfahren** | | |
| 1. Kapitel: Geltungsbereich | 248-251a | 7.2 |
| 2. Kapitel: Verfahren und Entscheid | 252-256 | 7.2 |
| 3. Kapitel: Rechtsschutz in klaren Fällen | 257 | 7.2 |
| 4. Kapitel: Gerichtliches Verbot | 258-260 | 7.2 |
| 5. Kapitel: Vorsorgliche Massnahmen und Schutzschrift | 261-270 | 7.2 |
| **6. Titel: Besondere eherechtliche Verfahren** | | |
| 1. Kapitel: Angelegenheiten des summarischen Verfahrens | 271-273 | 7.3 |
| 2. Kapitel: Scheidungsverfahren | 274-294 | 7.3 |
| **7. Titel: Kinderbelange in familienrechtlichen Angelegenheiten** | | |
| 1. Kapitel: Allgemeine Bestimmungen | 295-301a | 7.3 |
| 2. Kapitel: Summarisches Verfahren: Geltungsbereich | 302 | 7.3 |
| 3. Kapitel: Unterhalts- und Vaterschaftsklage | 303-304 | 7.3 |
| **8. Titel: Verfahren bei eingetragener Partnerschaft** | 305-307a | 7.3 |

**9. Titel: Rechtsmittel**

| | | |
|---|---|---|
| 1. Kapitel: Berufung | 308-318 | 11.2 |
| 2. Kapitel: Beschwerde | 319-327a | 11.2 |
| 3. Kapitel: Revision | 328-333 | 11.2 |
| 4. Kapitel: Erläuterung und Berichtigung | 334 | 11.2 |

**10. Titel: Vollstreckung**

| | | |
|---|---|---|
| 1. Kapitel: Vollstreckung von Entscheiden | 335-346 | 12 |
| 2. Kapitel: Vollstreckung öffentlicher Urkunden | 347-352 | – |

**3. TEIL: SCHIEDSGERICHTSBARKEIT**

| | | |
|---|---|---|
| [nicht abgedruckt] | 353-399 | 5.1 |

**4. TEIL: SCHLUSSBESTIMMUNGEN**

| | | |
|---|---|---|
| [nicht abgedruckt] | 400-408 | |

Anhang

# Schweizerische Zivilprozessordnung
## (Zivilprozessordnung, ZPO)

vom 19. Dezember 2008 (Stand am 1. Januar 2025)

*Die Bundesversammlung der Schweizerischen Eidgenossenschaft,*
gestützt auf Artikel 122 Absatz 1 der Bundesverfassung[1],
nach Einsicht in die Botschaft des Bundesrates vom 28. Juni 2006[2],
*beschliesst:*

## 1. Teil: Allgemeine Bestimmungen
## 1. Titel: Gegenstand und Geltungsbereich

**Art. 1**         Gegenstand

Dieses Gesetz regelt das Verfahren vor den kantonalen Instanzen für:

a.  streitige Zivilsachen;

b.  gerichtliche Anordnungen der freiwilligen Gerichtsbarkeit;

c.  gerichtliche Angelegenheiten des Schuldbetreibungs- und Konkursrechts;

d.  die Schiedsgerichtsbarkeit.

**Art. 2**         Internationale Verhältnisse

Bestimmungen des Staatsvertragsrechts und die Bestimmungen des Bundesgesetzes vom 18. Dezember 1987[3] über das Internationale Privatrecht (IPRG) bleiben vorbehalten.

**Art. 3**         Organisation der Gerichte und der Schlichtungsbehörden

Die Organisation der Gerichte und der Schlichtungsbehörden ist Sache der Kantone, soweit das Gesetz nichts anderes bestimmt.

AS **2010** 1739
[1]    SR **101**
[2]    BBl **2006** 7221
[3]    SR **291**

## 2. Titel: Zuständigkeit der Gerichte und Ausstand
## 1. Kapitel: Sachliche und funktionelle Zuständigkeit

**Art. 4**        Grundsätze

[1] Das kantonale Recht regelt die sachliche und funktionelle Zuständigkeit der Gerichte, soweit das Gesetz nichts anderes bestimmt.

[2] Hängt die sachliche Zuständigkeit vom Streitwert ab, so erfolgt dessen Berechnung nach diesem Gesetz.

**Art. 5**        Einzige kantonale Instanz

[1] Das kantonale Recht bezeichnet das Gericht, welches als einzige kantonale Instanz zuständig ist für:

a.   Streitigkeiten im Zusammenhang mit geistigem Eigentum einschliesslich der Streitigkeiten betreffend Nichtigkeit, Inhaberschaft, Lizenzierung, Übertragung und Verletzung solcher Rechte;

b.   kartellrechtliche Streitigkeiten;

c.   Streitigkeiten über den Gebrauch einer Firma;

d.   Streitigkeiten nach dem Bundesgesetz vom 19. Dezember 1986[4] gegen den unlauteren Wettbewerb, sofern der Streitwert mehr als 30 000 Franken beträgt oder sofern der Bund sein Klagerecht ausübt;

e.[5]  Streitigkeiten nach dem Kernenergiehaftpflichtgesetz vom 13. Juni 2008[6];

f.[7]  Klagen gegen den Bund, sofern der Streitwert mehr als 30 000 Franken beträgt;

g.[8]  Streitigkeiten über die Einleitung und Durchführung einer Sonderuntersuchung nach den Artikeln 697c–697h[bis] des Obligationenrechts (OR)[9];

h.[10] Streitigkeiten nach dem Kollektivanlagegesetz vom 23. Juni 2006[11], nach dem Finanzmarktinfrastrukturgesetz vom 19. Juni 2015[12] und nach dem Finanzinstitutsgesetz vom 15. Juni 2018[13];

---

[4]   SR **241**
[5]   Fassung gemäss Anhang 2 Ziff. 1, in Kraft seit 1. Jan. 2022 (AS **2010** 1739; BBl **2006** 7221; AS **2022** 43; BBl **2007** 5397).
[6]   SR **732.44**
[7]   Fassung gemäss Ziff. I des BG vom 17. März 2023 (Verbesserung der Praxistauglichkeit und der Rechtsdurchsetzung), in Kraft seit 1. Jan. 2025 (AS **2023** 491; BBl **2020** 2697).
[8]   Fassung gemäss Anhang Ziff. 3 des BG vom 19. Juni 2020 (Aktienrecht), in Kraft seit 1. Jan. 2023 (AS **2020** 4005; **2022** 109; BBl **2017** 399).
[9]   SR **220**
[10]  Fassung gemäss Anhang Ziff. II 4 des Finanzinstitutsgesetzes vom 15. Juni 2018, in Kraft seit 1. Jan. 2020 (AS **2018** 5247, **2019** 4631; BBl **2015** 8901).
[11]  SR **951.31**
[12]  SR **958.1**
[13]  SR **954.1**

i.[14] Streitigkeiten nach dem Wappenschutzgesetz vom 21. Juni 2013[15], dem Bundesgesetz vom 25. März 1954[16] betreffend den Schutz des Zeichens und des Namens des Roten Kreuzes und dem Bundesgesetz vom 15. Dezember 1961[17] zum Schutz von Namen und Zeichen der Organisation der Vereinten Nationen und anderer zwischenstaatlicher Organisationen.

2 Diese Instanz ist auch für die Anordnung vorsorglicher Massnahmen vor Eintritt der Rechtshängigkeit einer Klage zuständig.

**Art. 6**       Handelsgericht

1 Die Kantone können ein Fachgericht bezeichnen, welches als einzige kantonale Instanz für handelsrechtliche Streitigkeiten zuständig ist (Handelsgericht).

2 Eine Streitigkeit gilt als handelsrechtlich, wenn:

a.   die geschäftliche Tätigkeit mindestens einer Partei betroffen ist;

b.[18] der Streitwert mehr als 30 000 Franken beträgt oder es sich um eine nicht vermögensrechtliche Streitigkeit handelt;

c.[19] die Parteien als Rechtseinheiten im schweizerischen Handelsregister oder in einem vergleichbaren ausländischen Register eingetragen sind; und

d.[20] es sich nicht um eine Streitigkeit aus dem Arbeitsverhältnis, nach dem Arbeitsvermittlungsgesetz vom 6. Oktober 1989[21], nach dem Gleichstellungsgesetz vom 24. März 1995[22], aus Miete und Pacht von Wohn- und Geschäftsräumen oder aus landwirtschaftlicher Pacht handelt.

3 Ist nur die beklagte Partei als Rechtseinheit im schweizerischen Handelsregister oder in einem vergleichbaren ausländischen Register eingetragen, sind aber die übrigen Voraussetzungen erfüllt, so kann die klagende Partei zwischen dem Handelsgericht und dem ordentlichen Gericht wählen.[23]

4 Die Kantone können das Handelsgericht ausserdem zuständig erklären für:

a.   Streitigkeiten nach Artikel 5 Absatz 1;

---

14   Eingefügt durch Anhang 3 Ziff. II 3 des Wappenschutzgesetzes vom 21. Juni 2013, in Kraft seit 1. Jan. 2017 (AS **2015** 3679; BBl **2009** 8533).
15   SR **232.21**
16   SR **232.22**
17   SR **232.23**
18   Fassung gemäss Ziff. I des BG vom 17. März 2023 (Verbesserung der Praxistauglichkeit und der Rechtsdurchsetzung), in Kraft seit 1. Jan. 2025 (AS **2023** 491; BBl **2020** 2697).
19   Fassung gemäss Ziff. I des BG vom 17. März 2023 (Verbesserung der Praxistauglichkeit und der Rechtsdurchsetzung), in Kraft seit 1. Jan. 2025 (AS **2023** 491; BBl **2020** 2697).
20   Eingefügt durch Ziff. I des BG vom 17. März 2023 (Verbesserung der Praxistauglichkeit und der Rechtsdurchsetzung), in Kraft seit 1. Jan. 2025 (AS **2023** 491; BBl **2020** 2697).
21   SR **823.11**
22   SR **151.1**
23   Fassung gemäss Ziff. I des BG vom 17. März 2023 (Verbesserung der Praxistauglichkeit und der Rechtsdurchsetzung), in Kraft seit 1. Jan. 2025 (AS **2023** 491; BBl **2020** 2697).

b.  Streitigkeiten aus dem Recht der Handelsgesellschaften und Genossenschaften;

c.[24] Streitigkeiten, bei denen die folgenden Bedingungen erfüllt sind:

1.  Die Streitigkeit betrifft die geschäftliche Tätigkeit mindestens einer Partei.

2.  Der Streitwert beträgt mindestens 100 000 Franken.

3.  Die Parteien stimmen der Zuständigkeit des Handelsgerichts zu.

4.  Im Zeitpunkt dieser Zustimmung hat mindestens eine Partei ihren Wohnsitz, ihren gewöhnlichen Aufenthaltsort oder ihren Sitz im Ausland.

[5] Das Handelsgericht ist auch für die Anordnung vorsorglicher Massnahmen vor Eintritt der Rechtshängigkeit einer Klage zuständig.

[6] Betreffen Klagen Streitgenossen, die nicht alle als Rechtseinheiten im schweizerischen Handelsregister oder in einem vergleichbaren ausländischen Register eingetragen sind, so ist das Handelsgericht nur zuständig, wenn alle Klagen in seine Zuständigkeit fallen.[25]

**Art. 7**        Gericht bei Streitigkeiten aus Zusatzversicherungen zur sozialen Krankenversicherung

Die Kantone können ein Gericht bezeichnen, welches als einzige kantonale Instanz für Streitigkeiten aus Zusatzversicherungen zur sozialen Krankenversicherung nach dem Bundesgesetz vom 18. März 1994[26] über die Krankenversicherung zuständig ist.

**Art. 8**        Direkte Klage beim oberen Gericht

[1] In vermögensrechtlichen Streitigkeiten kann die klagende Partei mit Zustimmung der beklagten Partei direkt an das obere Gericht gelangen, sofern der Streitwert mindestens 100 000 Franken beträgt.

[2] Dieses Gericht entscheidet als einzige kantonale Instanz. Es ist auch für die Anordnung vorsorglicher Massnahmen vor Eintritt der Rechtshängigkeit zuständig.[27]

---

[24]   Eingefügt durch Ziff. I des BG vom 17. März 2023 (Verbesserung der Praxistauglichkeit und der Rechtsdurchsetzung), in Kraft seit 1. Jan. 2025 (AS **2023** 491; BBl **2020** 2697).

[25]   Eingefügt durch Ziff. I des BG vom 17. März 2023 (Verbesserung der Praxistauglichkeit und der Rechtsdurchsetzung), in Kraft seit 1. Jan. 2025 (AS **2023** 491; BBl **2020** 2697).

[26]   SR **832.10**

[27]   Zweiter Satz eingefügt durch Ziff. I des BG vom 17. März 2023 (Verbesserung der Praxistauglichkeit und der Rechtsdurchsetzung), in Kraft seit 1. Jan. 2025 (AS **2023** 491; BBl **2020** 2697).

## 2. Kapitel: Örtliche Zuständigkeit
## 1. Abschnitt: Allgemeine Bestimmungen

**Art. 9** Zwingende Zuständigkeit

[1] Ein Gerichtsstand ist nur dann zwingend, wenn es das Gesetz ausdrücklich vorschreibt.

[2] Von einem zwingenden Gerichtsstand können die Parteien nicht abweichen.

**Art. 10** Wohnsitz und Sitz

[1] Sieht dieses Gesetz nichts anderes vor, so ist zuständig:

    a.   für Klagen gegen eine natürliche Person: das Gericht an deren Wohnsitz;

    b.   für Klagen gegen eine juristische Person und gegen öffentlich-rechtliche Anstalten und Körperschaften sowie gegen Kollektiv- und Kommanditgesellschaften: das Gericht an deren Sitz;

    c.[28] für Klagen gegen den Bund: das Gericht in der Stadt Bern oder das Gericht am Wohnsitz, Sitz oder gewöhnlichen Aufenthaltsort der klagenden Partei;

    d.   für Klagen gegen einen Kanton: ein Gericht am Kantonshauptort.

[2] Der Wohnsitz bestimmt sich nach dem Zivilgesetzbuch (ZGB)[29]. Artikel 24 ZGB ist nicht anwendbar.

**Art. 11** Aufenthaltsort

[1] Hat die beklagte Partei keinen Wohnsitz, so ist das Gericht an ihrem gewöhnlichen Aufenthaltsort zuständig.

[2] Gewöhnlicher Aufenthaltsort ist der Ort, an dem eine Person während längerer Zeit lebt, selbst wenn die Dauer des Aufenthalts von vornherein befristet ist.

[3] Hat die beklagte Partei keinen gewöhnlichen Aufenthaltsort, so ist das Gericht an ihrem letzten bekannten Aufenthaltsort zuständig.

**Art. 12** Niederlassung

Für Klagen aus dem Betrieb einer geschäftlichen oder beruflichen Niederlassung oder einer Zweigniederlassung ist das Gericht am Wohnsitz oder Sitz der beklagten Partei oder am Ort der Niederlassung zuständig.

---

[28]   Fassung gemäss Ziff. I des BG vom 17. März 2023 (Verbesserung der Praxistauglichkeit und der Rechtsdurchsetzung), in Kraft seit 1. Jan. 2025 (AS **2023** 491; BBl **2020** 2697).

[29]   SR **210**

**Art. 13**        Vorsorgliche Massnahmen

Soweit das Gesetz nichts anderes bestimmt, ist für die Anordnung vorsorglicher Massnahmen zwingend zuständig das Gericht am Ort, an dem:

a.   die Zuständigkeit für die Hauptsache gegeben ist; oder

b.   die Massnahme vollstreckt werden soll.

**Art. 14**        Widerklage

[1] Beim für die Hauptklage örtlich zuständigen Gericht kann Widerklage erhoben werden, wenn die Widerklage mit der Hauptklage in einem sachlichen Zusammenhang steht.

[2] Dieser Gerichtsstand bleibt auch bestehen, wenn die Hauptklage aus irgendeinem Grund dahinfällt.

**Art. 15**        Streitgenossenschaft und Klagenhäufung

[1] Richtet sich die Klage gegen mehrere Streitgenossen, so ist das für eine beklagte Partei zuständige Gericht für alle beklagten Parteien zuständig, sofern diese Zuständigkeit nicht nur auf einer Gerichtsstandsvereinbarung beruht.

[2] Stehen mehrere Ansprüche gegen eine beklagte Partei in einem sachlichen Zusammenhang, so ist jedes Gericht zuständig, das für einen der Ansprüche zuständig ist.

**Art. 16**        Streitverkündungsklage

Für die Streitverkündung mit Klage ist das Gericht des Hauptprozesses zuständig.

**Art. 17**        Gerichtsstandsvereinbarung

[1] Soweit das Gesetz nichts anderes bestimmt, können die Parteien für einen bestehenden oder für einen künftigen Rechtsstreit über Ansprüche aus einem bestimmten Rechtsverhältnis einen Gerichtsstand vereinbaren. Geht aus der Vereinbarung nichts anderes hervor, so kann die Klage nur am vereinbarten Gerichtsstand erhoben werden.

[2] Die Vereinbarung muss schriftlich oder in einer anderen Form erfolgen, die den Nachweis durch Text ermöglicht.

**Art. 18**        Einlassung

Soweit das Gesetz nichts anderes bestimmt, wird das angerufene Gericht zuständig, wenn sich die beklagte Partei ohne Einrede der fehlenden Zuständigkeit zur Sache äussert.

**Art. 19**        Freiwillige Gerichtsbarkeit

In Angelegenheiten der freiwilligen Gerichtsbarkeit ist das Gericht oder die Behörde am Wohnsitz oder Sitz der gesuchstellenden Partei zwingend zuständig, sofern das Gesetz nichts anderes bestimmt.

## 2. Abschnitt: Personenrecht

**Art. 20** Persönlichkeits- und Datenschutz

Für die folgenden Klagen und Begehren ist das Gericht am Wohnsitz oder Sitz einer der Parteien zuständig:

a. Klagen aus Persönlichkeitsverletzung;

b. Begehren um Gegendarstellung;

c. Klagen auf Namensschutz und auf Anfechtung einer Namensänderung;

d.[30] Klagen und Begehren nach dem Datenschutzgesetz vom 25. September 2020[31] (DSG).

**Art. 21** Todes- und Verschollenerklärung

Für Gesuche, die eine Todes- oder eine Verschollenerklärung betreffen (Art. 34–38 ZGB[32]), ist das Gericht am letzten bekannten Wohnsitz der verschwundenen Person zwingend zuständig.

**Art. 22** Bereinigung des Zivilstandsregisters

Für Klagen, die eine Bereinigung des Zivilstandsregisters betreffen, ist zwingend das Gericht zuständig, in dessen Amtskreis die zu bereinigende Beurkundung von Personenstandsdaten erfolgt ist oder hätte erfolgen müssen.

## 3. Abschnitt: Familienrecht

**Art. 23** Eherechtliche Gesuche und Klagen

¹ Für eherechtliche Gesuche und Klagen sowie für Gesuche um Anordnung vorsorglicher Massnahmen ist das Gericht am Wohnsitz einer Partei zwingend zuständig.

² Für Gesuche der Aufsichtsbehörde in Betreibungssachen auf Anordnung der Gütertrennung ist das Gericht am Wohnsitz der Schuldnerin oder des Schuldners zwingend zuständig.

**Art. 24** Gesuche und Klagen bei eingetragener Partnerschaft

Für Gesuche und Klagen bei eingetragener Partnerschaft sowie für Gesuche um Anordnung vorsorglicher Massnahmen ist das Gericht am Wohnsitz einer Partei zwingend zuständig.

---

[30] Fassung gemäss Anhang 1 Ziff. II 24 des Datenschutzgesetzes vom 25. Sept. 2020, in Kraft seit 1. Sept. 2023 (AS **2022** 491; BBl **2017** 6941).

[31] SR **235.1**

[32] SR **210**

**Art. 25**        Feststellung und Anfechtung des Kindesverhältnisses

Für Klagen auf Feststellung und auf Anfechtung des Kindesverhältnisses ist das Gericht am Wohnsitz einer der Parteien zwingend zuständig.

**Art. 26**        Unterhalts- und Unterstützungsklagen

Für selbstständige Unterhaltsklagen der Kinder gegen ihre Eltern und für Klagen gegen unterstützungspflichtige Verwandte ist das Gericht am Wohnsitz einer der Parteien zwingend zuständig.

**Art. 27**        Ansprüche der unverheirateten Mutter

Für Ansprüche der unverheirateten Mutter ist das Gericht am Wohnsitz einer der Parteien zwingend zuständig.

## 4. Abschnitt: Erbrecht

**Art. 28**

[1] Für erbrechtliche Klagen sowie für Klagen auf güterrechtliche Auseinandersetzung beim Tod eines Ehegatten, einer eingetragenen Partnerin oder eines eingetragenen Partners ist das Gericht am letzten Wohnsitz der Erblasserin oder des Erblassers zuständig.

[2] Für Massnahmen im Zusammenhang mit dem Erbgang ist die Behörde am letzten Wohnsitz der Erblasserin oder des Erblassers zwingend zuständig. Ist der Tod nicht am Wohnsitz eingetreten, so macht die Behörde des Sterbeortes derjenigen des Wohnortes Mitteilung und trifft die nötigen Massnahmen, um die Vermögenswerte am Sterbeort zu sichern.

[3] Selbstständige Klagen auf erbrechtliche Zuweisung eines landwirtschaftlichen Gewerbes oder Grundstückes können auch am Ort der gelegenen Sache erhoben werden.

## 5. Abschnitt: Sachenrecht

**Art. 29**        Grundstücke

[1] Für die folgenden Klagen ist das Gericht am Ort, an dem das Grundstück im Grundbuch aufgenommen ist oder aufzunehmen wäre, zuständig:

    a.    dingliche Klagen;

    b.    Klagen gegen die Gemeinschaft der Stockwerkeigentümerinnen und Stockwerkeigentümer;

    c.    Klagen auf Errichtung gesetzlicher Pfandrechte.

2 Andere Klagen, die sich auf Rechte an Grundstücken beziehen, können auch beim Gericht am Wohnsitz oder Sitz der beklagten Partei erhoben werden.

3 Bezieht sich eine Klage auf mehrere Grundstücke oder ist das Grundstück in mehreren Kreisen in das Grundbuch aufgenommen worden, so ist das Gericht an dem Ort zuständig, an dem das flächenmässig grösste Grundstück oder der flächenmässig grösste Teil des Grundstücks liegt.

4 Für Angelegenheiten der freiwilligen Gerichtsbarkeit, die sich auf Rechte an Grundstücken beziehen, ist das Gericht an dem Ort zwingend zuständig, an dem das Grundstück im Grundbuch aufgenommen ist oder aufzunehmen wäre.

**Art. 30** Bewegliche Sachen

1 Für Klagen, welche dingliche Rechte, den Besitz an beweglichen Sachen oder Forderungen, die durch Fahrnispfand gesichert sind, betreffen, ist das Gericht am Wohnsitz oder Sitz der beklagten Partei oder am Ort der gelegenen Sache zuständig.

2 Für Angelegenheiten der freiwilligen Gerichtsbarkeit ist das Gericht am Wohnsitz oder Sitz der gesuchstellenden Partei oder am Ort der gelegenen Sache zwingend zuständig.

## 6. Abschnitt: Klagen aus Vertrag

**Art. 31** Grundsatz

Für Klagen aus Vertrag ist das Gericht am Wohnsitz oder Sitz der beklagten Partei oder an dem Ort zuständig, an dem die charakteristische Leistung zu erbringen ist.

**Art. 32** Konsumentenvertrag

1 Bei Streitigkeiten aus Konsumentenverträgen ist zuständig:

a. für Klagen der Konsumentin oder des Konsumenten: das Gericht am Wohnsitz oder Sitz einer der Parteien;

b. für Klagen der Anbieterin oder des Anbieters: das Gericht am Wohnsitz der beklagten Partei.

2 Als Konsumentenverträge gelten Verträge über Leistungen des üblichen Verbrauchs, die für die persönlichen oder familiären Bedürfnisse der Konsumentin oder des Konsumenten bestimmt sind und von der anderen Partei im Rahmen ihrer beruflichen oder gewerblichen Tätigkeit angeboten werden.

**Art. 33** Miete und Pacht unbeweglicher Sachen

Für Klagen aus Miete und Pacht unbeweglicher Sachen ist das Gericht am Ort der gelegenen Sache zuständig.

**Art. 34**          Arbeitsrecht

[1] Für arbeitsrechtliche Klagen ist das Gericht am Wohnsitz oder Sitz der beklagten Partei oder an dem Ort, an dem die Arbeitnehmerin oder der Arbeitnehmer gewöhnlich die Arbeit verrichtet, zuständig.

[2] Für Klagen einer stellensuchenden Person sowie einer Arbeitnehmerin oder eines Arbeitnehmers, die sich auf das Arbeitsvermittlungsgesetz vom 6. Oktober 1989[33] stützen, ist zusätzlich das Gericht am Ort der Geschäftsniederlassung der vermittelnden oder verleihenden Person, mit welcher der Vertrag abgeschlossen wurde, zuständig.

**Art. 35**          Verzicht auf die gesetzlichen Gerichtsstände

[1] Auf die Gerichtsstände nach den Artikeln 32–34 können nicht zum Voraus oder durch Einlassung verzichten:

a.   die Konsumentin oder der Konsument;

b.   die Partei, die Wohn- oder Geschäftsräume gemietet oder gepachtet hat;

c.   bei landwirtschaftlichen Pachtverhältnissen: die pachtende Partei;

d.   die stellensuchende oder arbeitnehmende Partei.

[2] Vorbehalten bleibt der Abschluss einer Gerichtsstandsvereinbarung nach Entstehung der Streitigkeit.

## 7. Abschnitt: Klagen aus unerlaubter Handlung

**Art. 36**          Grundsatz

Für Klagen aus unerlaubter Handlung ist das Gericht am Wohnsitz oder Sitz der geschädigten Person oder der beklagten Partei oder am Handlungs- oder am Erfolgsort zuständig.

**Art. 37**          Schadenersatz bei ungerechtfertigten vorsorglichen Massnahmen

Für Schadenersatzklagen wegen ungerechtfertigter vorsorglicher Massnahmen ist das Gericht am Wohnsitz oder Sitz der beklagten Partei oder an dem Ort, an dem die vorsorgliche Massnahme angeordnet wurde, zuständig.

**Art. 38**          Motorfahrzeug- und Fahrradunfälle

[1] Für Klagen aus Motorfahrzeug- und Fahrradunfällen ist das Gericht am Wohnsitz oder Sitz der beklagten Partei oder am Unfallort zuständig.

[2] Für Klagen gegen das nationale Versicherungsbüro (Art. 74 des Strassenverkehrsgesetzes vom 19. Dez. 1958[34]; SVG) oder gegen den nationalen Garantiefonds

---

[33]   SR **823.11**
[34]   SR **741.01**

(Art. 76 SVG) ist zusätzlich das Gericht am Ort einer Zweigniederlassung dieser Einrichtungen zuständig.

**Art. 38a**[35]     Nuklearschäden

1 Für Klagen aus nuklearen Ereignissen ist zwingend das Gericht des Kantons zuständig, auf dessen Gebiet das Ereignis eingetreten ist.

2 Kann dieser Kanton nicht mit Sicherheit bestimmt werden, so ist zwingend das Gericht des Kantons zuständig, in welchem die Kernanlage des haftpflichtigen Inhabers gelegen ist.

3 Bestehen nach diesen Regeln mehrere Gerichtsstände, so ist zwingend das Gericht des Kantons zuständig, der die engste Verbindung zum Ereignis aufweist und am meisten von seinen Auswirkungen betroffen ist.

**Art. 39**     Adhäsionsklage

Für die Beurteilung adhäsionsweise geltend gemachter Zivilansprüche bleibt die Zuständigkeit des Strafgerichts vorbehalten.

## 8. Abschnitt: Handelsrecht

**Art. 40**     Gesellschaftsrecht und Handelsregister[36]

1 Für Klagen aus gesellschaftsrechtlicher Verantwortlichkeit ist das Gericht am Wohnsitz oder Sitz der beklagten Partei oder am Sitz der Gesellschaft zuständig.

2 Für die Wiedereintragung einer gelöschten Rechtseinheit ins Handelsregister ist das Gericht am letzten eingetragenen Sitz der gelöschten Rechtseinheit zwingend zuständig.[37]

**Art. 41**[38]

**Art. 42**     Fusionen, Spaltungen, Umwandlungen und
               Vermögensübertragungen

Für Klagen, die sich auf das Fusionsgesetz vom 3. Oktober 2003[39] stützen, ist das Gericht am Sitz eines beteiligten Rechtsträgers zuständig.

---

35    Eingefügt durch Anhang 2 Ziff. 1, in Kraft seit 1. Jan. 2022 (AS **2010** 1739;
      BBl **2006** 7221; AS **2022** 43; BBl **2007** 5397).
36    Fassung gemäss Anhang Ziff. 2 des BG vom 17. März 2017 (Handelsregisterrecht), in
      Kraft seit 1. Jan. 2021 (AS **2020** 957; BBl **2015** 3617).
37    Eingefügt durch Anhang Ziff. 2 des BG vom 17. März 2017 (Handelsregisterrecht), in
      Kraft seit 1. Jan. 2021 (AS **2020** 957; BBl **2015** 3617).
38    Aufgehoben durch Ziff. II 1 des BG vom 28. Sept. 2012, mit Wirkung seit 1. Mai 2013
      (AS **2013** 1103; BBl **2011** 6873).
39    SR **221.301**

**Art. 43**          Kraftloserklärung von Wertpapieren und Versicherungspolicen; Zahlungsverbot

[1] Für die Kraftloserklärung von Beteiligungspapieren ist das Gericht am Sitz der Gesellschaft zwingend zuständig.

[2] Für die Kraftloserklärung von Grundpfandtiteln ist das Gericht an dem Ort zwingend zuständig, an dem das Grundstück im Grundbuch aufgenommen ist.

[3] Für die Kraftloserklärung der übrigen Wertpapiere und der Versicherungspolicen ist das Gericht am Wohnsitz oder Sitz der Schuldnerin oder des Schuldners zwingend zuständig.

[4] Für Zahlungsverbote aus Wechsel und Check und für deren Kraftloserklärung ist das Gericht am Zahlungsort zwingend zuständig.

**Art. 44**          Anleihensobligationen

Die örtliche Zuständigkeit für die Ermächtigung zur Einberufung der Gläubigerversammlung richtet sich nach Artikel 1165 OR[40].

**Art. 45**          Kollektivanlagen

Für Klagen der Anlegerinnen und Anleger sowie der Vertretung der Anlegergemeinschaft ist das Gericht am Sitz des jeweils betroffenen Bewilligungsträgers zwingend zuständig.

## 9. Abschnitt: Schuldbetreibungs- und Konkursrecht

**Art. 46**

Für Klagen nach dem Bundesgesetz vom 11. April 1889[41] über Schuldbetreibung und Konkurs (SchKG) bestimmt sich die örtliche Zuständigkeit nach diesem Kapitel, soweit das SchKG keinen Gerichtsstand vorsieht.

## 3. Kapitel: Ausstand

**Art. 47**          Ausstandsgründe

[1] Eine Gerichtsperson tritt in den Ausstand, wenn sie:

    a.   in der Sache ein persönliches Interesse hat;

    b.   in einer anderen Stellung, insbesondere als Mitglied einer Behörde, als Rechtsbeiständin oder Rechtsbeistand, als Sachverständige oder Sachverständiger, als Zeugin oder Zeuge, als Mediatorin oder Mediator in der gleichen Sache tätig war;

[40]   SR **220**
[41]   SR **281.1**

c.  mit einer Partei, ihrer Vertreterin oder ihrem Vertreter oder einer Person, die in der gleichen Sache als Mitglied der Vorinstanz tätig war, verheiratet ist oder war, in eingetragener Partnerschaft lebt oder lebte oder eine faktische Lebensgemeinschaft führt;

d.  mit einer Partei in gerader Linie oder in der Seitenlinie bis und mit dem dritten Grad verwandt oder verschwägert ist;

e.  mit der Vertreterin oder dem Vertreter einer Partei oder mit einer Person, die in der gleichen Sache als Mitglied der Vorinstanz tätig war, in gerader Linie oder im zweiten Grad der Seitenlinie verwandt oder verschwägert ist;

f.  aus anderen Gründen, insbesondere wegen Freundschaft oder Feindschaft mit einer Partei oder ihrer Vertretung, befangen sein könnte.

2 Kein Ausstandsgrund für sich allein ist insbesondere die Mitwirkung:

a.  beim Entscheid über die unentgeltliche Rechtspflege;

b.  beim Schlichtungsverfahren;

c.  bei der Rechtsöffnung nach den Artikeln 80–84 SchKG[42];

d.  bei der Anordnung vorsorglicher Massnahmen;

e.  beim Eheschutzverfahren.

## Art. 48  Mitteilungspflicht

Die betroffene Gerichtsperson legt einen möglichen Ausstandsgrund rechtzeitig offen und tritt von sich aus in den Ausstand, wenn sie den Grund als gegeben erachtet.

## Art. 49  Ausstandsgesuch

1 Eine Partei, die eine Gerichtsperson ablehnen will, hat dem Gericht unverzüglich ein entsprechendes Gesuch zu stellen, sobald sie vom Ausstandsgrund Kenntnis erhalten hat. Die den Ausstand begründenden Tatsachen sind glaubhaft zu machen.

2 Die betroffene Gerichtsperson nimmt zum Gesuch Stellung.

## Art. 50  Entscheid

1 Wird der geltend gemachte Ausstandsgrund bestritten, so entscheidet das Gericht.

2 Der Entscheid ist mit Beschwerde anfechtbar.

## Art. 51  Folgen der Verletzung der Ausstandsvorschriften

1 Amtshandlungen, an denen eine zum Ausstand verpflichtete Gerichtsperson mitgewirkt hat, sind aufzuheben und zu wiederholen, sofern dies eine Partei innert zehn Tagen verlangt, nachdem sie vom Ausstandsgrund Kenntnis erhalten hat.

---

42  SR **281.1**

[2] Nicht wiederholbare Beweismassnahmen darf das entscheidende Gericht berücksichtigen.

[3] Wird der Ausstandsgrund erst nach Abschluss des Verfahrens entdeckt und steht kein anderes Rechtsmittel mehr zur Verfügung, so gelten die Bestimmungen über die Revision.[43]

## 3. Titel: Verfahrensgrundsätze und Prozessvoraussetzungen
## 1. Kapitel: Verfahrensgrundsätze

**Art. 52**          Handeln nach Treu und Glauben

[1] Alle am Verfahren beteiligten Personen haben nach Treu und Glauben zu handeln.

[2] Unrichtige Rechtsmittelbelehrungen sind gegenüber allen Gerichten insoweit wirksam, als sie zum Vorteil der Partei lauten, die sich darauf beruft.[44]

**Art. 53**          Rechtliches Gehör

[1] Die Parteien haben Anspruch auf rechtliches Gehör.

[2] Insbesondere können sie die Akten einsehen und Kopien anfertigen lassen, soweit keine überwiegenden öffentlichen oder privaten Interessen entgegenstehen.

[3] Sie dürfen zu sämtlichen Eingaben der Gegenpartei Stellung nehmen. Das Gericht setzt ihnen dazu eine Frist von mindestens zehn Tagen an. Nach unbenutztem Ablauf der Frist wird Verzicht angenommen.[45]

**Art. 54**          Öffentlichkeit des Verfahrens

[1] Verhandlungen und eine allfällige mündliche Eröffnung des Urteils sind öffentlich. Die Entscheide werden der Öffentlichkeit zugänglich gemacht.

[2] Das kantonale Recht bestimmt, ob die Urteilsberatung öffentlich ist.

[3] Die Öffentlichkeit kann ganz oder teilweise ausgeschlossen werden, wenn es das öffentliche Interesse oder das schutzwürdige Interesse einer beteiligten Person erfordert.

[4] Die familienrechtlichen Verfahren sind nicht öffentlich.

**Art. 55**          Verhandlungs- und Untersuchungsgrundsatz

[1] Die Parteien haben dem Gericht die Tatsachen, auf die sie ihre Begehren stützen, darzulegen und die Beweismittel anzugeben.

---

[43]    Fassung gemäss Ziff. I des BG vom 17. März 2023 (Verbesserung der Praxistauglichkeit und der Rechtsdurchsetzung), in Kraft seit 1. Jan. 2025 (AS **2023** 491; BBl **2020** 2697).
[44]    Eingefügt durch Ziff. I des BG vom 17. März 2023 (Verbesserung der Praxistauglichkeit und der Rechtsdurchsetzung), in Kraft seit 1. Jan. 2025 (AS **2023** 491; BBl **2020** 2697).
[45]    Eingefügt durch Ziff. I des BG vom 17. März 2023 (Verbesserung der Praxistauglichkeit und der Rechtsdurchsetzung), in Kraft seit 1. Jan. 2025 (AS **2023** 491; BBl **2020** 2697).

² Vorbehalten bleiben gesetzliche Bestimmungen über die Feststellung des Sachverhaltes und die Beweiserhebung von Amtes wegen.

**Art. 56**          Gerichtliche Fragepflicht

Ist das Vorbringen einer Partei unklar, widersprüchlich, unbestimmt oder offensichtlich unvollständig, so gibt ihr das Gericht durch entsprechende Fragen Gelegenheit zur Klarstellung und zur Ergänzung.

**Art. 57**          Rechtsanwendung von Amtes wegen

Das Gericht wendet das Recht von Amtes wegen an.

**Art. 58**          Dispositions- und Offizialgrundsatz

¹ Das Gericht darf einer Partei nicht mehr und nichts anderes zusprechen, als sie verlangt, und nicht weniger, als die Gegenpartei anerkannt hat.

² Vorbehalten bleiben gesetzliche Bestimmungen, nach denen das Gericht nicht an die Parteianträge gebunden ist.

## 2. Kapitel: Prozessvoraussetzungen

**Art. 59**          Grundsatz

¹ Das Gericht tritt auf eine Klage oder auf ein Gesuch ein, sofern die Prozessvoraussetzungen erfüllt sind.

² Prozessvoraussetzungen sind insbesondere:

    a.    die klagende oder gesuchstellende Partei hat ein schutzwürdiges Interesse;

    b.    das Gericht ist sachlich und örtlich zuständig;

    c.    die Parteien sind partei- und prozessfähig;

    d.    die Sache ist nicht anderweitig rechtshängig;

    e.    die Sache ist noch nicht rechtskräftig entschieden;

    f.    der Vorschuss und die Sicherheit für die Prozesskosten sind geleistet worden.

**Art. 60**          Prüfung der Prozessvoraussetzungen

Das Gericht prüft von Amtes wegen, ob die Prozessvoraussetzungen erfüllt sind.

**Art. 61**          Schiedsvereinbarung

Haben die Parteien über eine schiedsfähige Streitsache eine Schiedsvereinbarung getroffen, so lehnt das angerufene staatliche Gericht seine Zuständigkeit ab, es sei denn:

    a.    die beklagte Partei habe sich vorbehaltlos auf das Verfahren eingelassen;

    b.   das Gericht stelle fest, dass die Schiedsvereinbarung offensichtlich ungültig oder nicht erfüllbar sei; oder

    c.   das Schiedsgericht könne nicht bestellt werden aus Gründen, für welche die im Schiedsverfahren beklagte Partei offensichtlich einzustehen hat.

## 4. Titel: Rechtshängigkeit und Folgen des Klagerückzugs

**Art. 62**        Beginn der Rechtshängigkeit

[1] Die Einreichung eines Schlichtungsgesuches, einer Klage, eines Gesuches oder eines gemeinsamen Scheidungsbegehrens begründet Rechtshängigkeit.

[2] Der Eingang dieser Eingaben wird den Parteien bestätigt.

**Art. 63**        Rechtshängigkeit bei fehlender Zuständigkeit und falscher Verfahrensart

[1] Wird eine Eingabe, die mangels Zuständigkeit zurückgezogen oder auf die nicht eingetreten wurde, innert eines Monates seit dem Rückzug oder dem Nichteintretensentscheid bei der zuständigen Schlichtungsbehörde oder beim zuständigen Gericht neu eingereicht oder wird sie gemäss Artikel 143 Absatz 1[bis] weitergeleitet, so gilt als Zeitpunkt der Rechtshängigkeit das Datum der ersten Einreichung.[46]

[2] Gleiches gilt, wenn eine Klage nicht im richtigen Verfahren eingereicht wurde.

[3] Vorbehalten bleiben die besonderen gesetzlichen Klagefristen nach dem SchKG[47].

**Art. 64**        Wirkungen der Rechtshängigkeit

[1] Die Rechtshängigkeit hat insbesondere folgende Wirkungen:

    a.   der Streitgegenstand kann zwischen den gleichen Parteien nicht anderweitig rechtshängig gemacht werden;

    b.   die örtliche Zuständigkeit bleibt erhalten.

[2] Für die Wahrung einer gesetzlichen Frist des Privatrechts, die auf den Zeitpunkt der Klage, der Klageanhebung oder auf einen anderen verfahrenseinleitenden Schritt abstellt, ist die Rechtshängigkeit nach diesem Gesetz massgebend.

**Art. 65**        Folgen des Klagerückzugs

Wer eine Klage beim zum Entscheid zuständigen Gericht zurückzieht, kann gegen die gleiche Partei über den gleichen Streitgegenstand keinen zweiten Prozess mehr führen, sofern das Gericht die Klage der beklagten Partei bereits zugestellt hat und diese dem Rückzug nicht zustimmt.

---

[46]   Fassung gemäss Ziff. I des BG vom 17. März 2023 (Verbesserung der Praxistauglichkeit und der Rechtsdurchsetzung), in Kraft seit 1. Jan. 2025 (AS **2023** 491; BBl **2020** 2697).
[47]   SR **281.1**

## 5. Titel: Die Parteien und die Beteiligung Dritter
## 1. Kapitel: Partei- und Prozessfähigkeit

**Art. 66**      Parteifähigkeit

Parteifähig ist, wer rechtsfähig ist oder von Bundesrechts wegen als Partei auftreten kann.

**Art. 67**      Prozessfähigkeit

[1] Prozessfähig ist, wer handlungsfähig ist.

[2] Für eine handlungsunfähige Person handelt ihre gesetzliche Vertretung.

[3] Soweit eine handlungsunfähige Person urteilsfähig ist, kann sie:

    a.   selbstständig Rechte ausüben, die ihr um ihrer Persönlichkeit willen zustehen;

    b.   vorläufig selbst das Nötige vorkehren, wenn Gefahr in Verzug ist.

## 2. Kapitel: Parteivertretung

**Art. 68**      Vertragliche Vertretung

[1] Jede prozessfähige Partei kann sich im Prozess vertreten lassen.

[2] Zur berufsmässigen Vertretung sind befugt:

    a.   in allen Verfahren: Anwältinnen und Anwälte, die nach dem Anwaltsgesetz vom 23. Juni 2000[48] berechtigt sind, Parteien vor schweizerischen Gerichten zu vertreten;

    b.   vor der Schlichtungsbehörde, in vermögensrechtlichen Streitigkeiten des vereinfachten Verfahrens sowie in den Angelegenheiten des summarischen Verfahrens: patentierte Sachwalterinnen und Sachwalter sowie Rechtsagentinnen und Rechtsagenten, soweit das kantonale Recht es vorsieht;

    c.   in den Angelegenheiten des summarischen Verfahrens nach Artikel 251 dieses Gesetzes: gewerbsmässige Vertreterinnen und Vertreter nach Artikel 27 SchKG[49];

    d.   vor den Miet- und Arbeitsgerichten beruflich qualifizierte Vertreterinnen und Vertreter, soweit das kantonale Recht es vorsieht.

[3] Die Vertreterin oder der Vertreter hat sich durch eine Vollmacht auszuweisen.

[4] Das Gericht kann das persönliche Erscheinen einer vertretenen Partei anordnen.

---

[48]   SR **935.61**
[49]   SR **281.1**

**Art. 69**          Unvermögen der Partei

[1] Ist eine Partei offensichtlich nicht imstande, den Prozess selbst zu führen, so kann das Gericht sie auffordern, eine Vertreterin oder einen Vertreter zu beauftragen. Leistet die Partei innert der angesetzten Frist keine Folge, so bestellt ihr das Gericht eine Vertretung.

[2] Das Gericht benachrichtigt die Erwachsenen- und Kindesschutzbehörde, wenn es Schutzmassnahmen für geboten hält.[50]

## 3. Kapitel: Streitgenossenschaft

**Art. 70**          Notwendige Streitgenossenschaft

[1] Sind mehrere Personen an einem Rechtsverhältnis beteiligt, über das nur mit Wirkung für alle entschieden werden kann, so müssen sie gemeinsam klagen oder beklagt werden.

[2] Rechtzeitige Prozesshandlungen eines Streitgenossen wirken auch für säumige Streitgenossen; ausgenommen ist das Ergreifen von Rechtsmitteln.

**Art. 71**[51]          Einfache Streitgenossenschaft

[1] Mehrere Personen können gemeinsam klagen oder beklagt werden, sofern:

  a.    Rechte und Pflichten beurteilt werden sollen, die auf gleichartigen Tatsachen oder Rechtsgründen beruhen;

  b.    für die einzelnen Klagen die gleiche Verfahrensart anwendbar ist; und

  c.    das gleiche Gericht sachlich zuständig ist.

[2] Jeder Streitgenosse kann den Prozess unabhängig von den andern Streitgenossen führen.

**Art. 72**          Gemeinsame Vertretung

Die Streitgenossen können eine gemeinsame Vertretung bezeichnen, sonst ergehen Zustellungen an jeden einzelnen Streitgenossen.

---

[50]    Fassung gemäss Anhang 2 Ziff. 3, in Kraft seit 1. Jan. 2013 (AS **2010** 1739; BBl **2006** 7221; AS **2011** 725; BBl **2006** 7001).

[51]    Fassung gemäss Ziff. I des BG vom 17. März 2023 (Verbesserung der Praxistauglichkeit und der Rechtsdurchsetzung), in Kraft seit 1. Jan. 2025 (AS **2023** 491; BBl **2020** 2697).

# 4. Kapitel: Intervention
## 1. Abschnitt: Hauptintervention

### Art. 73

[1] Wer am Streitgegenstand ein besseres Recht behauptet, das beide Parteien ganz oder teilweise ausschliesst, kann beim Gericht, bei dem der Prozess erstinstanzlich rechtshängig ist, gegen beide Parteien Klage erheben.

[2] Das Gericht kann den Prozess bis zur rechtskräftigen Erledigung der Klage des Hauptintervenienten einstellen oder die Verfahren vereinigen.

## 2. Abschnitt: Nebenintervention

### Art. 74    Grundsatz

Wer ein rechtliches Interesse glaubhaft macht, dass eine rechtshängige Streitigkeit zugunsten der einen Partei entschieden werde, kann im Prozess jederzeit als Nebenpartei intervenieren und zu diesem Zweck beim Gericht ein Interventionsgesuch stellen.

### Art. 75    Gesuch

[1] Das Interventionsgesuch enthält den Grund der Intervention und die Bezeichnung der Partei, zu deren Unterstützung interveniert wird.

[2] Das Gericht entscheidet über das Gesuch nach Anhörung der Parteien. Der Entscheid ist mit Beschwerde anfechtbar.

### Art. 76    Rechte der intervenierenden Person

[1] Die intervenierende Person kann zur Unterstützung der Hauptpartei alle Prozesshandlungen vornehmen, die nach dem Stand des Verfahrens zulässig sind, insbesondere alle Angriffs- und Verteidigungsmittel geltend machen und auch Rechtsmittel ergreifen.

[2] Stehen die Prozesshandlungen der intervenierenden Person mit jenen der Hauptpartei im Widerspruch, so sind sie im Prozess unbeachtlich.

### Art. 77    Wirkungen der Intervention

Ein für die Hauptpartei ungünstiges Ergebnis des Prozesses wirkt auch gegen die intervenierende Person, es sei denn:

    a.    sie sei durch die Lage des Prozesses zur Zeit ihres Eintritts oder durch Handlungen oder Unterlassungen der Hauptpartei verhindert gewesen, Angriffs- und Verteidigungsmittel geltend zu machen; oder

    b.    ihr unbekannte Angriffs- oder Verteidigungsmittel seien von der Hauptpartei absichtlich oder grobfahrlässig nicht geltend gemacht worden.

## 5. Kapitel: Streitverkündung

## 1. Abschnitt: Einfache Streitverkündung

**Art. 78**        Grundsätze

[1] Eine Partei, die für den Fall ihres Unterliegens eine dritte Person belangen will oder den Anspruch einer dritten Person befürchtet, kann diese auffordern, sie im Prozess zu unterstützen.

[2] Die streitberufene Person kann den Streit weiter verkünden.

**Art. 79**        Stellung der streitberufenen Person

[1] Die streitberufene Person kann:

    a.   zugunsten der Partei, die ihr den Streit verkündet hat, ohne weitere Voraussetzungen intervenieren; oder

    b.   anstelle der Partei, die ihr den Streit verkündet hat, mit deren Einverständnis den Prozess führen.

[2] Lehnt sie den Eintritt ab oder erklärt sie sich nicht, so wird der Prozess ohne Rücksicht auf sie fortgesetzt.

**Art. 80**        Wirkungen der Streitverkündung

Artikel 77 gilt sinngemäss.

## 2. Abschnitt: Streitverkündungsklage

**Art. 81**        Grundsätze

[1] Die streitverkündende Partei kann Ansprüche, die sie im Falle des Unterliegens gegenüber der streitberufenen Person zu haben glaubt oder die sie von Seiten der streitberufenen Person befürchtet, beim Gericht, das mit der Hauptklage befasst ist, geltend machen, sofern:

    a.   die Ansprüche in einem sachlichen Zusammenhang mit der Hauptklage stehen;

    b.   das Gericht dafür sachlich zuständig ist; und

    c.   die Hauptklage und die Ansprüche im ordentlichen Verfahren zu beurteilen sind.[52]

---

[52]   Fassung gemäss Ziff. I des BG vom 17. März 2023 (Verbesserung der Praxistauglichkeit und der Rechtsdurchsetzung), in Kraft seit 1. Jan. 2025 (AS **2023** 491; BBl **2020** 2697).

² Die streitberufene Person kann keine weitere Streitverkündungsklage erheben.

³ ... 53

### Art. 82 Verfahren

¹ Die Zulassung der Streitverkündungsklage ist mit der Klageantwort oder mit der Replik im Hauptprozess zu beantragen. Die Rechtsbegehren, welche die streitverkündende Partei gegen die streitberufene Person zu stellen gedenkt, sind zu nennen und kurz zu begründen. Sie sind nicht zu beziffern, wenn sie dieselbe Leistung betreffen, zu der die streitverkündende Partei ihrerseits im Hauptverfahren verpflichtet wird.54

² Das Gericht gibt der Gegenpartei sowie der streitberufenen Person Gelegenheit zur Stellungnahme.

³ Wird die Streitverkündungsklage zugelassen, so bestimmt das Gericht Zeitpunkt und Umfang des betreffenden Schriftenwechsels; Artikel 125 bleibt vorbehalten.

⁴ Der Entscheid über die Zulassung der Klage ist mit Beschwerde anfechtbar.

## 6. Kapitel: Parteiwechsel

### Art. 83

¹ Wird das Streitobjekt während des Prozesses veräussert, so kann die Erwerberin oder der Erwerber an Stelle der veräussernden Partei in den Prozess eintreten.

² Die eintretende Partei haftet für die gesamten Prozesskosten. Für die bis zum Parteiwechsel aufgelaufenen Prozesskosten haftet die ausscheidende Partei solidarisch mit.

³ In begründeten Fällen hat die eintretende Partei auf Verlangen der Gegenpartei für die Vollstreckung des Entscheides Sicherheit zu leisten.

⁴ Ohne Veräusserung des Streitobjekts ist ein Parteiwechsel nur mit Zustimmung der Gegenpartei zulässig; besondere gesetzliche Bestimmungen über die Rechtsnachfolge bleiben vorbehalten.

## 6. Titel: Klagen

### Art. 84 Leistungsklage

¹ Mit der Leistungsklage verlangt die klagende Partei die Verurteilung der beklagten Partei zu einem bestimmten Tun, Unterlassen oder Dulden.

---

53 Aufgehoben durch Ziff. I des BG vom 17. März 2023 (Verbesserung der Praxistauglichkeit und der Rechtsdurchsetzung), mit Wirkung seit 1. Jan. 2025 (AS **2023** 491; BBl **2020** 2697).

54 Dritter Satz eingefügt durch Ziff. I des BG vom 17. März 2023 (Verbesserung der Praxistauglichkeit und der Rechtsdurchsetzung), in Kraft seit 1. Jan. 2025 (AS **2023** 491; BBl **2020** 2697).

[2] Wird die Bezahlung eines Geldbetrages verlangt, so ist dieser zu beziffern.

**Art. 85** Unbezifferte Forderungsklage

[1] Ist es der klagenden Partei unmöglich oder unzumutbar, ihre Forderung bereits zu Beginn des Prozesses zu beziffern, so kann sie eine unbezifferte Forderungsklage erheben. Sie muss jedoch einen Mindestwert angeben, der als vorläufiger Streitwert gilt.

[2] Nach Abschluss des Beweisverfahrens oder nach Auskunftserteilung durch die Parteien oder Dritte setzt das Gericht den Parteien eine Frist zur Bezifferung ihrer Klage.[55] Das angerufene Gericht bleibt zuständig, auch wenn der Streitwert die sachliche Zuständigkeit übersteigt.

**Art. 86** Teilklage

Ist ein Anspruch teilbar, so kann auch nur ein Teil eingeklagt werden.

**Art. 87** Gestaltungsklage

Mit der Gestaltungsklage verlangt die klagende Partei die Begründung, Änderung oder Aufhebung eines bestimmten Rechts oder Rechtsverhältnisses.

**Art. 88** Feststellungsklage

Mit der Feststellungsklage verlangt die klagende Partei die gerichtliche Feststellung, dass ein Recht oder Rechtsverhältnis besteht oder nicht besteht.

**Art. 89** Verbandsklage

[1] Vereine und andere Organisationen von gesamtschweizerischer oder regionaler Bedeutung, die nach ihren Statuten zur Wahrung der Interessen bestimmter Personengruppen befugt sind, können in eigenem Namen auf Verletzung der Persönlichkeit der Angehörigen dieser Personengruppen klagen.

[2] Mit der Verbandsklage kann beantragt werden:

a. eine drohende Verletzung zu verbieten;

b. eine bestehende Verletzung zu beseitigen;

c. die Widerrechtlichkeit einer Verletzung festzustellen, wenn sich diese weiterhin störend auswirkt.

[3] Besondere gesetzliche Bestimmungen über die Verbandsklage bleiben vorbehalten.

**Art. 90** Klagenhäufung

[1] Die klagende Partei kann mehrere Ansprüche gegen dieselbe Partei in einer Klage vereinen, sofern:

---

[55] Fassung gemäss Ziff. I des BG vom 17. März 2023 (Verbesserung der Praxistauglichkeit und der Rechtsdurchsetzung), in Kraft seit 1. Jan. 2025 (AS **2023** 491; BBl **2020** 2697).

a.  das gleiche Gericht dafür sachlich zuständig ist; und

b.  die gleiche Verfahrensart anwendbar ist.

[2] Die Klagenhäufung ist auch zulässig, wenn eine unterschiedliche sachliche Zuständigkeit oder Verfahrensart lediglich auf dem Streitwert beruht. Sind für die einzelnen Ansprüche unterschiedliche Verfahrensarten anwendbar, so werden sie zusammen im ordentlichen Verfahren beurteilt.[56]

## 7. Titel: Streitwert

**Art. 91**         Grundsatz

[1] Der Streitwert wird durch das Rechtsbegehren bestimmt. Zinsen und Kosten des laufenden Verfahrens oder einer allfälligen Publikation des Entscheids sowie allfällige Eventualbegehren werden nicht hinzugerechnet.

[2] Lautet das Rechtsbegehren nicht auf eine bestimmte Geldsumme, so setzt das Gericht den Streitwert fest, sofern sich die Parteien darüber nicht einigen oder ihre Angaben offensichtlich unrichtig sind.

**Art. 92**         Wiederkehrende Nutzungen und Leistungen

[1] Als Wert wiederkehrender Nutzungen oder Leistungen gilt der Kapitalwert.

[2] Bei ungewisser oder unbeschränkter Dauer gilt als Kapitalwert der zwanzigfache Betrag der einjährigen Nutzung oder Leistung und bei Leibrenten der Barwert.

**Art. 93**         Streitgenossenschaft und Klagenhäufung

[1] Bei einfacher Streitgenossenschaft und Klagenhäufung werden die geltend gemachten Ansprüche zusammengerechnet, sofern sie sich nicht gegenseitig ausschliessen.

[2] Bei einfacher Streitgenossenschaft bleibt die Verfahrensart trotz Zusammenrechnung des Streitwerts erhalten.

**Art. 94**         Widerklage

[1] Stehen sich Klage und Widerklage gegenüber, so bestimmt sich der Streitwert nach dem höheren Rechtsbegehren.

[2] Zur Bestimmung der Prozesskosten werden die Streitwerte zusammengerechnet, sofern sich Klage und Widerklage nicht gegenseitig ausschliessen.

[3] Ist die Hauptklage eine Teilklage, werden die Prozesskosten ausschliesslich auf der Grundlage des Streitwerts der Hauptklage berechnet.[57]

---

[56]   Eingefügt durch Ziff. I des BG vom 17. März 2023 (Verbesserung der Praxistauglichkeit und der Rechtsdurchsetzung), in Kraft seit 1. Jan. 2025 (AS **2023** 491; BBl **2020** 2697).
[57]   Eingefügt durch Ziff. I des BG vom 17. März 2023 (Verbesserung der Praxistauglichkeit und der Rechtsdurchsetzung), in Kraft seit 1. Jan. 2025 (AS **2023** 491; BBl **2020** 2697).

**Art. 94a**[58]     Verbandsklage

Bei einer Verbandsklage setzt das Gericht den Streitwert entsprechend dem Interesse
der einzelnen Angehörigen der betroffenen Personengruppe und der Bedeutung des
Falls nach Ermessen fest, sofern sich die Parteien darüber nicht einigen oder ihre Angaben offensichtlich unrichtig sind.

## 8. Titel: Prozesskosten und unentgeltliche Rechtspflege
## 1. Kapitel: Prozesskosten

**Art. 95**     Begriffe

[1] Prozesskosten sind:

   a.   die Gerichtskosten;

   b.   die Parteientschädigung.

[2] Gerichtskosten sind:

   a.   die Pauschalen für das Schlichtungsverfahren;

   b.   die Pauschalen für den Entscheid (Entscheidgebühr);

   c.   die Kosten der Beweisführung;

   d.   die Kosten für die Übersetzung;

   e.   die Kosten für die Vertretung des Kindes (Art. 299 und 300).

[3] Als Parteientschädigung gilt:

   a.   der Ersatz notwendiger Auslagen;

   b.   die Kosten einer berufsmässigen Vertretung;

   c.   in begründeten Fällen: eine angemessene Umtriebsentschädigung, wenn eine
      Partei nicht berufsmässig vertreten ist.

**Art. 96**[59]     Tarife und Anspruch der Vertretung auf Parteientschädigung

[1] Die Kantone setzen die Tarife für die Prozesskosten fest. Vorbehalten bleibt die
Gebührenregelung nach Artikel 16 Absatz 1 SchKG[60].

[2] Die Kantone können vorsehen, dass die Anwältin oder der Anwalt einen ausschliess-
lichen Anspruch auf die Honorare und Auslagen hat, die als Parteientschädigung gewährt werden.

---

58    Eingefügt durch Ziff. I des BG vom 17. März 2023 (Verbesserung der Praxistauglichkeit
      und der Rechtsdurchsetzung), in Kraft seit 1. Jan. 2025 (AS **2023** 491; BBl **2020** 2697).
59    Fassung gemäss Ziff. I des BG vom 17. März 2023 (Verbesserung der Praxistauglichkeit
      und der Rechtsdurchsetzung), in Kraft seit 1. Jan. 2025 (AS **2023** 491; BBl **2020** 2697).
60    SR **281.1**

**Art. 97** Aufklärung über die Prozesskosten

Das Gericht klärt die nicht anwaltlich vertretene Partei über die mutmassliche Höhe der Prozesskosten sowie über die unentgeltliche Rechtspflege auf.

**Art. 98**[61] Kostenvorschuss

[1] Das Gericht und die Schlichtungsbehörde können von der klagenden Partei einen Vorschuss von höchstens der Hälfte der mutmasslichen Gerichtskosten verlangen.

[2] Sie können einen Vorschuss bis zur Höhe der gesamten mutmasslichen Gerichtskosten verlangen in:

    a. Verfahren nach Artikel 6 Absatz 4 Buchstabe c und nach Artikel 8;

    b. Schlichtungsverfahren;

    c. summarischen Verfahren mit Ausnahme der vorsorglichen Massnahmen nach Artikel 248 Buchstabe d und der familienrechtlichen Streitigkeiten nach den Artikeln 271, 276, 302 und 305;

    d. Rechtsmittelverfahren.

**Art. 99** Sicherheit für die Parteientschädigung

[1] Die klagende Partei hat auf Antrag der beklagten Partei für deren Parteientschädigung Sicherheit zu leisten, wenn sie:

    a. keinen Wohnsitz oder Sitz in der Schweiz hat;

    b. zahlungsunfähig erscheint, namentlich wenn gegen sie der Konkurs eröffnet oder ein Nachlassverfahren im Gang ist oder Verlustscheine bestehen;

    c. Prozesskosten aus früheren Verfahren schuldet; oder

    d. wenn andere Gründe für eine erhebliche Gefährdung der Parteientschädigung bestehen.

[2] Bei notwendiger Streitgenossenschaft ist nur dann Sicherheit zu leisten, wenn bei allen Streitgenossen eine der Voraussetzungen gegeben ist.

[3] Keine Sicherheit ist zu leisten:

    a. im vereinfachten Verfahren mit Ausnahme der vermögensrechtlichen Streitigkeiten nach Artikel 243 Absatz 1;

    b. im Scheidungsverfahren;

    c. im summarischen Verfahren mit Ausnahme des Rechtsschutzes in klaren Fällen (Art. 257);

    d.[62] im Verfahren wegen einer Streitigkeit nach dem DSG[63].

---

61 Fassung gemäss Ziff. I des BG vom 17. März 2023 (Verbesserung der Praxistauglichkeit und der Rechtsdurchsetzung), in Kraft seit 1. Jan. 2025 (AS **2023** 491; BBl **2020** 2697).
62 Eingefügt durch Anhang 1 Ziff. II 24 des Datenschutzgesetzes vom 25. Sept. 2020, in Kraft seit 1. Sept. 2023 (AS **2022** 491; BBl **2017** 6941).
63 SR **235.1**

**Art. 100**        Art und Höhe der Sicherheit

[1] Die Sicherheit kann in bar oder durch Garantie einer in der Schweiz niedergelassenen Bank oder eines zum Geschäftsbetrieb in der Schweiz zugelassenen Versicherungsunternehmens geleistet werden.

[2] Das Gericht kann die zu leistende Sicherheit nachträglich erhöhen, herabsetzen oder aufheben.

**Art. 101**        Leistung des Vorschusses und der Sicherheit

[1] Das Gericht setzt eine Frist zur Leistung des Vorschusses und der Sicherheit.

[2] Vorsorgliche Massnahmen kann es schon vor Leistung der Sicherheit anordnen.

[3] Werden der Vorschuss oder die Sicherheit auch nicht innert einer Nachfrist geleistet, so tritt das Gericht auf die Klage oder auf das Gesuch nicht ein.

**Art. 102**        Vorschuss für Beweiserhebungen

[1] Jede Partei hat die Auslagen des Gerichts vorzuschiessen, die durch von ihr beantragte Beweiserhebungen veranlasst werden.

[2] Beantragen die Parteien dasselbe Beweismittel, so hat jede Partei die Hälfte vorzuschiessen.

[3] Leistet eine Partei ihren Vorschuss nicht, so kann die andere die Kosten vorschiessen; andernfalls unterbleibt die Beweiserhebung. Vorbehalten bleiben Streitigkeiten, in denen das Gericht den Sachverhalt von Amtes wegen zu erforschen hat.

**Art. 103**        Rechtsmittel

Entscheide über die Leistung von Vorschüssen und Sicherheiten sind mit Beschwerde anfechtbar.

## 2. Kapitel: Verteilung und Liquidation der Prozesskosten

**Art. 104**        Entscheid über die Prozesskosten

[1] Das Gericht entscheidet über die Prozesskosten in der Regel im Endentscheid.

[2] Bei einem Zwischenentscheid (Art. 237) können die bis zu diesem Zeitpunkt entstandenen Prozesskosten verteilt werden.

[3] Über die Prozesskosten vorsorglicher Massnahmen kann zusammen mit der Hauptsache entschieden werden.

[4] In einem Rückweisungsentscheid kann die obere Instanz die Verteilung der Prozesskosten des Rechtsmittelverfahrens der Vorinstanz überlassen.

**Art. 105**    Festsetzung und Verteilung der Prozesskosten

¹ Die Gerichtskosten werden von Amtes wegen festgesetzt und verteilt.

² Die Parteientschädigung spricht das Gericht nach den Tarifen (Art. 96) zu. Die Parteien können eine Kostennote einreichen.

**Art. 106**    Verteilungsgrundsätze

¹ Die Prozesskosten werden der unterliegenden Partei auferlegt. Bei Nichteintreten und bei Klagerückzug gilt die klagende Partei, bei Anerkennung der Klage die beklagte Partei als unterliegend.

² Hat keine Partei vollständig obsiegt, so werden die Prozesskosten nach dem Ausgang des Verfahrens verteilt.

³ Sind am Prozess mehrere Personen als Haupt- oder Nebenparteien beteiligt, so bestimmt das Gericht ihren Anteil an den Prozesskosten nach Massgabe ihrer Beteiligung. Bei notwendiger Streitgenossenschaft kann es entscheiden, dass sie solidarisch haften.⁶⁴

**Art. 107**    Verteilung nach Ermessen

¹ Das Gericht kann von den Verteilungsgrundsätzen abweichen und die Prozesskosten nach Ermessen verteilen:

a. wenn die Klage zwar grundsätzlich, aber nicht in der Höhe der Forderung gutgeheissen wurde und diese Höhe vom gerichtlichen Ermessen abhängig oder die Bezifferung des Anspruchs schwierig war;

b. wenn eine Partei in guten Treuen zur Prozessführung veranlasst war;

c. in familienrechtlichen Verfahren;

d. in Verfahren bei eingetragener Partnerschaft;

e. wenn das Verfahren als gegenstandslos abgeschrieben wird und das Gesetz nichts anderes vorsieht;

f. wenn andere besondere Umstände vorliegen, die eine Verteilung nach dem Ausgang des Verfahrens als unbillig erscheinen lassen.

¹ᵇⁱˢ Das Gericht kann die Prozesskosten bei Abweisung gesellschaftsrechtlicher Klagen, die auf Leistung an die Gesellschaft lauten, nach Ermessen auf die Gesellschaft und die klagende Partei aufteilen.⁶⁵

² Das Gericht kann Gerichtskosten, die weder eine Partei noch Dritte veranlasst haben, aus Billigkeitsgründen dem Kanton auferlegen.

---

⁶⁴ Fassung gemäss Ziff. I des BG vom 17. März 2023 (Verbesserung der Praxistauglichkeit und der Rechtsdurchsetzung), in Kraft seit 1. Jan. 2025 (AS **2023** 491; BBl **2020** 2697).
⁶⁵ Eingefügt durch Anhang Ziff. 2 des BG vom 17. März 2017 (Handelsregisterrecht), in Kraft seit 1. Jan. 2021 (AS **2020** 957; BBl **2015** 3617).

**Art. 108** Unnötige Prozesskosten

Unnötige Prozesskosten hat zu bezahlen, wer sie verursacht hat.

**Art. 109** Verteilung bei Vergleich

¹ Bei einem gerichtlichen Vergleich trägt jede Partei die Prozesskosten nach Massgabe des Vergleichs.

² Die Kosten werden nach den Artikeln 106–108 verteilt, wenn:

    a.   der Vergleich keine Regelung enthält; oder

    b.   die getroffene Regelung einseitig zulasten einer Partei geht, welcher die unentgeltliche Rechtspflege bewilligt worden ist.

**Art. 110** Rechtsmittel

Der Kostenentscheid ist selbstständig nur mit Beschwerde anfechtbar.

**Art. 111** Liquidation der Prozesskosten

¹ Die Gerichtskosten werden in den Fällen der Kostenpflichtigkeit der Partei, die einen Vorschuss geleistet hat, mit den geleisteten Vorschüssen verrechnet. In den übrigen Fällen wird ein Vorschuss zurückerstattet. Ein Fehlbetrag wird bei der kostenpflichtigen Partei nachgefordert.⁶⁶

² Die kostenpflichtige Partei hat der anderen Partei die zugesprochene Parteientschädigung zu bezahlen.⁶⁷

³ Vorbehalten bleiben die Bestimmungen über die unentgeltliche Rechtspflege.

**Art. 112** Stundung, Erlass, Verjährung und Verzinsung der Gerichtskosten

¹ Gerichtskosten können gestundet oder bei dauernder Mittellosigkeit erlassen werden.

² Die Forderungen verjähren zehn Jahre nach Abschluss des Verfahrens.

³ Der Verzugszins beträgt 5 Prozent.

## 3. Kapitel: Besondere Kostenregelungen

**Art. 113** Schlichtungsverfahren

¹ Im Schlichtungsverfahren werden keine Parteientschädigungen gesprochen. Vorbehalten bleibt die Entschädigung einer unentgeltlichen Rechtsbeiständin oder eines unentgeltlichen Rechtsbeistandes durch den Kanton.

---

⁶⁶   Fassung gemäss Ziff. I des BG vom 17. März 2023 (Verbesserung der Praxistauglichkeit und der Rechtsdurchsetzung), in Kraft seit 1. Jan. 2025 (AS **2023** 491; BBl **2020** 2697).

⁶⁷   Fassung gemäss Ziff. I des BG vom 17. März 2023 (Verbesserung der Praxistauglichkeit und der Rechtsdurchsetzung), in Kraft seit 1. Jan. 2025 (AS **2023** 491; BBl **2020** 2697).

2 Keine Gerichtskosten werden gesprochen in Streitigkeiten:

a.  nach dem Gleichstellungsgesetz vom 24. März 1995[68];

b.  nach dem Behindertengleichstellungsgesetz vom 13. Dezember 2002[69];

c.  aus Miete und Pacht von Wohn- und Geschäftsräumen sowie aus landwirtschaftlicher Pacht;

d.  aus dem Arbeitsverhältnis sowie nach dem Arbeitsvermittlungsgesetz vom 6. Oktober 1989[70] bis zu einem Streitwert von 30 000 Franken;

e.  nach dem Mitwirkungsgesetz vom 17. Dezember 1993[71];

f.  aus Zusatzversicherungen zur sozialen Krankenversicherung nach dem Bundesgesetz vom 18. März 1994[72] über die Krankenversicherung;

g.[73]  nach dem DSG[74].

**Art. 114**     Entscheidverfahren

Im Entscheidverfahren werden keine Gerichtskosten gesprochen bei Streitigkeiten:

a.  nach dem Gleichstellungsgesetz vom 24. März 1995[75];

b.  nach dem Behindertengleichstellungsgesetz vom 13. Dezember 2002[76];

c.  aus dem Arbeitsverhältnis sowie nach dem Arbeitsvermittlungsgesetz vom 6. Oktober 1989[77] bis zu einem Streitwert von 30 000 Franken;

d.  nach dem Mitwirkungsgesetz vom 17. Dezember 1993[78];

e.  aus Zusatzversicherungen zur sozialen Krankenversicherung nach dem Bundesgesetz vom 18. März 1994[79] über die Krankenversicherung;

f.[80]  wegen Gewalt, Drohungen oder Nachstellungen nach Artikel 28b ZGB[81] oder betreffend die elektronische Überwachung nach Artikel 28c ZGB;

g.[82]  nach dem DSG[83].

---

[68]  SR **151.1**
[69]  SR **151.3**
[70]  SR **823.11**
[71]  SR **822.14**
[72]  SR **832.10**
[73]  Eingefügt durch Anhang 1 Ziff. II 24 des Datenschutzgesetzes vom 25. Sept. 2020, in Kraft seit 1. Sept. 2023 (AS **2022** 491; BBl **2017** 6941).
[74]  SR **235.1**
[75]  SR **151.1**
[76]  SR **151.3**
[77]  SR **823.11**
[78]  SR **822.14**
[79]  SR **832.10**
[80]  Eingefügt durch Ziff. I 2 des BG vom 14. Dez. 2018 über die Verbesserung des Schutzes gewaltbetroffener Personen, in Kraft seit 1. Juli 2020 (AS **2019** 2273; BBl **2017** 7307).
[81]  SR **210**
[82]  Eingefügt durch Anhang 1 Ziff. II 24 des Datenschutzgesetzes vom 25. Sept. 2020, in Kraft seit 1. Sept. 2023 (AS **2022** 491; BBl **2017** 6941).
[83]  SR **235.1**

**Art. 115**          Kostentragungspflicht

[1] Bei bös- oder mutwilliger Prozessführung können die Gerichtskosten auch in den unentgeltlichen Verfahren einer Partei auferlegt werden.

[2] Bei Streitigkeiten nach Artikel 114 Buchstabe f können die Gerichtskosten der unterliegenden Partei auferlegt werden, wenn gegen sie ein Verbot nach Artikel 28*b* ZGB[84] oder eine elektronische Überwachung nach Artikel 28*c* ZGB angeordnet wird.[85]

**Art. 116**          Kostenbefreiung nach kantonalem Recht

[1] Die Kantone können weitere Befreiungen von den Prozesskosten gewähren.

[2] Befreiungen, welche ein Kanton sich selbst, seinen Gemeinden und anderen kantonalrechtlichen Körperschaften gewährt, gelten auch für den Bund.

## 4. Kapitel: Unentgeltliche Rechtspflege

**Art. 117**          Anspruch

Eine Person hat Anspruch auf unentgeltliche Rechtspflege, wenn:

a.    sie nicht über die erforderlichen Mittel verfügt; und

b.    ihr Rechtsbegehren nicht aussichtslos erscheint.

**Art. 118**          Umfang

[1] Die unentgeltliche Rechtspflege umfasst:

a.    die Befreiung von Vorschuss- und Sicherheitsleistungen;

b.    die Befreiung von den Gerichtskosten;

c.    die gerichtliche Bestellung einer Rechtsbeiständin oder eines Rechtsbeistandes, wenn dies zur Wahrung der Rechte notwendig ist, insbesondere wenn die Gegenpartei anwaltlich vertreten ist; die Rechtsbeiständin oder der Rechtsbeistand kann bereits zur Vorbereitung des Prozesses bestellt werden.

[2] Sie kann ganz oder teilweise gewährt werden. Sie kann auch für die vorsorgliche Beweisführung gewährt werden.[86]

[3] Sie befreit nicht von der Bezahlung einer Parteientschädigung an die Gegenpartei.

---

[84]    SR **210**
[85]    Eingefügt durch Ziff. I 2 des BG vom 14. Dez. 2018 über die Verbesserung des Schutzes gewaltbetroffener Personen, in Kraft seit 1. Juli 2020 (AS **2019** 2273; BBl **2017** 7307).
[86]    Zweiter Satz eingefügt durch Ziff. I des BG vom 17. März 2023 (Verbesserung der Praxistauglichkeit und der Rechtsdurchsetzung), in Kraft seit 1. Jan. 2025 (AS **2023** 491; BBl **2020** 2697).

**Art. 119** Gesuch und Verfahren

¹ Das Gesuch um unentgeltliche Rechtspflege kann vor oder nach Eintritt der Rechtshängigkeit gestellt werden.

² Die gesuchstellende Person hat ihre Einkommens- und Vermögensverhältnisse darzulegen und sich zur Sache sowie über ihre Beweismittel zu äussern. Sie kann die Person der gewünschten Rechtsbeiständin oder des gewünschten Rechtsbeistands im Gesuch bezeichnen.

³ Das Gericht entscheidet über das Gesuch im summarischen Verfahren. Die Gegenpartei kann angehört werden. Sie ist immer anzuhören, wenn die unentgeltliche Rechtspflege die Leistung der Sicherheit für die Parteientschädigung umfassen soll.

⁴ Die unentgeltliche Rechtspflege kann ausnahmsweise rückwirkend bewilligt werden.

⁵ Im Rechtsmittelverfahren ist die unentgeltliche Rechtspflege neu zu beantragen.

⁶ Ausser bei Bös- oder Mutwilligkeit werden im Verfahren um die unentgeltliche Rechtspflege keine Gerichtskosten erhoben.

**Art. 120** Entzug der unentgeltlichen Rechtspflege

Das Gericht entzieht die unentgeltliche Rechtspflege, wenn der Anspruch darauf nicht mehr besteht oder nie bestanden hat.

**Art. 121** Rechtsmittel

Wird die unentgeltliche Rechtspflege ganz oder teilweise abgelehnt oder entzogen, so kann der Entscheid mit Beschwerde angefochten werden.

**Art. 122** Liquidation der Prozesskosten

¹ Unterliegt die unentgeltlich prozessführende Partei, so werden die Prozesskosten wie folgt liquidiert:

a. die unentgeltliche Rechtsbeiständin oder der unentgeltliche Rechtsbeistand wird vom Kanton angemessen entschädigt;

b. die Gerichtskosten gehen zulasten des Kantons;

c. der Gegenpartei werden die Vorschüsse, die sie geleistet hat, zurückerstattet;

d. die unentgeltlich prozessführende Partei hat der Gegenpartei die Parteientschädigung zu bezahlen.

² Obsiegt die unentgeltlich prozessführende Partei und ist die Parteientschädigung bei der Gegenpartei nicht oder voraussichtlich nicht einbringlich, so wird die unentgeltliche Rechtsbeiständin oder der unentgeltliche Rechtsbeistand vom Kanton angemessen entschädigt. Mit der Zahlung geht der Anspruch auf den Kanton über.

**Art. 123**      Nachzahlung

[1] Eine Partei, der die unentgeltliche Rechtspflege gewährt wurde, ist zur Nachzahlung verpflichtet, sobald sie dazu in der Lage ist.

[2] Der Anspruch des Kantons verjährt zehn Jahre nach Abschluss des Verfahrens.

## 9. Titel: Prozessleitung, prozessuales Handeln und Fristen
## 1. Kapitel: Prozessleitung

**Art. 124**      Grundsätze

[1] Das Gericht leitet den Prozess. Es erlässt die notwendigen prozessleitenden Verfügungen zur zügigen Vorbereitung und Durchführung des Verfahrens.

[2] Die Prozessleitung kann an eines der Gerichtsmitglieder delegiert werden.

[3] Das Gericht kann jederzeit versuchen, eine Einigung zwischen den Parteien herbeizuführen.

**Art. 125**      Vereinfachung des Prozesses

Zur Vereinfachung des Prozesses kann das Gericht insbesondere:

    a.   das Verfahren auf einzelne Fragen oder auf einzelne Rechtsbegehren beschränken;

    b.   gemeinsam eingereichte Klagen trennen;

    c.   selbstständig eingereichte Klagen vereinigen;

    d.   eine Widerklage vom Hauptverfahren trennen.

**Art. 126**      Sistierung des Verfahrens

[1] Das Gericht kann das Verfahren sistieren, wenn die Zweckmässigkeit dies verlangt. Das Verfahren kann namentlich sistiert werden, wenn der Entscheid vom Ausgang eines anderen Verfahrens abhängig ist.

[2] Die Sistierung ist mit Beschwerde anfechtbar.

**Art. 127**      Überweisung bei zusammenhängenden Verfahren

[1] Sind bei verschiedenen Gerichten Klagen rechtshängig, die miteinander in einem sachlichen Zusammenhang stehen, so kann ein später angerufenes Gericht die bei ihm rechtshängige Klage an das zuerst angerufene Gericht überweisen, wenn dieses mit der Übernahme einverstanden ist.

[2] Die Überweisung ist mit Beschwerde anfechtbar.

**Art. 128** Verfahrensdisziplin und mutwillige Prozessführung

1 Wer im Verfahren vor Gericht den Anstand verletzt oder den Geschäftsgang stört, wird mit einem Verweis oder einer Ordnungsbusse bis zu 1000 Franken bestraft. Das Gericht kann zudem den Ausschluss von der Verhandlung anordnen.

2 Das Gericht kann zur Durchsetzung seiner Anordnungen die Polizei beiziehen.

3 Bei bös- oder mutwilliger Prozessführung können die Parteien und ihre Vertretungen mit einer Ordnungsbusse bis zu 2000 Franken und bei Wiederholung bis zu 5000 Franken bestraft werden.

4 Die Ordnungsbusse ist mit Beschwerde anfechtbar.

## 2. Kapitel: Formen des prozessualen Handelns
## 1. Abschnitt: Verfahrenssprache

**Art. 129**

1 Das Verfahren wird in der Amtssprache des zuständigen Kantons geführt. Bei mehreren Amtssprachen regeln die Kantone den Gebrauch der Sprachen.

2 Das kantonale Recht kann vorsehen, dass auf Antrag sämtlicher Parteien folgende Sprachen benutzt werden:

    a.   eine andere Landessprache, wobei keine Partei auf die Verfahrenssprache nach Absatz 1 zum Voraus verzichten kann;

    b.   die englische Sprache in internationalen handelsrechtlichen Streitigkeiten nach Artikel 6 Absatz 4 Buchstabe c vor dem Handelsgericht oder dem ordentlichen Gericht.[87]

## 2. Abschnitt: Eingaben der Parteien

**Art. 130**[88] Form

1 Eingaben sind dem Gericht in Papierform oder elektronisch einzureichen. Sie sind zu unterzeichnen.

2 Bei elektronischer Einreichung muss die Eingabe mit einer qualifizierten elektronischen Signatur gemäss Bundesgesetz vom 18. März 2016[89] über die elektronische Signatur versehen werden. Der Bundesrat regelt:

    a.   das Format der Eingabe und ihrer Beilagen;

---

[87]  Eingefügt durch Ziff. I des BG vom 17. März 2023 (Verbesserung der Praxistauglichkeit und der Rechtsdurchsetzung), in Kraft seit 1. Jan. 2025 (AS **2023** 491; BBl **2020** 2697).
[88]  Fassung gemäss Anhang Ziff. II 5 des BG vom 18. März 2016 über die elektronische Signatur, in Kraft seit 1. Jan. 2017 (AS **2016** 4651; BBl **2014** 1001).
[89]  SR **943.03**

b. die Art und Weise der Übermittlung;

c. die Voraussetzungen, unter denen bei technischen Problemen die Nachreichung von Dokumenten auf Papier verlangt werden kann.

**Art. 131** Anzahl

Eingaben und Beilagen in Papierform sind in je einem Exemplar für das Gericht und für jede Gegenpartei einzureichen; andernfalls kann das Gericht eine Nachfrist ansetzen oder die notwendigen Kopien auf Kosten der Partei erstellen.

**Art. 132** Mangelhafte, querulatorische und rechtsmissbräuchliche Eingaben

[1] Mängel wie fehlende Unterschrift und fehlende Vollmacht sind innert einer gerichtlichen Nachfrist zu verbessern. Andernfalls gilt die Eingabe als nicht erfolgt.

[2] Gleiches gilt für unleserliche, ungebührliche, unverständliche oder weitschweifige Eingaben.

[3] Querulatorische und rechtsmissbräuchliche Eingaben werden ohne Weiteres zurückgeschickt.

## 3. Abschnitt: Gerichtliche Vorladung

**Art. 133** Inhalt

Die Vorladung enthält:

a. Name und Adresse der vorgeladenen Person;

b. die Prozesssache und die Parteien;

c. die Eigenschaft, in welcher die Person vorgeladen wird;

d.[90] Ort, Datum und Zeit des geforderten Erscheinens oder der geforderten Verfügbarkeit beim Einsatz elektronischer Mittel zur Ton- und Bildübertragung;

e. die Prozesshandlung, zu der vorgeladen wird;

f. die Säumnisfolgen;

g. das Datum der Vorladung und die Unterschrift des Gerichts.

**Art. 134** Zeitpunkt

Die Vorladung muss mindestens zehn Tage vor dem Erscheinungstermin versandt werden, sofern das Gesetz nichts anderes bestimmt.

---

[90] Fassung gemäss Ziff. I des BG vom 17. März 2023 (Verbesserung der Praxistauglichkeit und der Rechtsdurchsetzung), in Kraft seit 1. Jan. 2025 (AS **2023** 491; BBl **2020** 2697).

**Art. 135** Verschiebung des Erscheinungstermins

Das Gericht kann einen Erscheinungstermin aus zureichenden Gründen verschieben:

    a.   von Amtes wegen; oder

    b.   wenn es vor dem Termin darum ersucht wird.

## 4. Abschnitt: Gerichtliche Zustellung

**Art. 136** Zuzustellende Urkunden

Das Gericht stellt den betroffenen Personen insbesondere zu:

    a.   Vorladungen;

    b.   Verfügungen und Entscheide;

    c.   Eingaben der Gegenpartei.

**Art. 137** Bei Vertretung

Ist eine Partei vertreten, so erfolgt die Zustellung an die Vertretung.

**Art. 138** Form

[1] Die Zustellung von Vorladungen, Verfügungen und Entscheiden erfolgt durch eingeschriebene Postsendung oder auf andere Weise gegen Empfangsbestätigung.

[2] Sie ist erfolgt, wenn die Sendung von der Adressatin oder vom Adressaten oder von einer angestellten oder im gleichen Haushalt lebenden, mindestens 16 Jahre alten Person entgegengenommen wurde. Vorbehalten bleiben Anweisungen des Gerichts, eine Urkunde dem Adressaten oder der Adressatin persönlich zuzustellen.

[3] Sie gilt zudem als erfolgt:

    a.   bei einer eingeschriebenen Postsendung, die nicht abgeholt worden ist: am siebten Tag nach dem erfolglosen Zustellungsversuch, sofern die Person mit einer Zustellung rechnen musste;

    b.   bei persönlicher Zustellung, wenn die Adressatin oder der Adressat die Annahme verweigert und dies von der überbringenden Person festgehalten wird: am Tag der Weigerung.

[4] Andere Sendungen kann das Gericht durch gewöhnliche Post zustellen.

**Art. 139**[91]      Elektronische Zustellung

[1] Mit dem Einverständnis der betroffenen Person können Vorladungen, Verfügungen und Entscheide elektronisch zugestellt werden. Sie sind mit einer elektronischen Signatur gemäss Bundesgesetz vom 18. März 2016[92] über die elektronische Signatur zu versehen.

[2] Der Bundesrat regelt:

a.   die zu verwendende Signatur;

b.   das Format der Vorladungen, Verfügungen und Entscheide sowie ihrer Beilagen;

c.   die Art und Weise der Übermittlung;

d.   den Zeitpunkt, zu dem die Vorladung, die Verfügung oder der Entscheid als zugestellt gilt.

**Art. 140**      Zustellungsdomizil

Das Gericht kann Parteien mit Wohnsitz oder Sitz im Ausland anweisen, ein Zustellungsdomizil in der Schweiz zu bezeichnen.

**Art. 141**      Öffentliche Bekanntmachung

[1] Die Zustellung erfolgt durch Publikation im kantonalen Amtsblatt oder im Schweizerischen Handelsamtsblatt, wenn:

a.   der Aufenthaltsort der Adressatin oder des Adressaten unbekannt ist und trotz zumutbarer Nachforschungen nicht ermittelt werden kann;

b.   eine Zustellung unmöglich ist oder mit ausserordentlichen Umtrieben verbunden wäre;

c.   eine Partei mit Wohnsitz oder Sitz im Ausland entgegen der Anweisung des Gerichts kein Zustellungsdomizil in der Schweiz bezeichnet hat.

[2] Die Zustellung gilt am Tag der Publikation als erfolgt.

## 5. Abschnitt:[93]
## Einsatz elektronischer Mittel zur Ton- und Bildübertragung

**Art. 141*a***      Grundsätze

[1] Das Gericht kann mündliche Prozesshandlungen auf Antrag oder von Amtes wegen mittels elektronischer Mittel zur Ton- und Bildübertragung, insbesondere mittels

---

91   Fassung gemäss Anhang Ziff. II 5 des BG vom 18. März 2016 über die elektronische Signatur, in Kraft seit 1. Jan. 2017 (AS **2016** 4651; BBl **2014** 1001).
92   SR **943.03**
93   Eingefügt durch Ziff. I des BG vom 17. März 2023 (Verbesserung der Praxistauglichkeit und der Rechtsdurchsetzung), in Kraft seit 1. Jan. 2025 (AS **2023** 491; BBl **2020** 2697).

Videokonferenz, durchführen oder den am Verfahren beteiligten Personen die Teilnahme mittels solcher Mittel gestatten, sofern das Gesetz nichts anderes bestimmt und sämtliche Parteien damit einverstanden sind.

2 Sofern dieses Gesetz das persönliche Erscheinen der Parteien verlangt, ist der Einsatz elektronischer Mittel nur zulässig, wenn die Parteien damit einverstanden sind und keine überwiegenden öffentlichen oder privaten Interessen entgegenstehen.

3 Sofern eine Verhandlung nach diesem Gesetz öffentlich ist, gewährt das Gericht auf Antrag hin den Zugang vor Ort. Das Gericht kann den Zugang auch ohne vorherigen Antrag über elektronische Mittel gewähren.

**Art. 141*b***     Voraussetzungen

1 Für den Einsatz elektronischer Mittel zur Ton- und Bildübertragung müssen folgende Voraussetzungen erfüllt sein:

    a.     Die Übertragung von Ton und Bild zwischen sämtlichen an der Prozesshandlung beteiligten Personen erfolgt zeitgleich.

    b.     Bei Zeugeneinvernahmen, Parteibefragungen, Beweisaussagen und persönlichen Anhörungen erfolgt eine Aufzeichnung; bei den übrigen Verhandlungen kann ausnahmsweise auf Antrag oder von Amtes wegen eine Aufzeichnung erfolgen, soweit eine Verhandlung nicht ausschliesslich der freien Erörterung des Streitgegenstandes oder dem Versuch der Einigung dient.

    c.     Der Datenschutz und die Datensicherheit sind gewährleistet.

2 Mit dem Einverständnis der betroffenen Personen kann ausnahmsweise auf die Übertragung des Bildes verzichtet werden, wenn besondere Dringlichkeit oder andere besondere Umstände des Einzelfalls vorliegen.

3 Der Bundesrat regelt die technischen Voraussetzungen und die Anforderungen an den Datenschutz und die Datensicherheit.

## 3. Kapitel: Fristen, Säumnis und Wiederherstellung

## 1. Abschnitt: Fristen

**Art. 142**     Beginn und Berechnung

1 Fristen, die durch eine Mitteilung oder den Eintritt eines Ereignisses ausgelöst werden, beginnen am folgenden Tag zu laufen.

1bis Erfolgt die Zustellung einer Sendung an einem Samstag, einem Sonntag oder einem am Gerichtsort vom Bundesrecht oder vom kantonalen Recht anerkannten Feiertag durch gewöhnliche Post (Art. 138 Abs. 4), so gilt die Mitteilung nach Absatz 1 am nächsten Werktag als erfolgt.[94]

---

[94]     Eingefügt durch Ziff. I des BG vom 17. März 2023 (Verbesserung der Praxistauglichkeit und der Rechtsdurchsetzung), in Kraft seit 1. Jan. 2025 (AS **2023** 491; BBl **2020** 2697).

² Berechnet sich eine Frist nach Monaten, so endet sie im letzten Monat an dem Tag, der dieselbe Zahl trägt wie der Tag, an dem die Frist zu laufen begann. Fehlt der entsprechende Tag, so endet die Frist am letzten Tag des Monats.

³ Fällt der letzte Tag einer Frist auf einen Samstag, einen Sonntag oder einen am Gerichtsort vom Bundesrecht oder vom kantonalen Recht anerkannten Feiertag, so endet sie am nächsten Werktag.

**Art. 143**       Einhaltung

¹ Eingaben müssen spätestens am letzten Tag der Frist beim Gericht eingereicht oder zu dessen Handen der Schweizerischen Post oder einer schweizerischen diplomatischen oder konsularischen Vertretung übergeben werden.

¹ᵇⁱˢ Eingaben, die innert der Frist irrtümlich bei einem unzuständigen schweizerischen Gericht eingereicht werden, gelten als rechtzeitig eingereicht. Ist ein anderes Gericht in der Schweiz zuständig, leitet das unzuständige Gericht die Eingabe von Amtes wegen weiter.⁹⁵

² Bei elektronischer Einreichung ist für die Wahrung einer Frist der Zeitpunkt massgebend, in dem die Quittung ausgestellt wird, die bestätigt, dass alle Schritte abgeschlossen sind, die auf der Seite der Partei für die Übermittlung notwendig sind.⁹⁶

³ Die Frist für eine Zahlung an das Gericht ist eingehalten, wenn der Betrag spätestens am letzten Tag der Frist zugunsten des Gerichts der Schweizerischen Post übergeben oder einem Post- oder Bankkonto in der Schweiz belastet worden ist.

**Art. 144**       Erstreckung

¹ Gesetzliche Fristen können nicht erstreckt werden.

² Gerichtliche Fristen können aus zureichenden Gründen erstreckt werden, wenn das Gericht vor Fristablauf darum ersucht wird.

**Art. 145**       Stillstand der Fristen

¹ Gesetzliche und gerichtliche Fristen stehen still:

    a.    vom siebten Tag vor Ostern bis und mit dem siebten Tag nach Ostern;

    b.    vom 15. Juli bis und mit dem 15. August;

    c.    vom 18. Dezember bis und mit dem 2. Januar.

² Dieser Fristenstillstand gilt nicht für:

    a.    das Schlichtungsverfahren;

    b.    das summarische Verfahren.

³ Die Parteien sind auf die Ausnahmen nach Absatz 2 hinzuweisen.

---

⁹⁵    Eingefügt durch Ziff. I des BG vom 17. März 2023 (Verbesserung der Praxistauglichkeit und der Rechtsdurchsetzung), in Kraft seit 1. Jan. 2025 (AS **2023** 491; BBl **2020** 2697).
⁹⁶    Fassung gemäss Anhang Ziff. II 5 des BG vom 18. März 2016 über die elektronische Signatur, in Kraft seit 1. Jan. 2017 (AS **2016** 4651; BBl **2014** 1001).

4 Die Bestimmungen dieses Gesetzes über den Stillstand der Fristen sind für alle Klagen nach dem SchKG[97], die vor einem Gericht einzureichen sind, anwendbar. Sie sind für die Beschwerde vor der Aufsichtsbehörde nicht anwendbar.[98]

**Art. 146**    Wirkungen des Stillstandes

1 Bei Zustellung während des Stillstandes beginnt der Fristenlauf am ersten Tag nach Ende des Stillstandes.

2 Während des Stillstandes der Fristen finden keine Gerichtsverhandlungen statt, es sei denn, die Parteien seien einverstanden.

## 2. Abschnitt: Säumnis und Wiederherstellung

**Art. 147**    Säumnis und Säumnisfolgen

1 Eine Partei ist säumig, wenn sie eine Prozesshandlung nicht fristgerecht vornimmt oder zu einem Termin nicht erscheint.

2 Das Verfahren wird ohne die versäumte Handlung weitergeführt, sofern das Gesetz nichts anderes bestimmt.

3 Das Gericht weist die Parteien auf die Säumnisfolgen hin.

**Art. 148**    Wiederherstellung

1 Das Gericht kann auf Gesuch einer säumigen Partei eine Nachfrist gewähren oder zu einem Termin erneut vorladen, wenn die Partei glaubhaft macht, dass sie kein oder nur ein leichtes Verschulden trifft.

2 Das Gesuch ist innert zehn Tagen seit Wegfall des Säumnisgrundes einzureichen.

3 Ist ein Entscheid eröffnet worden, so kann die Wiederherstellung nur innerhalb von sechs Monaten seit Eintritt der Rechtskraft verlangt werden.

**Art. 149**[99]    Verfahren der Wiederherstellung

Das Gericht gibt der Gegenpartei Gelegenheit zur Stellungnahme und entscheidet endgültig, es sei denn, die Verweigerung der Wiederherstellung hat den definitiven Rechtsverlust zur Folge.

---

97    SR **281.1**
98    Fassung gemäss Ziff. I des BG vom 17. März 2023 (Verbesserung der Praxistauglichkeit und der Rechtsdurchsetzung), in Kraft seit 1. Jan. 2025 (AS **2023** 491; BBl **2020** 2697).
99    Fassung gemäss Ziff. I des BG vom 17. März 2023 (Verbesserung der Praxistauglichkeit und der Rechtsdurchsetzung), in Kraft seit 1. Jan. 2025 (AS **2023** 491; BBl **2020** 2697).

## 10. Titel: Beweis

## 1. Kapitel: Allgemeine Bestimmungen

**Art. 150**        Beweisgegenstand

¹ Gegenstand des Beweises sind rechtserhebliche, streitige Tatsachen.

² Beweisgegenstand können auch Übung, Ortsgebrauch und, bei vermögensrechtlichen Streitigkeiten, ausländisches Recht sein.

**Art. 151**        Bekannte Tatsachen

Offenkundige und gerichtsnotorische Tatsachen sowie allgemein anerkannte Erfahrungssätze bedürfen keines Beweises.

**Art. 152**        Recht auf Beweis

¹ Jede Partei hat das Recht, dass das Gericht die von ihr form- und fristgerecht angebotenen tauglichen Beweismittel abnimmt.

² Rechtswidrig beschaffte Beweismittel werden nur berücksichtigt, wenn das Interesse an der Wahrheitsfindung überwiegt.

**Art. 153**        Beweiserhebung von Amtes wegen

¹ Das Gericht erhebt von Amtes wegen Beweis, wenn der Sachverhalt von Amtes wegen festzustellen ist.

² Es kann von Amtes wegen Beweis erheben, wenn an der Richtigkeit einer nicht streitigen Tatsache erhebliche Zweifel bestehen.

**Art. 154**        Beweisverfügung

Vor der Beweisabnahme werden die erforderlichen Beweisverfügungen getroffen. Darin werden insbesondere die zugelassenen Beweismittel bezeichnet und wird bestimmt, welcher Partei zu welchen Tatsachen der Haupt- oder der Gegenbeweis obliegt. Beweisverfügungen können jederzeit abgeändert oder ergänzt werden.

**Art. 155**        Beweisabnahme

¹ Die Beweisabnahme kann an eines oder mehrere der Gerichtsmitglieder delegiert werden.

² Aus wichtigen Gründen kann eine Partei die Beweisabnahme durch das urteilende Gericht verlangen.

³ Die Parteien haben das Recht, an der Beweisabnahme teilzunehmen.

**Art. 156** Wahrung schutzwürdiger Interessen

Gefährdet die Beweisabnahme die schutzwürdigen Interessen einer Partei oder Dritter, wie insbesondere deren Geschäftsgeheimnisse, so trifft das Gericht die erforderlichen Massnahmen.

**Art. 157** Freie Beweiswürdigung

Das Gericht bildet sich seine Überzeugung nach freier Würdigung der Beweise.

**Art. 158** Vorsorgliche Beweisführung

1 Das Gericht nimmt jederzeit Beweis ab, wenn:

    a.   das Gesetz einen entsprechenden Anspruch gewährt; oder

    b.   die gesuchstellende Partei eine Gefährdung der Beweismittel oder ein schutzwürdiges Interesse glaubhaft macht.

2 Anzuwenden sind die Bestimmungen über die vorsorglichen Massnahmen.

**Art. 159** Organe einer juristischen Person

Ist eine juristische Person Partei, so werden ihre Organe im Beweisverfahren wie eine Partei behandelt.

## 2. Kapitel: Mitwirkungspflicht und Verweigerungsrecht
## 1. Abschnitt: Allgemeine Bestimmungen

**Art. 160** Mitwirkungspflicht

1 Die Parteien und Dritte sind zur Mitwirkung bei der Beweiserhebung verpflichtet. Insbesondere haben sie:

    a.   als Partei, als Zeugin oder als Zeuge wahrheitsgemäss auszusagen;

    b.[100] Urkunden herauszugeben; ausgenommen sind Unterlagen aus dem Verkehr einer Partei oder einer Drittperson mit einer Anwältin oder einem Anwalt, die oder der zur berufsmässigen Vertretung berechtigt ist, oder mit einer Patentanwältin oder einem Patentanwalt im Sinne von Artikel 2 des Patentanwaltsgesetzes vom 20. März 2009[101];

    c.   einen Augenschein an Person oder Eigentum durch Sachverständige zu dulden.

---

100  Fassung gemäss Ziff. I 4 des BG vom 28. Sept. 2012 über die Anpassung von verfahrensrechtlichen Bestimmungen zum anwaltlichen Berufsgeheimnis, in Kraft seit 1. Mai 2013 (AS **2013** 847; BBl **2011** 8181).
101  SR **935.62**

² Über die Mitwirkungspflicht einer minderjährigen Person entscheidet das Gericht nach seinem Ermessen.[102] Es berücksichtigt dabei das Kindeswohl.

³ Dritte, die zur Mitwirkung verpflichtet sind, haben Anspruch auf eine angemessene Entschädigung.

**Art. 161**        Aufklärung

¹ Das Gericht klärt die Parteien und Dritte über die Mitwirkungspflicht, das Verweigerungsrecht und die Säumnisfolgen auf.

² Unterlässt es die Aufklärung über das Verweigerungsrecht, so darf es die erhobenen Beweise nicht berücksichtigen, es sei denn, die betroffene Person stimme zu oder die Verweigerung wäre unberechtigt gewesen.

**Art. 162**        Berechtigte Verweigerung der Mitwirkung

Verweigert eine Partei oder eine dritte Person die Mitwirkung berechtigterweise, so darf das Gericht daraus nicht auf die zu beweisende Tatsache schliessen.

## 2. Abschnitt: Verweigerungsrecht der Parteien

**Art. 163**        Verweigerungsrecht

¹ Eine Partei kann die Mitwirkung verweigern, wenn sie:

a.   eine ihr im Sinne von Artikel 165 nahestehende Person der Gefahr strafrechtlicher Verfolgung oder zivilrechtlicher Verantwortlichkeit aussetzen würde;

b.   sich wegen Verletzung eines Geheimnisses nach Artikel 321 des Strafgesetzbuchs (StGB)[103] strafbar machen würde; ausgenommen sind die Revisorinnen und Revisoren; Artikel 166 Absatz 1 Buchstabe b dritter Teilsatz gilt sinngemäss.

² Die Trägerinnen und Träger anderer gesetzlich geschützter Geheimnisse können die Mitwirkung verweigern, wenn sie glaubhaft machen, dass das Geheimhaltungsinteresse das Interesse an der Wahrheitsfindung überwiegt.

**Art. 164**        Unberechtigte Verweigerung

Verweigert eine Partei die Mitwirkung unberechtigterweise, so berücksichtigt dies das Gericht bei der Beweiswürdigung.

---

[102]   Fassung gemäss Anhang 2 Ziff. 3, in Kraft seit 1. Jan. 2013 (AS **2010** 1739; BBl **2006** 7221; AS **2011** 725; BBl **2006** 7001).
[103]   SR **311.0**

## 3. Abschnitt: Verweigerungsrecht Dritter

**Art. 165** Umfassendes Verweigerungsrecht

1 Jede Mitwirkung können verweigern:

a. wer mit einer Partei verheiratet ist oder war oder eine faktische Lebensgemeinschaft führt;

b. wer mit einer Partei gemeinsame Kinder hat;

c. wer mit einer Partei in gerader Linie oder in der Seitenlinie bis und mit dem dritten Grad verwandt oder verschwägert ist;

d. die Pflegeeltern, die Pflegekinder und die Pflegegeschwister einer Partei;

e.[104] die für eine Partei zur Vormundschaft oder zur Beistandschaft eingesetzte Person.

2 Die eingetragene Partnerschaft ist der Ehe gleichgestellt.

3 Die Stiefgeschwister sind den Geschwistern gleichgestellt.

**Art. 166** Beschränktes Verweigerungsrecht

1 Eine dritte Person kann die Mitwirkung verweigern:

a. zur Feststellung von Tatsachen, die sie oder eine ihr im Sinne von Artikel 165 nahestehende Person der Gefahr strafrechtlicher Verfolgung oder zivilrechtlicher Verantwortlichkeit aussetzen würde;

b. soweit sie sich wegen Verletzung eines Geheimnisses nach Artikel 321 StGB[105] strafbar machen würde; ausgenommen sind die Revisorinnen und Revisoren; mit Ausnahme der Anwältinnen und Anwälte sowie der Geistlichen haben Dritte jedoch mitzuwirken, wenn sie einer Anzeigepflicht unterliegen oder wenn sie von der Geheimhaltungspflicht entbunden worden sind, es sei denn, sie machen glaubhaft, dass das Geheimhaltungsinteresse das Interesse an der Wahrheitsfindung überwiegt;

c.[106] zur Feststellung von Tatsachen, die ihr als Beamtin oder Beamter im Sinne von Artikel 110 Absatz 3 StGB oder als Behördenmitglied in ihrer amtlichen Eigenschaft anvertraut worden sind oder die sie bei Ausübung ihres Amtes oder bei Ausübung ihrer Hilfstätigkeit für eine Beamtin oder einen Beamten oder eine Behörde wahrgenommen hat; sie hat auszusagen, wenn sie einer Anzeigepflicht unterliegt oder wenn sie von ihrer vorgesetzten Behörde zur Aussage ermächtigt worden ist;

---

104 Fassung gemäss Anhang 2 Ziff. 3, in Kraft seit 1. Jan. 2013 (AS **2010** 1739; BBl **2006** 7221; AS **2011** 725; BBl **2006** 7001).
105 SR **311.0**
106 Fassung gemäss Anhang 1 Ziff. 5 des Informationssicherheitsgesetzes vom 18. Dez. 2020, in Kraft seit 1. Jan. 2023 (AS **2022** 232, 750; BBl **2017** 2953).

d.[107] wenn sie als Ombudsperson, Ehe- oder Familienberaterin oder -berater, Mediatorin oder Mediator über Tatsachen aussagen müsste, die sie im Rahmen der betreffenden Tätigkeit wahrgenommen hat;

e.  über die Identität der Autorin oder des Autors oder über Inhalt und Quellen ihrer Informationen, wenn sie sich beruflich oder als Hilfsperson mit der Veröffentlichung von Informationen im redaktionellen Teil eines periodisch erscheinenden Mediums befasst.

[2] Die Trägerinnen und Träger anderer gesetzlich geschützter Geheimnisse können die Mitwirkung verweigern, wenn sie glaubhaft machen, dass das Geheimhaltungsinteresse das Interesse an der Wahrheitsfindung überwiegt.

[3] Vorbehalten bleiben die besonderen Bestimmungen des Sozialversicherungsrechts über die Datenbekanntgabe.

**Art. 167**        Unberechtigte Verweigerung

[1] Verweigert die dritte Person die Mitwirkung unberechtigterweise, so kann das Gericht:

a.  eine Ordnungsbusse bis zu 1000 Franken anordnen;

b.  die Strafdrohung nach Artikel 292 StGB[108] aussprechen;

c.  die zwangsweise Durchsetzung anordnen;

d.  die Prozesskosten auferlegen, die durch die Verweigerung verursacht worden sind.

[2] Säumnis der dritten Person hat die gleichen Folgen wie deren unberechtigte Verweigerung der Mitwirkung.

[3] Die dritte Person kann die gerichtliche Anordnung mit Beschwerde anfechten.

## 4. Abschnitt:[109]
## Verweigerungsrecht betreffend die Tätigkeit eines unternehmensinternen Rechtsdienstes

**Art. 167***a*

[1] Eine Partei kann die Mitwirkung und die Herausgabe von Unterlagen im Zusammenhang mit der Tätigkeit ihres unternehmensinternen Rechtsdienstes verweigern, wenn:

a.  sie als Rechtseinheit im schweizerischen Handelsregister oder in einem vergleichbaren ausländischen Register eingetragen ist;

---

[107]   Fassung gemäss Anhang Ziff. 2 des BG vom 20. März 2015 (Kindesunterhalt), in Kraft seit 1. Jan. 2017 (AS **2015** 4299; BBl **2014** 529).
[108]   SR **311.0**
[109]   Eingefügt durch Ziff. I des BG vom 17. März 2023 (Verbesserung der Praxistauglichkeit und der Rechtsdurchsetzung), in Kraft seit 1. Jan. 2025 (AS **2023** 491; BBl **2020** 2697).

b. der Rechtsdienst von einer Person geleitet wird, die über ein kantonales Anwaltspatent verfügt oder in ihrem Herkunftsstaat die fachlichen Vorausset- zungen für die Ausübung des Anwaltsberufs erfüllt; und

c. die betreffende Tätigkeit bei einer Anwältin oder einem Anwalt als berufsspe- zifisch gelten würde.

2 Eine dritte Person kann die Mitwirkung und die Herausgabe von Unterlagen im Zusammenhang mit ihrer Tätigkeit in einem unternehmensinternen Rechtsdienst unter den Voraussetzungen nach Absatz 1 verweigern.

3 Die Parteien und die dritten Personen können Entscheide über die Verweigerung der Mitwirkung nach Absatz 1 und 2 mit Beschwerde anfechten.

4 Die Kosten für Streitigkeiten über das Verweigerungsrecht nach den Absätzen 1 und 2 werden der Partei oder der dritten Person auferlegt, die sich darauf beruft.

## 3. Kapitel: Beweismittel

## 1. Abschnitt: Zulässige Beweismittel

### Art. 168

1 Als Beweismittel sind zulässig:

a. Zeugnis;

b. Urkunde;

c. Augenschein;

d. Gutachten;

e. schriftliche Auskunft;

f. Parteibefragung und Beweisaussage.

2 Vorbehalten bleiben die Bestimmungen über Kinderbelange in familienrechtlichen Angelegenheiten.

## 2. Abschnitt: Zeugnis

### Art. 169    Gegenstand

Wer nicht Partei ist, kann über Tatsachen Zeugnis ablegen, die er oder sie unmittelbar wahrgenommen hat.

### Art. 170    Vorladung

1 Zeuginnen und Zeugen werden vom Gericht vorgeladen.

2 Das Gericht kann den Parteien gestatten, Zeuginnen oder Zeugen ohne Vorladung mitzubringen.

[3] Die Befragung kann am Aufenthaltsort der Zeugin oder des Zeugen erfolgen. Die Parteien sind darüber rechtzeitig zu informieren.

**Art. 170a**[110]     Einvernahme mittels Videokonferenz

Das Gericht kann die Einvernahme einer Zeugin oder eines Zeugen mittels Videokonferenz oder anderen elektronischen Mitteln zur Ton- und Bildübertragung durchführen oder eine Zeugin oder einen Zeugen mittels solcher Mittel befragen, während die übrigen Teilnehmerinnen und Teilnehmer in den Räumlichkeiten des Gerichts anwesend sind, sofern keine überwiegenden öffentlichen oder privaten Interessen, namentlich die Sicherheit der Zeugin oder des Zeugen, entgegenstehen.

**Art. 171**     Form der Einvernahme

[1] Die Zeugin oder der Zeuge wird vor der Einvernahme zur Wahrheit ermahnt; nach Vollendung des 14. Altersjahres wird die Zeugin oder der Zeuge zudem auf die strafrechtlichen Folgen des falschen Zeugnisses (Art. 307 StGB[111]) hingewiesen.

[2] Das Gericht befragt jede Zeugin und jeden Zeugen einzeln und in Abwesenheit der andern; vorbehalten bleibt die Konfrontation.

[3] Das Zeugnis ist frei abzulegen; das Gericht kann die Benützung schriftlicher Unterlagen zulassen.

[4] Das Gericht schliesst Zeuginnen und Zeugen von der übrigen Verhandlung aus, solange sie nicht aus dem Zeugenstand entlassen sind.

**Art. 172**     Inhalt der Einvernahme

Das Gericht befragt die Zeuginnen und Zeugen über:

    a.    ihre Personalien;

    b.    ihre persönlichen Beziehungen zu den Parteien sowie über andere Umstände, die für die Glaubwürdigkeit der Aussage von Bedeutung sein können;

    c.    ihre Wahrnehmungen zur Sache.

**Art. 173**     Ergänzungsfragen

Die Parteien können Ergänzungsfragen beantragen oder sie mit Bewilligung des Gerichts selbst stellen.

**Art. 174**     Konfrontation

Zeuginnen und Zeugen können einander und den Parteien gegenübergestellt werden.

---

[110]   Eingefügt durch Ziff. I des BG vom 17. März 2023 (Verbesserung der Praxistauglichkeit und der Rechtsdurchsetzung), in Kraft seit 1. Jan. 2025 (AS **2023** 491; BBl **2020** 2697).
[111]   SR **311.0**

**Art. 175** Zeugnis einer sachverständigen Person

Das Gericht kann einer sachverständigen Zeugin oder einem sachverständigen Zeugen auch Fragen zur Würdigung des Sachverhaltes stellen.

**Art. 176** Protokoll

[1] Die Aussagen werden in ihrem wesentlichen Inhalt zu Protokoll genommen, der Zeugin oder dem Zeugen vorgelesen oder zum Lesen vorgelegt und von der Zeugin oder dem Zeugen unterzeichnet. Zu Protokoll genommen werden auch abgelehnte Ergänzungsfragen der Parteien, wenn dies eine Partei verlangt.[112]

[2] Die Aussagen können zusätzlich auf Tonband, auf Video oder mit anderen geeigneten technischen Hilfsmitteln aufgezeichnet werden.

[3] ...[113]

**Art. 176a[114]** Protokollierung bei Aufzeichnung

Werden die Aussagen während einer Verhandlung mit technischen Hilfsmitteln aufgezeichnet, so gelten für die Protokollierung folgende Abweichungen:

a. Das Protokoll kann nachträglich gestützt auf die Aufzeichnung erstellt werden.

b. Das Gericht oder das einvernehmende Gerichtsmitglied kann darauf verzichten, der Zeugin oder dem Zeugen das Protokoll vorzulesen oder zum Lesen vorzulegen und es von ihr oder ihm unterzeichnen zu lassen.

c. Die Aufzeichnung wird zu den Akten genommen.

## 3. Abschnitt: Urkunde

**Art. 177[115]** Begriff

Als Urkunden gelten Dokumente, die geeignet sind, rechtserhebliche Tatsachen zu beweisen, wie Schriftstücke, Zeichnungen, Pläne, Fotos, Filme, Tonaufzeichnungen, elektronische Dateien und dergleichen sowie private Gutachten der Parteien.

---

[112] Fassung gemäss Ziff. I 1 des BG vom 28. Sept. 2012 (Protokollierungsvorschriften), in Kraft seit 1. Mai 2013 (AS **2013** 851; BBl **2012** 5707 5719).

[113] Eingefügt durch Ziff. I 1 des BG vom 28. Sept. 2012 (Protokollierungsvorschriften) (AS **2013** 851; BBl **2012** 5707 5719). Aufgehoben durch Ziff. I des BG vom 17. März 2023 (Verbesserung der Praxistauglichkeit und der Rechtsdurchsetzung), mit Wirkung seit 1. Jan. 2025 (AS **2023** 491; BBl **2020** 2697).

[114] Eingefügt durch Ziff. I des BG vom 17. März 2023 (Verbesserung der Praxistauglichkeit und der Rechtsdurchsetzung), in Kraft seit 1. Jan. 2025 (AS **2023** 491; BBl **2020** 2697).

[115] Fassung gemäss Ziff. I des BG vom 17. März 2023 (Verbesserung der Praxistauglichkeit und der Rechtsdurchsetzung), in Kraft seit 1. Jan. 2025 (AS **2023** 491; BBl **2020** 2697).

**Art. 178**      Echtheit

Die Partei, die sich auf eine Urkunde beruft, hat deren Echtheit zu beweisen, sofern
die Echtheit von der andern Partei bestritten wird; die Bestreitung muss ausreichend
begründet werden.

**Art. 179**      Beweiskraft öffentlicher Register und Urkunden

Öffentliche Register und öffentliche Urkunden erbringen für die durch sie bezeugten
Tatsachen vollen Beweis, solange nicht die Unrichtigkeit ihres Inhalts nachgewiesen
ist.

**Art. 180**      Einreichung

[1] Die Urkunde kann in Kopie eingereicht werden. Das Gericht oder eine Partei kann
die Einreichung des Originals oder einer amtlich beglaubigten Kopie verlangen, wenn
begründete Zweifel an der Echtheit bestehen.

[2] Bei umfangreichen Urkunden ist die für die Beweisführung erhebliche Stelle zu bezeichnen.

## 4. Abschnitt: Augenschein

**Art. 181**      Durchführung

[1] Das Gericht kann zur unmittelbaren Wahrnehmung von Tatsachen oder zum besse-
ren Verständnis des Sachverhaltes auf Antrag einer Partei oder von Amtes wegen einen Augenschein durchführen.

[2] Es kann Zeuginnen und Zeugen sowie sachverständige Personen zum Augenschein
beiziehen.

[3] Kann der Gegenstand des Augenscheins ohne Nachteil vor Gericht gebracht werden,
ist er einzureichen.

**Art. 182**      Protokoll

Über den Augenschein ist Protokoll zu führen. Es wird gegebenenfalls mit Plänen,
Zeichnungen, fotografischen und andern technischen Mitteln ergänzt.

## 5. Abschnitt: Gutachten

**Art. 183**      Grundsätze

[1] Das Gericht kann auf Antrag einer Partei oder von Amtes wegen bei einer oder mehreren sachverständigen Personen ein Gutachten einholen. Es hört vorgängig die Parteien an.

2 Für eine sachverständige Person gelten die gleichen Ausstandsgründe wie für die Gerichtspersonen.

3 Eigenes Fachwissen hat das Gericht offen zu legen, damit die Parteien dazu Stellung nehmen können.

**Art. 184** Rechte und Pflichten der sachverständigen Person

1 Die sachverständige Person ist zur Wahrheit verpflichtet und hat ihr Gutachten fristgerecht abzuliefern.

2 Das Gericht weist sie auf die Strafbarkeit eines falschen Gutachtens nach Artikel 307 StGB[116] und der Verletzung des Amtsgeheimnisses nach Artikel 320 StGB sowie auf die Folgen von Säumnis und mangelhafter Auftragserfüllung hin.

3 Die sachverständige Person hat Anspruch auf Entschädigung. Der gerichtliche Entscheid über die Entschädigung ist mit Beschwerde anfechtbar.

**Art. 185** Auftrag

1 Das Gericht instruiert die sachverständige Person und stellt ihr die abzuklärenden Fragen schriftlich oder mündlich in der Verhandlung.

2 Es gibt den Parteien Gelegenheit, sich zur Fragestellung zu äussern und Änderungs- oder Ergänzungsanträge zu stellen.

3 Es stellt der sachverständigen Person die notwendigen Akten zur Verfügung und bestimmt eine Frist für die Erstattung des Gutachtens.

**Art. 186** Abklärungen der sachverständigen Person

1 Die sachverständige Person kann mit Zustimmung des Gerichts eigene Abklärungen vornehmen. Sie hat sie im Gutachten offenzulegen.

2 Das Gericht kann auf Antrag einer Partei oder von Amtes wegen die Abklärungen nach den Regeln des Beweisverfahrens nochmals vornehmen.

**Art. 187** Erstattung des Gutachtens

1 Das Gericht kann mündliche oder schriftliche Erstattung des Gutachtens anordnen. Es kann überdies anordnen, dass die sachverständige Person ihr schriftliches Gutachten in der Verhandlung erläutert. Artikel 170a gilt sinngemäss.[117]

2 Über ein mündliches Gutachten ist sinngemäss nach den Artikeln 176 und 176a Protokoll zu führen.[118]

---

[116] SR **311.0**
[117] Dritter Satz eingefügt durch Ziff. I des BG vom 17. März 2023 (Verbesserung der Praxistauglichkeit und der Rechtsdurchsetzung), in Kraft seit 1. Jan. 2025 (AS **2023** 491; BBl **2020** 2697).
[118] Fassung gemäss Ziff. I des BG vom 17. März 2023 (Verbesserung der Praxistauglichkeit und der Rechtsdurchsetzung), in Kraft seit 1. Jan. 2025 (AS **2023** 491; BBl **2020** 2697).

[3] Sind mehrere sachverständige Personen beauftragt, so erstattet jede von ihnen ein Gutachten, sofern das Gericht nichts anderes anordnet.

[4] Das Gericht gibt den Parteien Gelegenheit, eine Erläuterung des Gutachtens oder Ergänzungsfragen zu beantragen.

**Art. 188**          Säumnis und Mängel

[1] Erstattet die sachverständige Person das Gutachten nicht fristgemäss, so kann das Gericht den Auftrag widerrufen und eine andere sachverständige Person beauftragen.

[2] Das Gericht kann ein unvollständiges, unklares oder nicht gehörig begründetes Gutachten auf Antrag einer Partei oder von Amtes wegen ergänzen und erläutern lassen oder eine andere sachverständige Person beiziehen.

**Art. 189**          Schiedsgutachten

[1] Die Parteien können vereinbaren, über streitige Tatsachen ein Schiedsgutachten einzuholen.

[2] Für die Form der Vereinbarung gilt Artikel 17 Absatz 2.

[3] Das Schiedsgutachten bindet das Gericht hinsichtlich der darin festgestellten Tatsachen, wenn:

a.    die Parteien über das Rechtsverhältnis frei verfügen können;

b.    gegen die beauftragte Person kein Ausstandsgrund vorlag; und

c.    das Schiedsgutachten ohne Bevorzugung einer Partei erstellt wurde und nicht offensichtlich unrichtig ist.

## 6. Abschnitt: Schriftliche Auskunft

**Art. 190**

[1] Das Gericht kann Amtsstellen um schriftliche Auskunft ersuchen.

[2] Es kann von Privatpersonen schriftliche Auskünfte einholen, wenn eine Zeugenbefragung nicht erforderlich erscheint.

## 7. Abschnitt: Parteibefragung und Beweisaussage

**Art. 191**          Parteibefragung

[1] Das Gericht kann eine oder beide Parteien zu den rechtserheblichen Tatsachen befragen.

[2] Die Parteien werden vor der Befragung zur Wahrheit ermahnt und darauf hingewiesen, dass sie mit einer Ordnungsbusse bis zu 2000 Franken und im Wiederholungsfall bis zu 5000 Franken bestraft werden können, wenn sie mutwillig leugnen.

**Art. 192** Beweisaussage

[1] Das Gericht kann eine oder beide Parteien von Amtes wegen zur Beweisaussage unter Strafdrohung verpflichten.

[2] Die Parteien werden vor der Beweisaussage zur Wahrheit ermahnt und auf die Straffolgen einer Falschaussage hingewiesen (Art. 306 StGB[119]).

**Art. 193**[120] Protokoll und Durchführung mittels Videokonferenz

Für die Parteibefragung und die Beweisaussage gelten die Artikel 170*a*, 176 und 176*a* sinngemäss.

## 11. Titel: Rechtshilfe zwischen schweizerischen Gerichten

**Art. 194** Grundsatz

[1] Die Gerichte sind gegenseitig zur Rechtshilfe verpflichtet.

[2] Sie verkehren direkt miteinander[121].

**Art. 195** Direkte Prozesshandlungen in einem andern Kanton

Jedes Gericht kann die erforderlichen Prozesshandlungen auch in einem anderen Kanton direkt und selber vornehmen; es kann insbesondere Sitzungen abhalten und Beweis erheben.

**Art. 196** Rechtshilfe

[1] Das Gericht kann um Rechtshilfe ersuchen. Das Rechtshilfegesuch kann in der Amtssprache des ersuchenden oder des ersuchten Gerichts abgefasst werden.

[2] Das ersuchte Gericht informiert das ersuchende Gericht und die Parteien über Ort und Zeit der Prozesshandlung.

[3] Das ersuchte Gericht kann für seine Auslagen Ersatz verlangen.

---

[119] SR **311.0**
[120] Fassung gemäss Ziff. I des BG vom 17. März 2023 (Verbesserung der Praxistauglichkeit und der Rechtsdurchsetzung), in Kraft seit 1. Jan. 2025 (AS **2023** 491; BBl **2020** 2697).
[121] Die örtlich zuständige schweizerische Justizbehörde für Rechtshilfeersuchen kann über folgende Internetseite ermittelt werden: www.elorge.admin.ch

## 2. Teil: Besondere Bestimmungen
## 1. Titel: Schlichtungsversuch
## 1. Kapitel: Geltungsbereich und Schlichtungsbehörde

**Art. 197**     Grundsatz

Dem Entscheidverfahren geht ein Schlichtungsversuch vor einer Schlichtungsbehörde voraus.

**Art. 198**     Ausnahmen

Das Schlichtungsverfahren entfällt:

a.   im summarischen Verfahren;

a^bis.122   bei Klagen wegen Gewalt, Drohungen oder Nachstellungen nach Artikel 28b ZGB123 oder betreffend eine elektronische Überwachung nach Artikel 28c ZGB;

b.   bei Klagen über den Personenstand;

b^bis.124   bei Klagen über den Unterhalt von minder- und volljährigen Kindern und weitere Kinderbelange;

c.   im Scheidungsverfahren;

d.125 im Verfahren zur Auflösung und zur Ungültigerklärung der eingetragenen Partnerschaft;

e.   bei folgenden Klagen aus dem SchKG126:
  1.   Aberkennungsklage (Art. 83 Abs. 2 SchKG),
  2.   Feststellungsklage (Art. 85a SchKG),
  3.   Widerspruchsklage (Art. 106–109 SchKG),
  4.   Anschlussklage (Art. 111 SchKG),
  5.   Aussonderungs- und Admassierungsklage (Art. 242 SchKG),
  6.   Kollokationsklage (Art. 148 und 250 SchKG),
  7.   Klage auf Feststellung neuen Vermögens (Art. 265a SchKG),
  8.   Klage auf Rückschaffung von Retentionsgegenständen (Art. 284 SchKG);

---

122   Eingefügt durch Ziff. I 2 des BG vom 14. Dez. 2018 über die Verbesserung des Schutzes gewaltbetroffener Personen, in Kraft seit 1. Juli 2020 (AS **2019** 2273; BBl **2017** 7307).
123   SR **210**
124   Eingefügt durch Anhang Ziff. 2 des BG vom 20. März 2015 (Kindesunterhalt) (AS **2015** 4299; BBl **2014** 529). Fassung gemäss Ziff. I des BG vom 17. März 2023 (Verbesserung der Praxistauglichkeit und der Rechtsdurchsetzung), in Kraft seit 1. Jan. 2025 (AS **2023** 491; BBl **2020** 2697).
125   Fassung gemäss Ziff. II des BG vom 25. Sept. 2015 (Gewerbsmässige Vertretung im Zwangsvollstreckungsverfahren), in Kraft seit 1. Jan. 2018 (AS **2016** 3643; BBl **2014** 8669).
126   SR **281.1**

f.[127] bei Streitigkeiten, für die nach Artikel 7 dieses Gesetzes eine einzige kantonale Instanz zuständig ist;

g. bei der Hauptintervention, der Widerklage und der Streitverkündungsklage;

h.[128] wenn das Gericht eine Frist für eine Klage gesetzt hat sowie bei Klagen, die mit einer solchen Klage vereint werden, sofern die Klagen in einem sachlichen Zusammenhang stehen;

i.[129] bei Klagen vor dem Bundespatentgericht.

**Art. 199**      Verzicht auf das Schlichtungsverfahren

[1] Bei vermögensrechtlichen Streitigkeiten mit einem Streitwert von mindestens 100 000 Franken können die Parteien gemeinsam auf die Durchführung des Schlichtungsverfahrens verzichten.

[2] Die klagende Partei kann einseitig auf das Schlichtungsverfahren verzichten, wenn:

a. die beklagte Partei Sitz oder Wohnsitz im Ausland hat;

b. der Aufenthaltsort der beklagten Partei unbekannt ist;

c. in Streitigkeiten nach dem Gleichstellungsgesetz vom 24. März 1995[130].

[3] Bei Streitigkeiten, für die nach den Artikeln 5, 6 und 8 eine einzige kantonale Instanz zuständig ist, kann die klagende Partei die Klage direkt beim Gericht einreichen.[131]

**Art. 200**      Paritätische Schlichtungsbehörden

[1] Bei Streitigkeiten aus Miete und Pacht von Wohn- und Geschäftsräumen besteht die Schlichtungsbehörde aus einer vorsitzenden Person und einer paritätischen Vertretung.

[2] Bei Streitigkeiten nach dem Gleichstellungsgesetz vom 24. März 1995[132] besteht die Schlichtungsbehörde aus einer vorsitzenden Person und einer paritätischen Vertretung der Arbeitgeber- und Arbeitnehmerseite und des öffentlichen und privaten Bereichs; die Geschlechter müssen paritätisch vertreten sein.

---

[127] Fassung gemäss Ziff. I des BG vom 17. März 2023 (Verbesserung der Praxistauglichkeit und der Rechtsdurchsetzung), in Kraft seit 1. Jan. 2025 (AS **2023** 491; BBl **2020** 2697).
[128] Fassung gemäss Ziff. I des BG vom 17. März 2023 (Verbesserung der Praxistauglichkeit und der Rechtsdurchsetzung), in Kraft seit 1. Jan. 2025 (AS **2023** 491; BBl **2020** 2697).
[129] Eingefügt durch Ziff. I des BG vom 17. März 2023 (Verbesserung der Praxistauglichkeit und der Rechtsdurchsetzung), in Kraft seit 1. Jan. 2025 (AS **2023** 491; BBl **2020** 2697).
[130] SR **151.1**
[131] Eingefügt durch Ziff. I des BG vom 17. März 2023 (Verbesserung der Praxistauglichkeit und der Rechtsdurchsetzung), in Kraft seit 1. Jan. 2025 (AS **2023** 491; BBl **2020** 2697).
[132] SR **151.1**

**Art. 201** Aufgaben der Schlichtungsbehörde

¹ Die Schlichtungsbehörde versucht in formloser Verhandlung, die Parteien zu versöhnen. Dient es der Beilegung des Streites, so können in einen Vergleich auch ausserhalb des Verfahrens liegende Streitfragen zwischen den Parteien einbezogen werden.

² In den Angelegenheiten nach Artikel 200 ist die Schlichtungsbehörde auch Rechtsberatungsstelle.

## 2. Kapitel: Schlichtungsverfahren

**Art. 202** Einleitung

¹ Das Verfahren wird durch das Schlichtungsgesuch eingeleitet. Dieses kann in den Formen nach Artikel 130 eingereicht oder mündlich bei der Schlichtungsbehörde zu Protokoll gegeben werden.

² Im Schlichtungsgesuch sind die Gegenpartei, das Rechtsbegehren und der Streitgegenstand zu bezeichnen.

³ Die Schlichtungsbehörde stellt der Gegenpartei das Schlichtungsgesuch unverzüglich zu und lädt gleichzeitig die Parteien zur Vermittlung vor.

⁴ In den Angelegenheiten nach Artikel 200 kann sie, soweit ein Entscheidvorschlag[133] nach Artikel 210 oder ein Entscheid nach Artikel 212 in Frage kommt, ausnahmsweise einen Schriftenwechsel durchführen.

**Art. 203** Verhandlung

¹ Die Verhandlung hat innert zwei Monaten seit Eingang des Gesuchs oder nach Abschluss des Schriftenwechsels stattzufinden.

² Die Schlichtungsbehörde lässt sich allfällige Urkunden vorlegen und kann einen Augenschein durchführen. Soweit ein Entscheidvorschlag nach Artikel 210 oder ein Entscheid nach Artikel 212 in Frage kommt, kann sie auch die übrigen Beweismittel abnehmen, wenn dies das Verfahren nicht wesentlich verzögert.

³ Die Verhandlung ist nicht öffentlich. In den Angelegenheiten nach Artikel 200 kann die Schlichtungsbehörde die Öffentlichkeit ganz oder teilweise zulassen, wenn ein öffentliches Interesse besteht.

⁴ Mit Zustimmung der Parteien kann die Schlichtungsbehörde weitere Verhandlungen durchführen. Das Verfahren ist spätestens nach zwölf Monaten abzuschliessen.

---

[133] Ausdruck gemäss Ziff. I des BG vom 17. März 2023 (Verbesserung der Praxistauglichkeit und der Rechtsdurchsetzung), in Kraft seit 1. Jan. 2025 (AS **2023** 491; BBl **2020** 2697). Diese Änd. wurde im ganzen Erlass berücksichtigt.

**Art. 204** Persönliches Erscheinen

[1] Die Parteien müssen persönlich zur Schlichtungsverhandlung erscheinen. Ist eine juristische Person Partei, so muss für sie entweder ein Organ oder eine Person erscheinen, die mit einer kaufmännischen Handlungsvollmacht ausgestattet, zur Prozessführung sowie zum Abschluss eines Vergleichs befugt und mit dem Streitgegenstand vertraut ist.[134]

[2] Die Parteien können sich von einer Rechtsbeiständin, einem Rechtsbeistand oder einer Vertrauensperson begleiten lassen.[135]

[3] Nicht persönlich erscheinen muss und sich vertreten lassen kann, wer:

a.[136] ausserkantonalen oder ausländischen Wohnsitz oder Sitz hat;

b. wegen Krankheit, Alter oder anderen wichtigen Gründen verhindert ist;

c. in Streitigkeiten nach Artikel 243 als Arbeitgeber beziehungsweise als Versicherer eine angestellte Person oder als Vermieter die Liegenschaftsverwaltung delegiert, sofern diese zum Abschluss eines Vergleichs schriftlich ermächtigt sind;

d.[137] eine von mehreren klagenden oder beklagten Parteien ist, sofern eine der Parteien anwesend und befugt ist, die anderen klagenden oder beklagten Parteien zu vertreten und einen Vergleich in deren Namen abzuschliessen.

[4] Die Gegenpartei ist über die Vertretung vorgängig zu orientieren.

**Art. 205** Vertraulichkeit des Verfahrens

[1] Aussagen der Parteien dürfen weder protokolliert noch später im Entscheidverfahren verwendet werden.

[2] Vorbehalten ist die Verwendung der Aussagen im Falle eines Entscheidvorschlages oder Entscheides der Schlichtungsbehörde.

**Art. 206** Säumnis

[1] Bei Säumnis der klagenden Partei gilt das Schlichtungsgesuch als zurückgezogen; das Verfahren wird als gegenstandslos abgeschrieben.

[2] Bei Säumnis der beklagten Partei verfährt die Schlichtungsbehörde, wie wenn keine Einigung zu Stande gekommen wäre (Art. 209–212).

[3] Bei Säumnis beider Parteien wird das Verfahren als gegenstandslos abgeschrieben.

---

134 Zweiter Satz eingefügt durch Ziff. I des BG vom 17. März 2023 (Verbesserung der Praxistauglichkeit und der Rechtsdurchsetzung), in Kraft seit 1. Jan. 2025 (AS **2023** 491; BBl **2020** 2697).
135 Fassung gemäss Ziff. I des BG vom 17. März 2023 (Verbesserung der Praxistauglichkeit und der Rechtsdurchsetzung), in Kraft seit 1. Jan. 2025 (AS **2023** 491; BBl **2020** 2697).
136 Fassung gemäss Ziff. I des BG vom 17. März 2023 (Verbesserung der Praxistauglichkeit und der Rechtsdurchsetzung), in Kraft seit 1. Jan. 2025 (AS **2023** 491; BBl **2020** 2697).
137 Eingefügt durch Ziff. I des BG vom 17. März 2023 (Verbesserung der Praxistauglichkeit und der Rechtsdurchsetzung), in Kraft seit 1. Jan. 2025 (AS **2023** 491; BBl **2020** 2697).

[4] Eine säumige Partei kann mit einer Ordnungsbusse bis zu 1000 Franken bestraft werden.[138]

**Art. 207** Kosten des Schlichtungsverfahrens

[1] Die Kosten des Schlichtungsverfahrens werden der klagenden Partei auferlegt:

a. wenn sie das Schlichtungsgesuch zurückzieht;

b. wenn das Verfahren wegen Säumnis abgeschrieben wird;

c. bei Erteilung der Klagebewilligung.

[2] Bei Einreichung der Klage werden die Kosten zur Hauptsache geschlagen.

## 3. Kapitel: Einigung und Klagebewilligung

**Art. 208** Einigung der Parteien

[1] Kommt es zu einer Einigung, so nimmt die Schlichtungsbehörde einen Vergleich, eine Klageanerkennung oder einen vorbehaltlosen Klagerückzug zu Protokoll und lässt die Parteien dieses unterzeichnen. Jede Partei erhält ein Exemplar des Protokolls.

[2] Ein Vergleich, eine Klageanerkennung oder ein vorbehaltloser Klagerückzug haben die Wirkung eines rechtskräftigen Entscheids.

**Art. 209** Klagebewilligung

[1] Kommt es zu keiner Einigung, so hält die Schlichtungsbehörde dies im Protokoll fest und erteilt die Klagebewilligung:

a. bei der Anfechtung von Miet- und Pachtzinserhöhungen: dem Vermieter oder Verpächter;

b. in den übrigen Fällen: der klagenden Partei.

[2] Die Klagebewilligung enthält:

a. die Namen und Adressen der Parteien und allfälliger Vertretungen;

b. das Rechtsbegehren der klagenden Partei mit Streitgegenstand und eine allfällige Widerklage;

c. das Datum der Einleitung des Schlichtungsverfahrens;

d. die Verfügung über die Kosten des Schlichtungsverfahrens;

e. das Datum der Klagebewilligung;

f. die Unterschrift der Schlichtungsbehörde.

[3] Nach Eröffnung berechtigt die Klagebewilligung während dreier Monate zur Einreichung der Klage beim Gericht.

---

[138] Eingefügt durch Ziff. I des BG vom 17. März 2023 (Verbesserung der Praxistauglichkeit und der Rechtsdurchsetzung), in Kraft seit 1. Jan. 2025 (AS **2023** 491; BBl **2020** 2697).

⁴ In Streitigkeiten aus Miete und Pacht von Wohn- und Geschäftsräumen sowie aus landwirtschaftlicher Pacht beträgt die Klagefrist 30 Tage.[139]

## 4. Kapitel: Entscheidvorschlag und Entscheid

**Art. 210**      Entscheidvorschlag

¹ Die Schlichtungsbehörde kann den Parteien einen Entscheidvorschlag unterbreiten in:[140]

a.   Streitigkeiten nach dem Gleichstellungsgesetz vom 24. März 1995[141];

b.   Streitigkeiten aus Miete und Pacht von Wohn- und Geschäftsräumen sowie aus landwirtschaftlicher Pacht, sofern die Hinterlegung von Miet- und Pachtzinsen, der Schutz vor missbräuchlichen Miet- und Pachtzinsen, der Kündigungsschutz oder die Erstreckung des Miet- und Pachtverhältnisses betroffen ist;

c.[142] den übrigen vermögensrechtlichen Streitigkeiten bis zu einem Streitwert von 10 000 Franken.

² Der Entscheidvorschlag kann eine kurze Begründung enthalten; im Übrigen gilt Artikel 238 sinngemäss.

**Art. 211**      Wirkungen

¹ Der Entscheidvorschlag gilt als angenommen und hat die Wirkungen eines rechtskräftigen Entscheids, wenn ihn keine Partei innert 20 Tagen seit der schriftlichen Eröffnung ablehnt. Die Ablehnung bedarf keiner Begründung.

² Nach Eingang der Ablehnung stellt die Schlichtungsbehörde die Klagebewilligung zu:

a.   in den Angelegenheiten nach Artikel 210 Absatz 1 Buchstabe b: der ablehnenden Partei;

b.   in den übrigen Fällen: der klagenden Partei.

³ Wird die Klage in den Angelegenheiten nach Artikel 210 Absatz 1 Buchstabe b nicht rechtzeitig eingereicht, so gilt der Entscheidvorschlag als anerkannt und er hat die Wirkungen eines rechtskräftigen Entscheides.

⁴ Die Parteien sind im Entscheidvorschlag auf die Wirkungen nach den Absätzen 1–3 hinzuweisen.

---

[139]   Fassung gemäss Ziff. I des BG vom 17. März 2023 (Verbesserung der Praxistauglichkeit und der Rechtsdurchsetzung), in Kraft seit 1. Jan. 2025 (AS **2023** 491; BBl **2020** 2697).
[140]   Fassung gemäss Ziff. I des BG vom 17. März 2023 (Verbesserung der Praxistauglichkeit und der Rechtsdurchsetzung), in Kraft seit 1. Jan. 2025 (AS **2023** 491; BBl **2020** 2697).
[141]   SR **151.1**
[142]   Fassung gemäss Ziff. I des BG vom 17. März 2023 (Verbesserung der Praxistauglichkeit und der Rechtsdurchsetzung), in Kraft seit 1. Jan. 2025 (AS **2023** 491; BBl **2020** 2697).

**Art. 212**       Entscheid

¹ Vermögensrechtliche Streitigkeiten bis zu einem Streitwert von 2000 Franken kann die Schlichtungsbehörde entscheiden, sofern die klagende Partei einen entsprechenden Antrag stellt.

² Das Verfahren ist mündlich.

³ Bei einem Entscheid gemäss Absatz 1 legt die Schlichtungsbehörde die Gerichtskosten und die Parteientschädigung fest.[143]

## 2. Titel: Mediation

**Art. 213**       Mediation statt Schlichtungsverfahren

¹ Auf Antrag sämtlicher Parteien tritt eine Mediation an die Stelle des Schlichtungsverfahrens.

² Der Antrag ist im Schlichtungsgesuch oder an der Schlichtungsverhandlung zu stellen.

³ Teilt eine Partei der Schlichtungsbehörde das Scheitern der Mediation mit, so wird die Klagebewilligung ausgestellt.

**Art. 214**       Mediation im Entscheidverfahren

¹ Das Gericht kann den Parteien jederzeit eine Mediation empfehlen.

² Die Parteien können dem Gericht jederzeit gemeinsam eine Mediation beantragen.

³ Das gerichtliche Verfahren bleibt bis zum Widerruf des Antrages durch eine Partei oder bis zur Mitteilung der Beendigung der Mediation sistiert.

**Art. 215**       Organisation und Durchführung der Mediation

Organisation und Durchführung der Mediation ist Sache der Parteien.

**Art. 216**       Verhältnis zum gerichtlichen Verfahren

¹ Die Mediation ist von der Schlichtungsbehörde und vom Gericht unabhängig und vertraulich.

² Die Aussagen der Parteien dürfen im gerichtlichen Verfahren nicht verwendet werden.

---

[143] Eingefügt durch Ziff. I des BG vom 17. März 2023 (Verbesserung der Praxistauglichkeit und der Rechtsdurchsetzung), in Kraft seit 1. Jan. 2025 (AS **2023** 491; BBl **2020** 2697).

**Art. 217**       Genehmigung einer Vereinbarung

Die Parteien können gemeinsam die Genehmigung der in der Mediation erzielten Vereinbarung beantragen. Die genehmigte Vereinbarung hat die Wirkung eines rechtskräftigen Entscheids.

**Art. 218**       Kosten der Mediation

[1] Die Parteien tragen die Kosten der Mediation.

[2] In kindesrechtlichen Angelegenheiten haben die Parteien Anspruch auf eine unentgeltliche Mediation, wenn:[144]

 a.   ihnen die erforderlichen Mittel fehlen; und

 b.   das Gericht die Durchführung einer Mediation empfiehlt.

[3] Das kantonale Recht kann weitere Kostenerleichterungen vorsehen.

## 3. Titel: Ordentliches Verfahren
## 1. Kapitel: Geltungsbereich

**Art. 219**

Die Bestimmungen dieses Titels gelten für das ordentliche Verfahren sowie sinngemäss für sämtliche anderen Verfahren, soweit das Gesetz nichts anderes bestimmt.

## 2. Kapitel: Schriftenwechsel und Vorbereitung der Hauptverhandlung

**Art. 220**       Einleitung

Das ordentliche Verfahren wird mit Einreichung der Klage eingeleitet.

**Art. 221**       Klage

[1] Die Klage enthält:

 a.   die Bezeichnung der Parteien und allfälliger Vertreterinnen und Vertreter;

 b.   das Rechtsbegehren;

 c.   die Angabe des Streitwerts;

 d.   die Tatsachenbehauptungen;

 e.   die Bezeichnung der einzelnen Beweismittel zu den behaupteten Tatsachen;

 f.   das Datum und die Unterschrift.

[2] Mit der Klage sind folgende Beilagen einzureichen:

---

[144]   Fassung gemäss Anhang Ziff. 2 des BG vom 20. März 2015 (Kindesunterhalt), in Kraft seit 1. Jan. 2017 (AS **2015** 4299; BBl **2014** 529).

a.    eine Vollmacht bei Vertretung;

b.    gegebenenfalls die Klagebewilligung oder die Erklärung, dass auf das Schlichtungsverfahren verzichtet werde;

c.    die verfügbaren Urkunden, welche als Beweismittel dienen sollen;

d.    ein Verzeichnis der Beweismittel.

3 Die Klage kann eine rechtliche Begründung enthalten.

**Art. 222**        Klageantwort

1 Das Gericht stellt die Klage der beklagten Partei zu und setzt ihr gleichzeitig eine Frist zur schriftlichen Klageantwort.

2 Für die Klageantwort gilt Artikel 221 sinngemäss. Die beklagte Partei hat darzulegen, welche Tatsachenbehauptungen der klagenden Partei im Einzelnen anerkannt oder bestritten werden.

3 Das Gericht kann die beklagte Partei auffordern, die Klageantwort auf einzelne Fragen oder einzelne Rechtsbegehren zu beschränken (Art. 125).

4 Es stellt die Klageantwort der klagenden Partei zu.

**Art. 223**        Versäumte Klageantwort

1 Bei versäumter Klageantwort setzt das Gericht der beklagten Partei eine kurze Nachfrist.

2 Nach unbenutzter Frist trifft das Gericht einen Endentscheid, sofern die Angelegenheit spruchreif ist. Andernfalls lädt es zur Hauptverhandlung vor.

**Art. 224**        Widerklage

1 Die beklagte Partei kann in der Klageantwort Widerklage erheben, wenn der geltend gemachte Anspruch nach der gleichen Verfahrensart wie die Hauptklage zu beurteilen ist.

1bis Die Widerklage ist auch zulässig und zusammen mit der Hauptklage im ordentlichen Verfahren zu beurteilen, wenn:

a.    der geltend gemachte Anspruch lediglich aufgrund des Streitwerts im vereinfachten Verfahren, die Hauptklage aber im ordentlichen Verfahren zu beurteilen ist; oder

b.    mit der Widerklage auf Feststellung des Nichtbestehens eines Rechts oder Rechtsverhältnisses geklagt wird, nachdem mit der Hauptklage nur ein Teil eines Anspruchs aus diesem Recht oder Rechtsverhältnis eingeklagt wurde und deshalb lediglich aufgrund des Streitwerts das vereinfachte Verfahren Anwendung findet.[145]

---

[145]   Eingefügt durch Ziff. I des BG vom 17. März 2023 (Verbesserung der Praxistauglichkeit und der Rechtsdurchsetzung), in Kraft seit 1. Jan. 2025 (AS **2023** 491; BBl **2020** 2697).

2 Übersteigt der Streitwert der Widerklage die sachliche Zuständigkeit des Gerichts, so hat dieses beide Klagen dem Gericht mit der höheren sachlichen Zuständigkeit zu überweisen.

3 Wird Widerklage erhoben, so setzt das Gericht der klagenden Partei eine Frist zur schriftlichen Antwort. Widerklage auf Widerklage ist unzulässig.

**Art. 225**      Zweiter Schriftenwechsel

Erfordern es die Verhältnisse, so kann das Gericht einen zweiten Schriftenwechsel anordnen.

**Art. 226**      Instruktionsverhandlung

1 Das Gericht kann jederzeit Instruktionsverhandlungen durchführen.

2 Die Instruktionsverhandlung dient der freien Erörterung des Streitgegenstandes, der Ergänzung des Sachverhaltes, dem Versuch einer Einigung und der Vorbereitung der Hauptverhandlung.

3 Das Gericht kann Beweise abnehmen.

**Art. 227**      Klageänderung

1 Eine Klageänderung ist zulässig, wenn der geänderte oder neue Anspruch nach der gleichen Verfahrensart zu beurteilen ist und:

     a.    mit dem bisherigen Anspruch in einem sachlichen Zusammenhang steht; oder

     b.    die Gegenpartei zustimmt.

2 Übersteigt der Streitwert der geänderten Klage die sachliche Zuständigkeit des Gerichts, so hat dieses den Prozess an das Gericht mit der höheren sachlichen Zuständigkeit zu überweisen.

3 Eine Beschränkung der Klage ist jederzeit zulässig; das angerufene Gericht bleibt zuständig.

## 3. Kapitel: Hauptverhandlung

**Art. 228**      Erste Parteivorträge

1 Nach der Eröffnung der Hauptverhandlung stellen die Parteien ihre Anträge und begründen sie.

2 Das Gericht gibt ihnen Gelegenheit zu Replik und Duplik.

**Art. 229**        Neue Tatsachen und Beweismittel

¹ Hat weder ein zweiter Schriftenwechsel noch eine Instruktionsverhandlung stattgefunden, so können neue Tatsachen und Beweismittel in der Hauptverhandlung im ersten Parteivortrag nach Artikel 228 Absatz 1 unbeschränkt vorgebracht werden.[146]

² In den anderen Fällen können neue Tatsachen und Beweismittel innerhalb einer vom Gericht festgelegten Frist oder, bei Fehlen einer solchen Frist, spätestens bis zum ersten Parteivortrag in der Hauptverhandlung nach Artikel 228 Absatz 1 vorgebracht werden, wenn sie:

    a.    erst nach Abschluss des Schriftenwechsels oder nach der letzten Instruktionsverhandlung entstanden sind (echte Noven); oder

    b.    bereits vor Abschluss des Schriftenwechsels oder vor der letzten Instruktionsverhandlung vorhanden waren, aber trotz zumutbarer Sorgfalt nicht vorher vorgebracht werden konnten (unechte Noven).[147]

²ᵇⁱˢ Nach den ersten Parteivorträgen werden neue Tatsachen und Beweismittel nach Absatz 2 Buchstaben a und b nur noch berücksichtigt, wenn sie in der vom Gericht festgelegten Frist oder, bei Fehlen einer solchen Frist, spätestens in der nächsten Verhandlung vorgebracht werden.[148]

³ Hat das Gericht den Sachverhalt von Amtes wegen abzuklären, so berücksichtigt es neue Tatsachen und Beweismittel bis zur Urteilsberatung.

**Art. 230**        Klageänderung

¹ Eine Klageänderung ist in der Hauptverhandlung nur noch zulässig, wenn:

    a.    die Voraussetzungen nach Artikel 227 Absatz 1 gegeben sind; und

    b.[149]    sie auf neuen Tatsachen oder Beweismitteln beruht.

² Artikel 227 Absätze 2 und 3 ist anwendbar.

**Art. 231**        Beweisabnahme

Nach den Parteivorträgen nimmt das Gericht die Beweise ab.

**Art. 232**        Schlussvorträge

¹ Nach Abschluss der Beweisabnahme können die Parteien zum Beweisergebnis und zur Sache Stellung nehmen. Die klagende Partei plädiert zuerst. Das Gericht gibt Gelegenheit zu einem zweiten Vortrag.

---

[146]  Fassung gemäss Ziff. I des BG vom 17. März 2023 (Verbesserung der Praxistauglichkeit und der Rechtsdurchsetzung), in Kraft seit 1. Jan. 2025 (AS **2023** 491; BBl **2020** 2697).
[147]  Fassung gemäss Ziff. I des BG vom 17. März 2023 (Verbesserung der Praxistauglichkeit und der Rechtsdurchsetzung), in Kraft seit 1. Jan. 2025 (AS **2023** 491; BBl **2020** 2697).
[148]  Eingefügt durch Ziff. I des BG vom 17. März 2023 (Verbesserung der Praxistauglichkeit und der Rechtsdurchsetzung), in Kraft seit 1. Jan. 2025 (AS **2023** 491; BBl **2020** 2697).
[149]  Fassung gemäss Ziff. II des BG vom 25. Sept. 2015 (Gewerbsmässige Vertretung im Zwangsvollstreckungsverfahren), in Kraft seit 1. Jan. 2018 (AS **2016** 3643; BBl **2014** 8669).

2 Die Parteien können gemeinsam auf die mündlichen Schlussvorträge verzichten und beantragen, schriftliche Parteivorträge einzureichen. Das Gericht setzt ihnen dazu eine Frist.

**Art. 233** Verzicht auf die Hauptverhandlung

Die Parteien können gemeinsam auf die Durchführung der Hauptverhandlung verzichten.

**Art. 234** Säumnis an der Hauptverhandlung

1 Bei Säumnis einer Partei berücksichtigt das Gericht die Eingaben, die nach Massgabe dieses Gesetzes eingereicht worden sind. Im Übrigen kann es seinem Entscheid unter Vorbehalt von Artikel 153 die Akten sowie die Vorbringen der anwesenden Partei zu Grunde legen.

2 Bei Säumnis beider Parteien wird das Verfahren als gegenstandslos abgeschrieben. Die Gerichtskosten werden den Parteien je zur Hälfte auferlegt.

## 4. Kapitel: Protokoll

**Art. 235**

1 Das Gericht führt über jede Verhandlung Protokoll. Dieses enthält insbesondere:

    a.    den Ort und die Zeit der Verhandlung;

    b.    die Zusammensetzung des Gerichts;

    c.    die Anwesenheit der Parteien und ihrer Vertretungen;

    d.    die Rechtsbegehren, Anträge und Prozesserklärungen der Parteien;

    e.    die Verfügungen des Gerichts;

    f.    die Unterschrift der protokollführenden Person.

2 Ausführungen tatsächlicher Natur sind dem wesentlichen Inhalt nach zu protokollieren, soweit sie nicht in den Schriftsätzen der Parteien enthalten sind. Sie können zusätzlich auf Tonband, auf Video oder mit anderen geeigneten technischen Hilfsmitteln aufgezeichnet werden.

3 Über Gesuche um Protokollberichtigung entscheidet das Gericht.

## 5. Kapitel: Entscheid

**Art. 236** Endentscheid

1 Ist das Verfahren spruchreif, so wird es durch Sach- oder Nichteintretensentscheid beendet.

2 Das Gericht urteilt durch Mehrheitsentscheid.

3 Auf Antrag der obsiegenden Partei ordnet es Vollstreckungsmassnahmen an.

**Art. 237**      Zwischenentscheid

1 Das Gericht kann einen Zwischenentscheid treffen, wenn durch abweichende ober-instanzliche Beurteilung sofort ein Endentscheid herbeigeführt und so ein bedeuten-der Zeit- oder Kostenaufwand gespart werden kann.

2 Der Zwischenentscheid ist selbstständig anzufechten; eine spätere Anfechtung zu-sammen mit dem Endentscheid ist ausgeschlossen.

**Art. 238**      Inhalt

Ein Entscheid enthält:

    a.   die Bezeichnung und die Zusammensetzung des Gerichts;

    b.   den Ort und das Datum des Entscheids;

    c.   die Bezeichnung der Parteien und ihrer Vertretung;

    d.   das Dispositiv (Urteilsformel);

    e.   die Angabe der Personen und Behörden, denen der Entscheid mitzuteilen ist;

    f.   eine Rechtsmittelbelehrung, sofern die Parteien auf die Rechtsmittel nicht ver-zichtet haben;

    g.[150] gegebenenfalls die wesentlichen Entscheidgründe tatsächlicher und rechtli-cher Art;

    h.   die Unterschrift des Gerichts.

**Art. 239**      Eröffnung und Begründung

1 Das Gericht eröffnet seinen Entscheid in der Regel ohne schriftliche Begründung:[151]

    a.   in der Hauptverhandlung durch Übergabe des schriftlichen Dispositivs an die Parteien mit kurzer mündlicher Begründung;

    b.[152] durch zeitnahe Zustellung des Dispositivs an die Parteien.

2 Eine schriftliche Begründung ist nachzuliefern, wenn eine Partei dies innert zehn Tagen seit der Eröffnung des Entscheides verlangt. Wird keine Begründung ver-langt, so gilt dies als Verzicht auf die Anfechtung des Entscheides mit Berufung oder Beschwerde.

---

[150]   Fassung gemäss Ziff. I des BG vom 17. März 2023 (Verbesserung der Praxistauglichkeit und der Rechtsdurchsetzung), in Kraft seit 1. Jan. 2025 (AS **2023** 491; BBl **2020** 2697).
[151]   Fassung gemäss Ziff. I des BG vom 17. März 2023 (Verbesserung der Praxistauglichkeit und der Rechtsdurchsetzung), in Kraft seit 1. Jan. 2025 (AS **2023** 491; BBl **2020** 2697).
[152]   Fassung gemäss Ziff. I des BG vom 17. März 2023 (Verbesserung der Praxistauglichkeit und der Rechtsdurchsetzung), in Kraft seit 1. Jan. 2025 (AS **2023** 491; BBl **2020** 2697).

3 Vorbehalten bleiben die Bestimmungen des Bundesgerichtsgesetzes vom 17. Juni 2005[153] über die Eröffnung von Entscheiden, die an das Bundesgericht weitergezogen werden können.

**Art. 240** Mitteilung und Veröffentlichung des Entscheides

Sieht das Gesetz es vor oder dient es der Vollstreckung, so wird der Entscheid Behörden und betroffenen Dritten mitgeteilt oder veröffentlicht.

## 6. Kapitel: Beendigung des Verfahrens ohne Sachentscheid[154]

**Art. 241** Vergleich, Klageanerkennung, Klagerückzug

1 Wird ein Vergleich, eine Klageanerkennung oder ein Klagerückzug dem Gericht zu Protokoll gegeben, so haben die Parteien das Protokoll zu unterzeichnen.

2 Ein Vergleich, eine Klageanerkennung oder ein Klagerückzug hat die Wirkung eines rechtskräftigen Entscheides.

3 Das Gericht schreibt das Verfahren ab.

**Art. 242[155]** Gegenstandslosigkeit aus anderen Gründen

Endet das Verfahren aus anderen Gründen ohne Sachentscheid, so erlässt das Gericht einen Abschreibungsentscheid.

## 4. Titel: Vereinfachtes Verfahren

**Art. 243** Geltungsbereich

1 Das vereinfachte Verfahren gilt für vermögensrechtliche Streitigkeiten bis zu einem Streitwert von 30 000 Franken.

2 Es gilt ohne Rücksicht auf den Streitwert bei Streitigkeiten:[156]

    a.   nach dem Gleichstellungsgesetz vom 24. März 1995[157];

    b.[158] wegen Gewalt, Drohungen oder Nachstellungen nach Artikel 28*b* ZGB[159] oder betreffend eine elektronische Überwachung nach Artikel 28*c* ZGB;

---

153 SR **173.110**
154 Fassung gemäss Ziff. I des BG vom 17. März 2023 (Verbesserung der Praxistauglichkeit und der Rechtsdurchsetzung), in Kraft seit 1. Jan. 2025 (AS **2023** 491; BBl **2020** 2697).
155 Fassung gemäss Ziff. I des BG vom 17. März 2023 (Verbesserung der Praxistauglichkeit und der Rechtsdurchsetzung), in Kraft seit 1. Jan. 2025 (AS **2023** 491; BBl **2020** 2697).
156 Fassung gemäss Ziff. I 2 des BG vom 14. Dez. 2018 über die Verbesserung des Schutzes gewaltbetroffener Personen, in Kraft seit 1. Juli 2020 (AS **2019** 2273; BBl **2017** 7307).
157 SR **151.1**
158 Fassung gemäss Ziff. I 2 des BG vom 14. Dez. 2018 über die Verbesserung des Schutzes gewaltbetroffener Personen, in Kraft seit 1. Juli 2020 (AS **2019** 2273; BBl **2017** 7307).
159 SR **210**

c. aus Miete und Pacht von Wohn- und Geschäftsräumen sowie aus landwirt-schaftlicher Pacht, sofern die Hinterlegung von Miet- und Pachtzinsen, der Schutz vor missbräuchlichen Miet- und Pachtzinsen, der Kündigungsschutz oder die Erstreckung des Miet- oder Pachtverhältnisses betroffen ist;

d.[160] zur Durchsetzung des Auskunftsrechts nach Artikel 25 DSG[161];

e. nach dem Mitwirkungsgesetz vom 17. Dezember 1993[162];

f. aus Zusatzversicherungen zur sozialen Krankenversicherung nach dem Bun-desgesetz vom 18. März 1994[163] über die Krankenversicherung.

[3] Es findet keine Anwendung in Streitigkeiten vor der einzigen kantonalen Instanz nach den Artikeln 5 und 8 und vor dem Handelsgericht nach Artikel 6.

**Art. 244**    Vereinfachte Klage

[1] Die Klage kann in den Formen nach Artikel 130 eingereicht oder mündlich bei Ge-richt zu Protokoll gegeben werden. Sie enthält:

a. die Bezeichnung der Parteien;

b. das Rechtsbegehren;

c. die Bezeichnung des Streitgegenstandes;

d. wenn nötig die Angabe des Streitwertes;

e. das Datum und die Unterschrift.

[2] Eine Begründung der Klage ist nicht erforderlich.

[3] Als Beilagen sind einzureichen:

a. eine Vollmacht bei Vertretung;

b. die Klagebewilligung oder die Erklärung, dass auf das Schlichtungsverfahren verzichtet werde;

c. die verfügbaren Urkunden, welche als Beweismittel dienen sollen.

**Art. 245**    Vorladung zur Verhandlung und Stellungnahme

[1] Enthält die Klage keine Begründung, so stellt das Gericht sie der beklagten Partei zu und lädt die Parteien zugleich zur Verhandlung vor. Bei Säumnis einer Partei an der Verhandlung lädt das Gericht unverzüglich noch ein einziges Mal zur Verhandlung vor und weist die Parteien dabei auf die Folgen einer allfälligen weiteren Säumnis ihrerseits hin. Die Verhandlung findet innert 30 Tagen seit der ersten Verhandlung statt.[164]

---

[160] Fassung gemäss Anhang 1 Ziff. II 24 des Datenschutzgesetzes vom 25. Sept. 2020, in Kraft seit 1. Sept. 2023 (AS **2022** 491; BBl **2017** 6941).
[161] SR **235.1**
[162] SR **822.14**
[163] SR **832.10**
[164] Zweiter und dritter Satz eingefügt durch Ziff. I des BG vom 17. März 2023 (Verbesse-rung der Praxistauglichkeit und der Rechtsdurchsetzung), in Kraft seit 1. Jan. 2025 (AS **2023** 491; BBl **2020** 2697).

² Enthält die Klage eine Begründung, so setzt das Gericht der beklagten Partei zunächst eine Frist zur schriftlichen Stellungnahme. Lädt das Gericht die Parteien zur Verhandlung vor, so gilt bei Säumnis Artikel 234 sinngemäss.[165]

**Art. 246** Prozessleitende Verfügungen

¹ Das Gericht trifft die notwendigen Verfügungen, damit die Streitsache möglichst am ersten Termin erledigt werden kann.

² Erfordern es die Verhältnisse, so kann das Gericht einen Schriftenwechsel anordnen und Instruktionsverhandlungen durchführen.

**Art. 247** Feststellung des Sachverhaltes

¹ Das Gericht wirkt durch entsprechende Fragen darauf hin, dass die Parteien ungenügende Angaben zum Sachverhalt ergänzen und die Beweismittel bezeichnen.

² Das Gericht stellt den Sachverhalt von Amtes wegen fest:

    a.    in den Angelegenheiten nach Artikel 243 Absatz 2;

    b.    bis zu einem Streitwert von 30 000 Franken:

        1.    in den übrigen Streitigkeiten aus Miete und Pacht von Wohn- und Geschäftsräumen sowie aus landwirtschaftlicher Pacht,

        2.    in den übrigen arbeitsrechtlichen Streitigkeiten.

## 5. Titel: Summarisches Verfahren
## 1. Kapitel: Geltungsbereich

**Art. 248** Grundsatz

Das summarische Verfahren ist anwendbar:

    a.    in den vom Gesetz bestimmten Fällen;

    b.    für den Rechtsschutz in klaren Fällen;

    c.    für das gerichtliche Verbot;

    d.    für die vorsorglichen Massnahmen;

    e.    für die Angelegenheiten der freiwilligen Gerichtsbarkeit.

**Art. 249** Zivilgesetzbuch

Das summarische Verfahren gilt für folgende Angelegenheiten:[166]

---

[165] Zweiter Satz eingefügt durch Ziff. I des BG vom 17. März 2023 (Verbesserung der Praxistauglichkeit und der Rechtsdurchsetzung), in Kraft seit 1. Jan. 2025 (AS **2023** 491; BBl **2020** 2697).

[166] Fassung gemäss Ziff. I des BG vom 17. März 2023 (Verbesserung der Praxistauglichkeit und der Rechtsdurchsetzung), in Kraft seit 1. Jan. 2025 (AS **2023** 491; BBl **2020** 2697).

a.[167] Personenrecht:

1. Fristansetzung zur Genehmigung von Rechtsgeschäften einer minderjährigen Person oder einer Person unter umfassender Beistandschaft (Art. 19a ZGB[168]),
2. Anspruch auf Gegendarstellung (Art. 28l ZGB),
3. Verschollenerklärung (Art. 35–38 ZGB),
4. Bereinigung einer Eintragung im Zivilstandsregister (Art. 42 ZGB),
5.[169] Massnahmen bei Mängeln in der Organisation eines Vereins (Art. 69c ZGB);

b.[170] ...

c. Erbrecht:

1. Entgegennahme eines mündlichen Testamentes (Art. 507 ZGB),
2. Sicherstellung bei Beerbung einer verschollenen Person (Art. 546 ZGB),
3. Verschiebung der Erbteilung und Sicherung der Ansprüche der Miterbinnen und Miterben gegenüber zahlungsunfähigen Erben (Art. 604 Abs. 2 und 3 ZGB);

d. Sachenrecht:

1. Massnahmen zur Erhaltung des Wertes und der Gebrauchsfähigkeit der Sache bei Miteigentum (Art. 647 Abs. 2 Ziff. 1 ZGB),
2. Eintragung dinglicher Rechte an Grundstücken bei ausserordentlicher Ersitzung (Art. 662 ZGB),
3. Aufhebung der Einsprache gegen die Verfügungen über ein Stockwerk (Art. 712c Abs. 3 ZGB),
4. Ernennung und Abberufung des Verwalters bei Stockwerkeigentum (Art. 712q und 712r ZGB),
5. vorläufige Eintragung gesetzlicher Grundpfandrechte (Art. 712i, 779d, 779k und 837–839 ZGB),
6. Fristansetzung zur Sicherstellung bei Nutzniessung und Entzug des Besitzes (Art. 760 und 762 ZGB),
7. Anordnung der Schuldenliquidation des Nutzniessungsvermögens (Art. 766 ZGB),
8. Massnahmen zu Gunsten des Pfandgläubigers zur Sicherung des Grundpfands (Art. 808 Abs. 1 und 2 sowie Art. 809–811 ZGB),

---

[167] Fassung gemäss Anhang 2 Ziff. 3, in Kraft seit 1. Jan. 2013 (AS **2010** 1739; BBl **2006** 7221; AS **2011** 725; BBl **2006** 7001).
[168] SR **210**
[169] Eingefügt durch Ziff. I des BG vom 17. März 2023 (Verbesserung der Praxistauglichkeit und der Rechtsdurchsetzung), in Kraft seit 1. Jan. 2025 (AS **2023** 491; BBl **2020** 2697).
[170] Aufgehoben durch Anhang 2 Ziff. 3, mit Wirkung seit 1. Jan. 2013 (AS **2010** 1739; BBl **2006** 7221; AS **2011** 725; BBl **2006** 7001).

9.[171] Anordnung über die Stellvertretung bei Schuldbrief (Art. 850 Abs. 3 ZGB),

10.[172] Kraftloserklärung von Schuldbrief (Art. 856 und 865 ZGB),

11. Vormerkung von Verfügungsbeschränkungen und vorläufigen Eintragungen im Streitfall (Art. 960 Abs. 1 Ziff. 1, 961 Abs. 1 Ziff. 1 und 966 Abs. 2 ZGB).

**Art. 250**   Obligationenrecht

Das summarische Verfahren gilt für folgende Angelegenheiten:[173]

a.   Allgemeiner Teil:

1.   gerichtliche Hinterlegung einer erloschenen Vollmacht (Art. 36 Abs. 1 OR[174]),

2.   Ansetzung einer angemessenen Frist zur Sicherstellung (Art. 83 Abs. 2 OR),

3.   Hinterlegung und Verkauf der geschuldeten Sache bei Gläubigerverzug (Art. 92 Abs. 2 und 93 Abs. 2 OR),

4.   Ermächtigung zur Ersatzvornahme (Art. 98 OR),

5.   Ansetzung einer Frist zur Vertragserfüllung (Art. 107 Abs. 1[175] OR),

6.   Hinterlegung eines streitigen Betrages (Art. 168 Abs. 1 OR);

b.   Einzelne Vertragsverhältnisse:

1.   Bezeichnung einer sachverständigen Person zur Nachprüfung des Geschäftsergebnisses oder der Provisionsabrechnung (Art. 322*a* Abs. 2 und 322*c* Abs. 2 OR),

2.   Ansetzung einer Frist zur Sicherheitsleistung bei Lohngefährdung (Art. 337*a* OR),

3.   Ansetzung einer Frist bei vertragswidriger Ausführung eines Werkes (Art. 366 Abs. 2 OR),

4.   Bezeichnung einer sachverständigen Person zur Prüfung eines Werkes (Art. 367 OR),

5.   Ansetzung einer Frist zur Herstellung der neuen Auflage eines literarischen oder künstlerischen Werkes (Art. 383 Abs. 3 OR),

6.   Herausgabe der beim Sequester hinterlegten Sache (Art. 480 OR),

7.   Beurteilung der Pfanddeckung bei Solidarbürgschaft (Art. 496 Abs. 2 OR),

---

[171]   Fassung gemäss Ziff. II 3 des BG vom 11. Dez. 2009 (Register-Schuldbrief und weitere Änderungen im Sachenrecht), in Kraft seit 1. Jan. 2012 (AS **2011** 4637; BBl **2007** 5283).
[172]   Fassung gemäss Ziff. II 3 des BG vom 11. Dez. 2009 (Register-Schuldbrief und weitere Änderungen im Sachenrecht), in Kraft seit 1. Jan. 2012 (AS **2011** 4637; BBl **2007** 5283).
[173]   Fassung gemäss Ziff. I des BG vom 17. März 2023 (Verbesserung der Praxistauglichkeit und der Rechtsdurchsetzung), in Kraft seit 1. Jan. 2025 (AS **2023** 491; BBl **2020** 2697).
[174]   SR **220**
[175]   Berichtigt von der Redaktionskommission der BVers (Art. 58 Abs. 1 ParlG – SR **171.10**).

8. Einstellung der Betreibung gegen den Bürgen bei Leistung von Realsicherheit (Art. 501 Abs. 2 OR),

9. Sicherstellung durch den Hauptschuldner und Befreiung von der Bürgschaft (Art. 506 OR);

c. Gesellschaftsrecht und Handelsregister:[176]

1. vorläufiger Entzug der Vertretungsbefugnis (Art. 565 Abs. 2, 603 und 767 Abs. 1 OR),

2. Bezeichnung der gemeinsamen Vertretung (Art. 690 Abs. 1, 764 Abs. 2, 792 Ziff. 1 und 847 Abs. 4 OR),

3. Bestimmung, Abberufung und Ersetzung von Liquidatoren (Art. 583 Abs. 2, 619, 740, 741, 770, 826 Abs. 2 und 913 OR),

4. Verkauf zu einem Gesamtübernahmepreis und Art der Veräusserung von Grundstücken (Art. 585 Abs. 3 und 619 OR),

5. Bezeichnung der sachverständigen Person zur Prüfung der Gewinn- und Verlustrechnung und der Bilanz der Kommanditgesellschaft (Art. 600 Abs. 3 OR),

6.[177] Massnahmen bei Mängeln in der Organisation der Gesellschaft oder Genossenschaft (Art. 731b, 819 und 908 OR),

7.[178] Anordnung der Auskunftserteilung an Gläubiger sowie an Aktionäre, Gesellschafter einer Gesellschaft mit beschränkter Haftung und Genossenschafter (Art. 697b, 802 Abs. 4, 857 Abs. 3 und 958e OR),

8.[179] Sonderuntersuchung (Art. 697c–697hbis OR),

9.[180] Einberufung der Generalversammlung, Traktandierung eines Verhandlungsgegenstandes und Aufnahme von Anträgen und kurzen Begründungen in die Einladung der Generalversammlung (Art. 699 Abs. 5, 699b Abs. 4, 805 Abs. 5 Ziff. 2 und 3 und 881 Abs. 3 OR),

10.[181] Bezeichnung einer Vertretung der Gesellschaft oder der Genossenschaft bei Anfechtung von Generalversammlungsbeschlüssen durch die Verwaltung (Art. 706a Abs. 2, 808c und 891 Abs. 1 OR),

11.[182] ...

---

[176] Fassung gemäss Anhang Ziff. 2 des BG vom 17. März 2017 (Handelsregisterrecht), in Kraft seit 1. Jan. 2021 (AS **2020** 957; BBl **2015** 3617).

[177] Fassung gemäss Ziff. I des BG vom 17. März 2023 (Verbesserung der Praxistauglichkeit und der Rechtsdurchsetzung), in Kraft seit 1. Jan. 2025 (AS **2023** 491; BBl **2020** 2697).

[178] Fassung gemäss Anhang Ziff. 3 des BG vom 19. Juni 2020 (Aktienrecht), in Kraft seit 1. Jan. 2023 (AS **2020** 4005; **2022** 109; BBl **2017** 399).

[179] Fassung gemäss Anhang Ziff. 3 des BG vom 19. Juni 2020 (Aktienrecht), in Kraft seit 1. Jan. 2023 (AS **2020** 4005; **2022** 109; BBl **2017** 399).

[180] Fassung gemäss Anhang Ziff. 3 des BG vom 19. Juni 2020 (Aktienrecht), in Kraft seit 1. Jan. 2023 (AS **2020** 4005; **2022** 109; BBl **2017** 399).

[181] Fassung gemäss Anhang Ziff. 3 des BG vom 19. Juni 2020 (Aktienrecht), in Kraft seit 1. Jan. 2023 (AS **2020** 4005; **2022** 109; BBl **2017** 399).

[182] Aufgehoben durch Ziff. I des BG vom 17. März 2023 (Verbesserung der Praxistauglichkeit und der Rechtsdurchsetzung), mit Wirkung seit 1. Jan. 2025 (AS **2023** 491; BBl **2020** 2697).

12. Hinterlegung von Forderungsbeiträgen bei der Liquidation (Art. 744, 770, 826 Abs. 2 und 913 OR),

13.[183] Abberufung der Verwaltung und der Revisionsstelle der Genossenschaft (Art. 890 Abs. 2 OR),

14.[184] Wiedereintragung einer gelöschten Rechtseinheit ins Handelsregister (Art. 935 OR),

15.[185] Anordnung zur Auflösung der Gesellschaft und zu ihrer Liquidation nach den Vorschriften über den Konkurs (Art. 731*b*, 819 und 908 OR),

16.[186] Löschung einer Gesellschaft (Art. 938*a* Abs. 2 OR);

d. Wertpapierrecht:

1. Kraftloserklärung von Wertpapieren (Art. 981 OR),

2. Verbot der Bezahlung eines Wechsels und Hinterlegung des Wechselbetrages (Art. 1072 OR),

3. Erlöschen einer Vollmacht, welche die Gläubigerversammlung bei Anleihensobligationen einer Vertretung erteilt hat (Art. 1162 Abs. 4 OR),

4. Einberufung einer Gläubigerversammlung auf Gesuch der Anleihensgläubiger (Art. 1165 Abs. 3 und 4 OR).

**Art. 251**     Bundesgesetz vom 11. April 1889 über Schuldbetreibung und Konkurs

Das summarische Verfahren gilt für folgende Angelegenheiten:[187]

a. Entscheide, die vom Rechtsöffnungs-, Konkurs-, Arrest- und Nachlassgericht getroffen werden;

b. Bewilligung des nachträglichen Rechtsvorschlages (Art. 77 Abs. 3 SchKG[188]) und des Rechtsvorschlages in der Wechselbetreibung (Art. 181 SchKG);

c. Aufhebung oder Einstellung der Betreibung (Art. 85 SchKG);

d. Entscheid über das Vorliegen neuen Vermögens (Art. 265*a* Abs. 1–3 SchKG);

e. Anordnung der Gütertrennung (Art. 68*b* SchKG).

---

183 Fassung gemäss Ziff. II des BG vom 25. Sept. 2015 (Gewerbsmässige Vertretung im Zwangsvollstreckungsverfahren), in Kraft seit 1. Jan. 2018 (AS **2016** 3643; BBl **2014** 8669).

184 Eingefügt durch Anhang Ziff. 2 des BG vom 17. März 2017 (Handelsregisterrecht), in Kraft seit 1. Jan. 2021 (AS **2020** 957; BBl **2015** 3617).

185 Eingefügt durch Anhang Ziff. 3 des BG vom 19. Juni 2020 (Aktienrecht), in Kraft seit 1. Jan. 2023 (AS **2020** 4005; **2022** 109, 110; BBl **2017** 399).

186 Eingefügt durch Ziff. I des BG vom 17. März 2023 (Verbesserung der Praxistauglichkeit und der Rechtsdurchsetzung), in Kraft seit 1. Jan. 2025 (AS **2023** 491; BBl **2020** 2697).

187 Fassung gemäss Ziff. I des BG vom 17. März 2023 (Verbesserung der Praxistauglichkeit und der Rechtsdurchsetzung), in Kraft seit 1. Jan. 2025 (AS **2023** 491; BBl **2020** 2697).

188 SR **281.1**

**Art. 251a**[189]   Bundesgesetz vom 18. Dezember 1987 über das Internationale
            Privatrecht

¹ Das summarische Verfahren gilt für folgende Angelegenheiten:[190]

  a.  Ernennung und Ersetzung von Mitgliedern des Schiedsgerichts (Art. 179 Abs.
      2–5 IPRG[191]);

  b.  Ablehnung und Abberufung eines Mitglieds des Schiedsgerichts (Art. 180*a*
      Abs. 2 und Art. 180*b* Abs. 2 IPRG);

  c.  Mitwirkung des staatlichen Gerichts bei der Umsetzung vorsorglicher Mass-
      nahmen (Art. 183 Abs. 2 IPRG) und bei der Beweisabnahme (Art. 184 Abs. 2
      IPRG);

  d.  sonstige Mitwirkung des staatlichen Gerichts im Schiedsverfahren (Art. 185
      IPRG);

  e.  Mitwirkung des staatlichen Gerichts bei ausländischen Schiedsverfahren (Art.
      185*a* IPRG);

  f.  Hinterlegung des Schiedsentscheids und Ausstellung einer Vollstreckbar-
      keitsbescheinigung (Art. 193 IPRG);

  g.  Anerkennung und Vollstreckung ausländischer Schiedsentscheide (Art. 194
      IPRG).

² Das kantonale Recht kann vorsehen, dass auf Antrag sämtlicher Parteien die englische Sprache als Verfahrenssprache benutzt wird, wenn für die Schiedsvereinbarung
oder Schiedsklausel oder als Verfahrenssprache im Schiedsverfahren die englische
Sprache verwendet wird.[192]

## 2. Kapitel: Verfahren und Entscheid

**Art. 252**      Gesuch

¹ Das Verfahren wird durch ein Gesuch eingeleitet.

² Das Gesuch ist in den Formen nach Artikel 130 zu stellen; in einfachen oder drin-
genden Fällen kann es mündlich beim Gericht zu Protokoll gegeben werden.

**Art. 253**      Stellungnahme

Erscheint das Gesuch nicht offensichtlich unzulässig oder offensichtlich unbegründet,
so gibt das Gericht der Gegenpartei Gelegenheit, mündlich oder schriftlich Stellung
zu nehmen.

---

[189]  Eingefügt durch Anhang Ziff. 2 des BG vom 19. Juni 2020, in Kraft seit 1. Jan. 2021
       (AS **2020** 4179; BBl **2018** 7163).
[190]  Fassung gemäss Ziff. I des BG vom 17. März 2023 (Verbesserung der Praxistauglichkeit
       und der Rechtsdurchsetzung), in Kraft seit 1. Jan. 2025 (AS **2023** 491; BBl **2020** 2697).
[191]  SR **291**
[192]  Eingefügt durch Ziff. I des BG vom 17. März 2023 (Verbesserung der Praxistauglichkeit
       und der Rechtsdurchsetzung), in Kraft seit 1. Jan. 2025 (AS **2023** 491; BBl **2020** 2697).

**Art. 254** Beweismittel

[1] Beweis ist durch Urkunden zu erbringen.

[2] Andere Beweismittel sind nur zulässig, wenn:

    a.    sie das Verfahren nicht wesentlich verzögern;

    b.    es der Verfahrenszweck erfordert; oder

    c.    das Gericht den Sachverhalt von Amtes wegen festzustellen hat.

**Art. 255** Untersuchungsgrundsatz

Das Gericht stellt den Sachverhalt von Amtes wegen fest:

    a.    wenn es als Konkurs- oder Nachlassgericht zu entscheiden hat;

    b.    bei Anordnungen der freiwilligen Gerichtsbarkeit.

**Art. 256** Entscheid

[1] Das Gericht kann auf die Durchführung einer Verhandlung verzichten und aufgrund der Akten entscheiden, sofern das Gesetz nichts anderes bestimmt.

[2] Erweist sich eine Anordnung der freiwilligen Gerichtsbarkeit im Nachhinein als unrichtig, so kann sie von Amtes wegen oder auf Antrag aufgehoben oder abgeändert werden, es sei denn, das Gesetz oder die Rechtssicherheit ständen entgegen.

## 3. Kapitel: Rechtsschutz in klaren Fällen

**Art. 257**

[1] Das Gericht gewährt Rechtsschutz im summarischen Verfahren, wenn:

    a.    der Sachverhalt unbestritten oder sofort beweisbar ist; und

    b.    die Rechtslage klar ist.

[2] Ausgeschlossen ist dieser Rechtsschutz, wenn die Angelegenheit dem Offizialgrundsatz unterliegt.

[3] Kann dieser Rechtsschutz nicht gewährt werden, so tritt das Gericht auf das Gesuch nicht ein.

## 4. Kapitel: Gerichtliches Verbot

**Art. 258** Grundsatz

[1] Wer an einem Grundstück dinglich berechtigt ist, kann beim Gericht beantragen, dass jede Besitzesstörung zu unterlassen ist und eine Widerhandlung auf Antrag mit einer Busse bis zu 2000 Franken bestraft wird. Das Verbot kann befristet oder unbefristet sein.

[2] Die gesuchstellende Person hat ihr dingliches Recht mit Urkunden zu beweisen und eine bestehende oder drohende Störung glaubhaft zu machen.

**Art. 259**      Bekanntmachung

Das Verbot ist öffentlich bekannt zu machen und auf dem Grundstück an gut sichtbarer Stelle anzubringen.

**Art. 260**      Einsprache

[1] Wer das Verbot nicht anerkennen will, hat innert 30 Tagen seit dessen Bekanntmachung und Anbringung auf dem Grundstück beim Gericht Einsprache zu erheben. Die Einsprache bedarf keiner Begründung.

[2] Die Einsprache macht das Verbot gegenüber der einsprechenden Person unwirksam. Zur Durchsetzung des Verbotes ist beim Gericht Klage einzureichen.

## 5. Kapitel: Vorsorgliche Massnahmen und Schutzschrift

## 1. Abschnitt: Vorsorgliche Massnahmen

**Art. 261**      Grundsatz

[1] Das Gericht trifft die notwendigen vorsorglichen Massnahmen, wenn die gesuchstellende Partei glaubhaft macht, dass:

a.   ein ihr zustehender Anspruch verletzt ist oder eine Verletzung zu befürchten ist; und

b.   ihr aus der Verletzung ein nicht leicht wieder gutzumachender Nachteil droht.

[2] Leistet die Gegenpartei angemessene Sicherheit, so kann das Gericht von vorsorglichen Massnahmen absehen.

**Art. 262**      Inhalt

Eine vorsorgliche Massnahme kann jede gerichtliche Anordnung sein, die geeignet ist, den drohenden Nachteil abzuwenden, insbesondere:

a.   ein Verbot;

b.   eine Anordnung zur Beseitigung eines rechtswidrigen Zustands;

c.   eine Anweisung an eine Registerbehörde oder eine dritte Person;

d.   eine Sachleistung;

e.   die Leistung einer Geldzahlung in den vom Gesetz bestimmten Fällen.

**Art. 263**    Massnahmen vor Rechtshängigkeit

Ist die Klage in der Hauptsache noch nicht rechtshängig, so setzt das Gericht der gesuchstellenden Partei eine Frist zur Einreichung der Klage, mit der Androhung, die angeordnete Massnahme falle bei ungenutztem Ablauf der Frist ohne Weiteres dahin.

**Art. 264**    Sicherheitsleistung und Schadenersatz

1 Ist ein Schaden für die Gegenpartei zu befürchten, so kann das Gericht die Anordnung vorsorglicher Massnahmen von der Leistung einer Sicherheit durch die gesuchstellende Partei abhängig machen.

2 Die gesuchstellende Partei haftet für den aus einer ungerechtfertigten vorsorglichen Massnahme erwachsenen Schaden. Beweist sie jedoch, dass sie ihr Gesuch in guten Treuen gestellt hat, so kann das Gericht die Ersatzpflicht herabsetzen oder gänzlich von ihr entbinden.

3 Eine geleistete Sicherheit ist freizugeben, wenn feststeht, dass keine Schadenersatzklage erhoben wird; bei Ungewissheit setzt das Gericht eine Frist zur Klage.

**Art. 265**    Superprovisorische Massnahmen

1 Bei besonderer Dringlichkeit, insbesondere bei Vereitelungsgefahr, kann das Gericht die vorsorgliche Massnahme sofort und ohne Anhörung der Gegenpartei anordnen.

2 Mit der Anordnung lädt das Gericht die Parteien zu einer Verhandlung vor, die unverzüglich stattzufinden hat, oder setzt der Gegenpartei eine Frist zur schriftlichen Stellungnahme. Nach Anhörung der Gegenpartei entscheidet das Gericht unverzüglich über das Gesuch.

3 Das Gericht kann die gesuchstellende Partei von Amtes wegen zu einer vorgängigen Sicherheitsleistung verpflichten.

**Art. 266**    Massnahmen gegen Medien

Gegen periodisch erscheinende Medien darf das Gericht eine vorsorgliche Massnahme nur anordnen, wenn:

a.[193]   die bestehende oder drohende Rechtsverletzung der gesuchstellenden Partei einen schweren Nachteil verursacht oder verursachen kann;

b.   offensichtlich kein Rechtfertigungsgrund vorliegt; und

c.   die Massnahme nicht unverhältnismässig erscheint.

**Art. 267**    Vollstreckung

Das Gericht, das die vorsorgliche Massnahme anordnet, trifft auch die erforderlichen Vollstreckungsmassnahmen.

---

[193]   Fassung gemäss Ziff. I des BG vom 17. März 2023 (Verbesserung der Praxistauglichkeit und der Rechtsdurchsetzung), in Kraft seit 1. Jan. 2025 (AS **2023** 491; BBl **2020** 2697).

**Art. 268**          Änderung und Aufhebung

[1] Haben sich die Umstände geändert oder erweisen sich vorsorgliche Massnahmen nachträglich als ungerechtfertigt, so können sie geändert oder aufgehoben werden.

[2] Mit Rechtskraft des Entscheides in der Hauptsache fallen die Massnahmen von Gesetzes wegen dahin. Das Gericht kann die Weitergeltung anordnen, wenn es der Vollstreckung dient oder das Gesetz dies vorsieht.

**Art. 269**          Vorbehalt

Vorbehalten bleiben die Bestimmungen:

    a.   des SchKG[194] über sichernde Massnahmen bei der Vollstreckung von Geldforderungen;

    b.   des ZGB[195] über die erbrechtlichen Sicherungsmassregeln;

    c.   des Patentgesetzes vom 25. Juni 1954[196] über die Klage auf Lizenzerteilung.

## 2. Abschnitt: Schutzschrift

**Art. 270**

[1] Wer Grund zur Annahme hat, dass gegen ihn ohne vorgängige Anhörung die Anordnung einer superprovisorischen Massnahme, eines Arrests nach den Artikeln 271–281 SchKG[197] oder einer anderen Massnahme beantragt wird, kann seinen Standpunkt vorsorglich in einer Schutzschrift darlegen.[198]

[2] Die Schutzschrift wird der Gegenpartei nur mitgeteilt, wenn diese das entsprechende Verfahren einleitet.

[3] Die Schutzschrift ist sechs Monate nach Einreichung nicht mehr zu beachten.

## 6. Titel: Besondere eherechtliche Verfahren
## 1. Kapitel: Angelegenheiten des summarischen Verfahrens

**Art. 271**          Geltungsbereich

Das summarische Verfahren ist unter Vorbehalt der Artikel 272 und 273 anwendbar für Massnahmen zum Schutz der ehelichen Gemeinschaft, insbesondere für:

    a.   die Massnahmen nach den Artikeln 172–179 ZGB[199];

---

[194]  SR **281.1**
[195]  SR **210**
[196]  SR **232.14**
[197]  SR **281.1**
[198]  Fassung gemäss Art. 3 Ziff. 1 des BB vom 11. Dez. 2009 (Genehmigung und Umsetzung des Lugano-Übereink.), in Kraft seit 1. Jan. 2011 (AS **2010** 5601; BBl **2009** 1777).
[199]  SR **210**

b. die Ausdehnung der Vertretungsbefugnis eines Ehegatten für die eheliche Gemeinschaft (Art. 166 Abs. 2 Ziff. 1 ZGB);

c. die Ermächtigung eines Ehegatten zur Verfügung über die Wohnung der Familie (Art. 169 Abs. 2 ZGB);

d. die Auskunftspflicht der Ehegatten über Einkommen, Vermögen und Schulden (Art. 170 Abs. 2 ZGB);

e. die Anordnung der Gütertrennung und Wiederherstellung des früheren Güterstands (Art. 185, 187 Abs. 2, 189 und 191 ZGB);

f. die Verpflichtung eines Ehegatten zur Mitwirkung bei der Aufnahme eines Inventars (Art. 195a ZGB);

g. die Festsetzung von Zahlungsfristen und Sicherheitsleistungen zwischen Ehegatten ausserhalb eines Prozesses über die güterrechtliche Auseinandersetzung (Art. 203 Abs. 2, 218, 235 Abs. 2 und 250 Abs. 2 ZGB);

h. die Zustimmung eines Ehegatten zur Ausschlagung oder zur Annahme einer Erbschaft (Art. 230 Abs. 2 ZGB);

i. die Anweisung an die Schuldner und die Sicherstellung nachehelichen Unterhalts ausserhalb eines Prozesses über den nachehelichen Unterhalt (Art. 132 ZGB).

**Art. 272**      Untersuchungsgrundsatz

Das Gericht stellt den Sachverhalt von Amtes wegen fest.

**Art. 273**      Verfahren

1 Das Gericht führt eine mündliche Verhandlung durch. Es kann nur darauf verzichten, wenn der Sachverhalt aufgrund der Eingaben der Parteien klar oder unbestritten ist.

2 Die Parteien müssen persönlich erscheinen, sofern das Gericht sie nicht wegen Krankheit, Alter oder anderen wichtigen Gründen dispensiert.

3 Das Gericht versucht, zwischen den Parteien eine Einigung herbeizuführen.

## 2. Kapitel: Scheidungsverfahren
## 1. Abschnitt: Allgemeine Bestimmungen

**Art. 274**      Einleitung

Das Scheidungsverfahren wird durch Einreichung eines gemeinsamen Scheidungsbegehrens oder einer Scheidungsklage eingeleitet.

**Art. 275** Aufhebung des gemeinsamen Haushalts

Jeder Ehegatte kann nach Eintritt der Rechtshängigkeit für die Dauer des Scheidungsverfahrens den gemeinsamen Haushalt aufheben.

**Art. 276** Vorsorgliche Massnahmen

¹ Das Gericht trifft die nötigen vorsorglichen Massnahmen. Die Bestimmungen über die Massnahmen zum Schutz der ehelichen Gemeinschaft sind sinngemäss anwendbar.

² Massnahmen, die das Eheschutzgericht angeordnet hat, dauern weiter. Für die Aufhebung oder die Änderung ist das Scheidungsgericht zuständig.

³ Das Gericht kann vorsorgliche Massnahmen auch dann anordnen, wenn die Ehe aufgelöst ist, das Verfahren über die Scheidungsfolgen aber andauert.

**Art. 277** Feststellung des Sachverhalts

¹ Für die güterrechtliche Auseinandersetzung und den nachehelichen Unterhalt gilt der Verhandlungsgrundsatz.

² Stellt das Gericht fest, dass für die Beurteilung von vermögensrechtlichen Scheidungsfolgen notwendige Urkunden fehlen, so fordert es die Parteien auf, diese nachzureichen.

³ Im Übrigen stellt das Gericht den Sachverhalt von Amtes wegen fest.

**Art. 278** Persönliches Erscheinen

Die Parteien müssen persönlich zu den Verhandlungen erscheinen, sofern das Gericht sie nicht wegen Krankheit, Alter oder anderen wichtigen Gründen dispensiert.

**Art. 279** Genehmigung der Vereinbarung

¹ Das Gericht genehmigt die Vereinbarung über die Scheidungsfolgen, wenn es sich davon überzeugt hat, dass die Ehegatten sie aus freiem Willen und nach reiflicher Überlegung geschlossen haben und sie klar, vollständig und nicht offensichtlich unangemessen ist; vorbehalten bleiben die Bestimmungen über die berufliche Vorsorge.

² Die Vereinbarung ist erst rechtsgültig, wenn das Gericht sie genehmigt hat. Sie ist in das Dispositiv des Entscheids aufzunehmen.

**Art. 280** Vereinbarung über die berufliche Vorsorge

¹ Das Gericht genehmigt eine Vereinbarung über den Ausgleich der Ansprüche aus der beruflichen Vorsorge, wenn:[200]

---

[200] Fassung gemäss Anhang Ziff. 2 des BG vom 19. Juni 2015 (Vorsorgeausgleich bei Scheidung), in Kraft seit 1. Jan. 2017 (AS **2016** 2313; BBl **2013** 4887).

a.[201] die Ehegatten sich über den Ausgleich und dessen Durchführung geeinigt haben;

b.[202] die Ehegatten eine Bestätigung der beteiligten Einrichtungen der beruflichen Vorsorge über die Durchführbarkeit der getroffenen Regelung und die Höhe der Guthaben oder der Renten vorlegen; und

c.   das Gericht sich davon überzeugt hat, dass die Vereinbarung dem Gesetz entspricht.

2 Das Gericht teilt den beteiligten Einrichtungen den rechtskräftigen Entscheid bezüglich der sie betreffenden Punkte unter Einschluss der nötigen Angaben für die Überweisung des vereinbarten Betrages mit. Der Entscheid ist für die Einrichtungen verbindlich.

3 Weichen die Ehegatten in einer Vereinbarung von der hälftigen Teilung ab oder verzichten sie darin auf den Vorsorgeausgleich, so prüft das Gericht von Amtes wegen, ob eine angemessene Alters- und Invalidenvorsorge gewährleistet bleibt.[203]

**Art. 281**      Fehlende Einigung über den Vorsorgeausgleich[204]

1 Kommt keine Vereinbarung zustande, stehen jedoch die massgeblichen Guthaben und Renten fest, so entscheidet das Gericht nach den Vorschriften des ZGB[205] und des Freizügigkeitsgesetzes vom 17. Dezember 1993[206] (FZG) über das Teilungsverhältnis (Art. 122–124e ZGB in Verbindung mit den Art. 22–22f FZG), legt den zu überweisenden Betrag fest und holt bei den beteiligten Einrichtungen der beruflichen Vorsorge unter Ansetzung einer Frist die Bestätigung über die Durchführbarkeit der in Aussicht genommenen Regelung ein.[207]

2 Artikel 280 Absatz 2 gilt sinngemäss.

3 In den übrigen Fällen, in denen keine Vereinbarung zustande kommt, überweist das Gericht bei Rechtskraft des Entscheides über das Teilungsverhältnis die Streitsache von Amtes wegen dem nach dem FZG zuständigen Gericht und teilt diesem insbesondere mit:[208]

a.   den Entscheid über das Teilungsverhältnis;

b.   das Datum der Eheschliessung und das Datum der Ehescheidung;

---

201   Fassung gemäss Anhang Ziff. 2 des BG vom 19. Juni 2015 (Vorsorgeausgleich bei Scheidung), in Kraft seit 1. Jan. 2017 (AS **2016** 2313; BBl **2013** 4887).
202   Fassung gemäss Anhang Ziff. 2 des BG vom 19. Juni 2015 (Vorsorgeausgleich bei Scheidung), in Kraft seit 1. Jan. 2017 (AS **2016** 2313; BBl **2013** 4887).
203   Fassung gemäss Anhang Ziff. 2 des BG vom 19. Juni 2015 (Vorsorgeausgleich bei Scheidung), in Kraft seit 1. Jan. 2017 (AS **2016** 2313; BBl **2013** 4887).
204   Fassung gemäss Anhang Ziff. 2 des BG vom 19. Juni 2015 (Vorsorgeausgleich bei Scheidung), in Kraft seit 1. Jan. 2017 (AS **2016** 2313; BBl **2013** 4887).
205   SR **210**
206   SR **831.42**
207   Fassung gemäss Anhang Ziff. 2 des BG vom 19. Juni 2015 (Vorsorgeausgleich bei Scheidung), in Kraft seit 1. Jan. 2017 (AS **2016** 2313; BBl **2013** 4887).
208   Fassung gemäss Anhang Ziff. 2 des BG vom 19. Juni 2015 (Vorsorgeausgleich bei Scheidung), in Kraft seit 1. Jan. 2017 (AS **2016** 2313; BBl **2013** 4887).

c.[209] die Einrichtungen der beruflichen Vorsorge, bei denen den Ehegatten voraussichtlich Guthaben zustehen, und die Höhe dieser Guthaben;

d.[210] die Einrichtungen der beruflichen Vorsorge, die den Ehegatten Renten ausrichten, die Höhe dieser Renten und die zugesprochenen Rentenanteile.

**Art. 282** Unterhaltsbeiträge

1 Werden durch Vereinbarung oder Entscheid Unterhaltsbeiträge festgelegt, so ist anzugeben:

a. von welchem Einkommen und Vermögen jedes Ehegatten ausgegangen wird;

b. wie viel für den Ehegatten und wie viel für jedes Kind bestimmt ist;

c. welcher Betrag zur Deckung des gebührenden Unterhalts des berechtigten Ehegatten fehlt, wenn eine nachträgliche Erhöhung der Rente vorbehalten wird;

d. ob und in welchem Ausmass die Rente den Veränderungen der Lebenskosten angepasst wird.

2 Wird der Unterhaltsbeitrag für den Ehegatten angefochten, so kann die Rechtsmittelinstanz auch die nicht angefochtenen Unterhaltsbeiträge für die Kinder neu beurteilen.

**Art. 283** Einheit des Entscheids

1 Das Gericht befindet im Entscheid über die Ehescheidung auch über deren Folgen.

2 Die güterrechtliche Auseinandersetzung kann aus wichtigen Gründen in ein separates Verfahren verwiesen werden.

3 Der Ausgleich von Ansprüchen aus der beruflichen Vorsorge kann gesamthaft in ein separates Verfahren verwiesen werden, wenn Vorsorgeansprüche im Ausland betroffen sind und über deren Ausgleich eine Entscheidung im betreffenden Staat erwirkt werden kann. Das Gericht kann das separate Verfahren aussetzen, bis die ausländische Entscheidung vorliegt; es kann bereits das Teilungsverhältnis festlegen.[211]

**Art. 284** Änderung rechtskräftig entschiedener Scheidungsfolgen

1 Die Voraussetzungen und die sachliche Zuständigkeit für eine Änderung des Entscheids richten sich nach den Artikeln 124e Absatz 2, 129 und 134 ZGB[212].[213]

---

[209] Fassung gemäss Anhang Ziff. 2 des BG vom 19. Juni 2015 (Vorsorgeausgleich bei Scheidung), in Kraft seit 1. Jan. 2017 (AS **2016** 2313; BBl **2013** 4887).

[210] Fassung gemäss Anhang Ziff. 2 des BG vom 19. Juni 2015 (Vorsorgeausgleich bei Scheidung), in Kraft seit 1. Jan. 2017 (AS **2016** 2313; BBl **2013** 4887).

[211] Eingefügt durch Anhang Ziff. 2 des BG vom 19. Juni 2015 (Vorsorgeausgleich bei Scheidung), in Kraft seit 1. Jan. 2017 (AS **2016** 2313; BBl **2013** 4887).

[212] SR **210**

[213] Fassung gemäss Anhang Ziff. 2 des BG vom 19. Juni 2015 (Vorsorgeausgleich bei Scheidung), in Kraft seit 1. Jan. 2017 (AS **2016** 2313; BBl **2013** 4887).

2 Nicht streitige Änderungen können die Parteien in einfacher Schriftlichkeit vereinbaren; vorbehalten bleiben die Bestimmungen des ZGB betreffend Kinderbelange (Art. 134 Abs. 3 ZGB).

3 Für streitige Änderungsverfahren gelten die Vorschriften über die Scheidungsklage sinngemäss.

## 2. Abschnitt: Scheidung auf gemeinsames Begehren

**Art. 285**      Eingabe bei umfassender Einigung

Die gemeinsame Eingabe der Ehegatten enthält:

a.      die Namen und Adressen der Ehegatten sowie die Bezeichnung allfälliger Vertreterinnen und Vertreter;

b.      das gemeinsame Scheidungsbegehren;

c.      die vollständige Vereinbarung über die Scheidungsfolgen;

d.      die gemeinsamen Anträge hinsichtlich der Kinder;

e.      die erforderlichen Belege;

f.      das Datum und die Unterschriften.

**Art. 286**      Eingabe bei Teileinigung

1 In der Eingabe haben die Ehegatten zu beantragen, dass das Gericht die Scheidungsfolgen beurteilt, über die sie sich nicht einig sind.

2 Jeder Ehegatte kann begründete Anträge zu den streitigen Scheidungsfolgen stellen.

3 Im Übrigen gilt Artikel 285 sinngemäss.

**Art. 287**[214]      Anhörung der Parteien

Ist die Eingabe vollständig, so lädt das Gericht die Parteien zur Anhörung vor. Diese richtet sich nach den Bestimmungen des ZGB[215].

**Art. 288**      Fortsetzung des Verfahrens und Entscheid

1 Sind die Voraussetzungen für eine Scheidung auf gemeinsames Begehren erfüllt, so spricht das Gericht die Scheidung aus und genehmigt die Vereinbarung.

---

[214]   Fassung gemäss Ziff. II des BG vom 25. Sept. 2009 (Bedenkzeit im Scheidungsverfahren auf gemeinsames Begehren), in Kraft seit 1. Jan. 2011 (AS **2010** 281 1861; BBl **2008** 1959 1975).
[215]   SR **210**

² Sind Scheidungsfolgen streitig geblieben, so wird das Verfahren in Bezug auf diese kontradiktorisch fortgesetzt.²¹⁶ Es gilt das vereinfachte Verfahren.²¹⁷ Das Gericht kann die Parteirollen verteilen.²¹⁸

³ Sind die Voraussetzungen für eine Scheidung auf gemeinsames Begehren nicht erfüllt, so weist das Gericht das gemeinsame Scheidungsbegehren ab und setzt gleichzeitig jedem Ehegatten eine Frist zur Einreichung einer Scheidungsklage.²¹⁹ Das Verfahren bleibt während dieser Frist rechtshängig und allfällige vorsorgliche Massnahmen gelten weiter.

**Art. 289**          Rechtsmittel

Die Scheidung der Ehe kann nur wegen Willensmängeln mit Berufung angefochten werden.

## 3. Abschnitt: Scheidungsklage

**Art. 290**          Einreichung der Klage

Die Scheidungsklage kann ohne schriftliche Begründung eingereicht werden. Sie enthält:

a.   Namen und Adressen der Ehegatten sowie die Bezeichnung allfälliger Vertreterinnen und Vertreter;

b.   das Rechtsbegehren, die Ehe sei zu scheiden sowie die Bezeichnung des Scheidungsgrunds (Art. 114 oder 115 ZGB²²⁰);

c.   die Rechtsbegehren hinsichtlich der vermögensrechtlichen Scheidungsfolgen;

d.   die Rechtsbegehren hinsichtlich der Kinder;

e.   die erforderlichen Belege;

f.   das Datum und die Unterschriften.

**Art. 291**          Einigungsverhandlung

¹ Das Gericht lädt die Ehegatten zu einer Verhandlung vor und klärt ab, ob der Scheidungsgrund gegeben ist.

---

²¹⁶   Fassung gemäss Ziff. II des BG vom 25. Sept. 2009 (Bedenkzeit im Scheidungsverfahren auf gemeinsames Begehren), in Kraft seit 1. Jan. 2011 (AS **2010** 281 1861; BBl **2008** 1959 1975).
²¹⁷   Zweiter Satz eingefügt durch Ziff. I des BG vom 17. März 2023 (Verbesserung der Praxistauglichkeit und der Rechtsdurchsetzung), in Kraft seit 1. Jan. 2025 (AS **2023** 491; BBl **2020** 2697).
²¹⁸   Ursprünglich: Zweiter Satz.
²¹⁹   Fassung gemäss Ziff. II des BG vom 25. Sept. 2009 (Bedenkzeit im Scheidungsverfahren auf gemeinsames Begehren), in Kraft seit 1. Jan. 2011 (AS **2010** 281 1861; BBl **2008** 1959 1975).
²²⁰   SR **210**

² Steht der Scheidungsgrund fest, so versucht das Gericht zwischen den Ehegatten eine Einigung über die Scheidungsfolgen herbeizuführen.

³ Steht der Scheidungsgrund nicht fest oder kommt keine Einigung zustande, so gibt das Gericht der klagenden Partei Gelegenheit zur Klagebegründung oder zur Ergänzung der Begründung. Das Verfahren wird kontradiktorisch fortgesetzt. Es gilt das vereinfachte Verfahren.[221]

**Art. 292**        Wechsel zur Scheidung auf gemeinsames Begehren

¹ Das Verfahren wird nach den Vorschriften über die Scheidung auf gemeinsames Begehren fortgesetzt, wenn die Ehegatten:

    a.   bei Eintritt der Rechtshängigkeit noch nicht seit mindestens zwei Jahren getrennt gelebt haben; und

    b.   mit der Scheidung einverstanden sind.

² Steht der geltend gemachte Scheidungsgrund fest, so findet kein Wechsel zur Scheidung auf gemeinsames Begehren statt.

**Art. 293**        Klageänderung

Die Scheidungsklage kann bis zum Beginn der Urteilsberatung in eine Trennungsklage umgewandelt werden.

## 4. Abschnitt: Eheungültigkeits- und Ehetrennungsklagen

**Art. 294**

¹ Das Verfahren bei Eheungültigkeits- und Ehetrennungsklagen richtet sich sinngemäss nach den Vorschriften über die Scheidungsklage.

² Eine Trennungsklage kann bis zum Beginn der Urteilsberatung in eine Scheidungsklage umgewandelt werden.

## 7. Titel: Kinderbelange in familienrechtlichen Angelegenheiten
## 1. Kapitel: Allgemeine Bestimmungen

**Art. 295**[222]        Grundsatz

Für selbstständige Klagen über den Unterhalt von minder- und volljährigen Kindern und weitere Kinderbelange gilt das vereinfachte Verfahren.

---

221   Fassung gemäss Ziff. I des BG vom 17. März 2023 (Verbesserung der Praxistauglichkeit und der Rechtsdurchsetzung), in Kraft seit 1. Jan. 2025 (AS **2023** 491; BBl **2020** 2697).
222   Fassung gemäss Ziff. I des BG vom 17. März 2023 (Verbesserung der Praxistauglichkeit und der Rechtsdurchsetzung), in Kraft seit 1. Jan. 2025 (AS **2023** 491; BBl **2020** 2697).

**Art. 296**        Untersuchungs- und Offizialgrundsatz

[1] Das Gericht erforscht den Sachverhalt von Amtes wegen.

[2] Zur Aufklärung der Abstammung haben Parteien und Dritte an Untersuchungen mitzuwirken, die nötig und ohne Gefahr für die Gesundheit sind. Die Bestimmungen über die Verweigerungsrechte der Parteien und von Dritten sind nicht anwendbar.

[3] Das Gericht entscheidet ohne Bindung an die Parteianträge.

**Art. 297**        Anhörung der Eltern und Mediation

[1] Sind Anordnungen über ein Kind zu treffen, so hört das Gericht die Eltern persönlich an.

[2] Das Gericht kann die Eltern zu einem Mediationsversuch auffordern.

**Art. 298**        Anhörung des Kindes

[1] Das Kind wird durch das Gericht oder durch eine beauftragte Drittperson in geeigneter Weise persönlich angehört, sofern sein Alter oder andere wichtige Gründe nicht dagegen sprechen.

[1bis] Der Einsatz elektronischer Mittel zur Ton- und Bildübertragung ist unzulässig.[223]

[2] Im Protokoll der Anhörung werden nur die für den Entscheid wesentlichen Ergebnisse festgehalten. Die Eltern und die Beiständin oder der Beistand werden über diese Ergebnisse informiert.

[3] Das urteilsfähige Kind kann die Verweigerung der Anhörung mit Beschwerde anfechten.

**Art. 299**        Anordnung einer Vertretung des Kindes

[1] Das Gericht ordnet wenn nötig die Vertretung des Kindes an und bezeichnet als Beiständin oder Beistand eine in fürsorgerischen und rechtlichen Fragen erfahrene Person.

[2] Es prüft die Anordnung der Vertretung insbesondere, wenn:

   a.[224] die Eltern unterschiedliche Anträge stellen bezüglich:
   1.   der Zuteilung der elterlichen Sorge,
   2.   der Zuteilung der Obhut,
   3.   wichtiger Fragen des persönlichen Verkehrs,
   4.   der Aufteilung der Betreuung,
   5.   des Unterhaltsbeitrages;

---

[223]   Eingefügt durch Ziff. I des BG vom 17. März 2023 (Verbesserung der Praxistauglichkeit und der Rechtsdurchsetzung), in Kraft seit 1. Jan. 2025 (AS **2023** 491; BBl **2020** 2697).
[224]   Fassung gemäss Anhang Ziff. 2 des BG vom 20. März 2015 (Kindesunterhalt), in Kraft seit 1. Jan. 2017 (AS **2015** 4299; BBl **2014** 529).

b.[225] die Kindesschutzbehörde oder ein Elternteil eine Vertretung beantragen;

c.  es aufgrund der Anhörung der Eltern oder des Kindes oder aus anderen Gründen:[226]

    1.[227] erhebliche Zweifel an der Angemessenheit der gemeinsamen Anträge der Eltern bezüglich der Fragen nach Buchstabe a hat, oder

    2.  den Erlass von Kindesschutzmassnahmen erwägt.

[3] Stellt das urteilsfähige Kind Antrag auf eine Vertretung, so ist diese anzuordnen. Das Kind kann die Nichtanordnung mit Beschwerde anfechten.

**Art. 300**[228]    Kompetenzen der Vertretung

Die Vertretung des Kindes kann Anträge stellen und Rechtsmittel einlegen, soweit es um folgende Angelegenheiten geht:

a.  die Zuteilung der elterlichen Sorge;

b.  die Zuteilung der Obhut;

c.  wichtige Fragen des persönlichen Verkehrs;

d.  die Aufteilung der Betreuung;

e.  den Unterhaltsbeitrag;

f.  die Kindesschutzmassnahmen.

**Art. 301**    Eröffnung des Entscheides

Ein Entscheid wird eröffnet:

a.  den Eltern;

b.  dem Kind, welches das 14. Altersjahr vollendet hat;

c.[229] gegebenenfalls der Beiständin oder dem Beistand, soweit es um eine der folgenden Fragen geht:

    1.  die Zuteilung der elterlichen Sorge,

    2.  die Zuteilung der Obhut,

    3.  wichtige Fragen des persönlichen Verkehrs,

    4.  die Aufteilung der Betreuung,

    5.  den Unterhaltsbeitrag,

    6.  die Kindesschutzmassnahmen.

---

[225] Fassung gemäss Anhang 2 Ziff. 3, in Kraft seit 1. Jan. 2013 (AS **2010** 1739; BBl **2006** 7221; AS **2011** 725; BBl **2006** 7001).

[226] Fassung gemäss Anhang Ziff. 2 des BG vom 20. März 2015 (Kindesunterhalt), in Kraft seit 1. Jan. 2017 (AS **2015** 4299; BBl **2014** 529).

[227] Fassung gemäss Anhang Ziff. 2 des BG vom 20. März 2015 (Kindesunterhalt), in Kraft seit 1. Jan. 2017 (AS **2015** 4299; BBl **2014** 529).

[228] Fassung gemäss Anhang Ziff. 2 des BG vom 20. März 2015 (Kindesunterhalt), in Kraft seit 1. Jan. 2017 (AS **2015** 4299; BBl **2014** 529).

[229] Fassung gemäss Anhang Ziff. 2 des BG vom 20. März 2015 (Kindesunterhalt), in Kraft seit 1. Jan. 2017 (AS **2015** 4299; BBl **2014** 529).

**Art. 301a**[230]    Unterhaltsbeiträge

Werden im Unterhaltsvertrag oder im Entscheid Unterhaltsbeiträge festgelegt, so ist darin anzugeben:

a.  von welchem Einkommen und Vermögen jedes Elternteils und jedes Kindes ausgegangen wird;

b.  welcher Betrag für jedes Kind bestimmt ist;

c.  welcher Betrag zur Deckung des gebührenden Unterhalts jedes Kindes fehlt;

d.  ob und in welchem Ausmass die Unterhaltsbeiträge den Veränderungen der Lebenskosten angepasst werden.

## 2. Kapitel: Summarisches Verfahren: Geltungsbereich[231]

**Art. 302**    ...[232]

[1] Das summarische Verfahren ist insbesondere anwendbar für:

a.  Entscheide nach dem Haager Übereinkommen vom 25. Oktober 1980[233] über die zivilrechtlichen Aspekte internationaler Kindesentführung und nach dem Europäischen Übereinkommen vom 20. Mai 1980[234] über die Anerkennung und Vollstreckung von Entscheidungen über das Sorgerecht für Kinder und die Wiederherstellung des Sorgerechts;

b.  die Leistung eines besonderen Beitrags bei nicht vorgesehenen ausserordentlichen Bedürfnissen des Kindes (Art. 286 Abs. 3 ZGB[235]);

c.  die Anweisung an die Schuldner und die Sicherstellung des Kinderunterhalts ausserhalb eines Prozesses über die Unterhaltspflicht der Eltern (Art. 291 und 292 ZGB).

[2] Die Bestimmungen des Bundesgesetzes vom 21. Dezember 2007[236] über internationale Kindesentführung und die Haager Übereinkommen zum Schutz von Kindern und Erwachsenen sind vorbehalten.

---

230    Eingefügt durch Anhang Ziff. 2 des BG vom 20. März 2015 (Kindesunterhalt), in Kraft seit 1. Jan. 2017 (AS **2015** 4299; BBl **2014** 529).
231    Fassung gemäss Anhang Ziff. 2 des BG vom 20. März 2015 (Kindesunterhalt), in Kraft seit 1. Jan. 2017 (AS **2015** 4299; BBl **2014** 529).
232    Aufgehoben durch Anhang Ziff. 2 des BG vom 20. März 2015 (Kindesunterhalt), mit Wirkung seit 1. Jan. 2017 (AS **2015** 4299; BBl **2014** 529).
233    SR **0.211.230.02**
234    SR **0.211.230.01**
235    SR **210**
236    SR **211.222.32**

## 3. Kapitel: Unterhalts- und Vaterschaftsklage[237]

**Art. 303**     Vorsorgliche Massnahmen

[1] Steht das Kindesverhältnis fest, so kann der Beklagte verpflichtet werden, angemessene Beiträge an den Unterhalt des Kindes zu hinterlegen oder vorläufig zu zahlen.

[2] Ist die Unterhaltsklage zusammen mit der Vaterschaftsklage eingereicht worden, so hat der Beklagte auf Gesuch der klagenden Partei:

    a.    die Entbindungskosten und angemessene Beiträge an den Unterhalt von Mutter und Kind zu hinterlegen, wenn die Vaterschaft glaubhaft gemacht ist;

    b.    angemessene Beiträge an den Unterhalt des Kindes zu zahlen, wenn die Vaterschaft zu vermuten ist und die Vermutung durch die sofort verfügbaren Beweismittel nicht umgestossen wird.

**Art. 304**     Zuständigkeit

[1] Über die Hinterlegung, die vorläufige Zahlung, die Auszahlung hinterlegter Beiträge und die Rückerstattung vorläufiger Zahlungen entscheidet das für die Beurteilung der Klage zuständige Gericht.

[2] Im Fall einer Unterhaltsklage entscheidet das Gericht auch über die elterliche Sorge sowie die weiteren Kinderbelange. Steht das Kindesverhältnis fest, haben die Eltern Parteistellung. Das Gericht kann die Parteirollen verteilen.[238]

## 8. Titel: Verfahren bei eingetragener Partnerschaft
## 1. Kapitel: Angelegenheiten des summarischen Verfahrens

**Art. 305**     Geltungsbereich

Das summarische Verfahren ist anwendbar für:[239]

    a.    die Festsetzung von Geldbeiträgen an den Unterhalt und Anweisung an die Schuldnerin oder den Schuldner (Art. 13 Abs. 2 und 3 des Partnerschaftsgesetzes vom 18. Juni 2004[240], PartG);

    b.    die Ermächtigung einer Partnerin oder eines Partners zur Verfügung über die gemeinsame Wohnung (Art. 14 Abs. 2 PartG);

---

237    Fassung gemäss Anhang Ziff. 2 des BG vom 20. März 2015 (Kindesunterhalt), in Kraft seit 1. Jan. 2017 (AS **2015** 4299; BBl **2014** 529).

238    Eingefügt durch Anhang Ziff. 2 des BG vom 20. März 2015 (Kindesunterhalt) (AS **2015** 4299; BBl **2014** 529). Fassung gemäss Ziff. I des BG vom 17. März 2023 (Verbesserung der Praxistauglichkeit und der Rechtsdurchsetzung), in Kraft seit 1. Jan. 2025 (AS **2023** 491; BBl **2020** 2697).

239    Fassung gemäss Ziff. I des BG vom 17. März 2023 (Verbesserung der Praxistauglichkeit und der Rechtsdurchsetzung), in Kraft seit 1. Jan. 2025 (AS **2023** 491; BBl **2020** 2697).

240    SR **211.231**

c.  die Ausdehnung oder den Entzug der Vertretungsbefugnis einer Partnerin oder eines Partners für die Gemeinschaft (Art. 15 Abs. 2 Bst. a und 4 PartG);

d.  die Auskunftspflicht der Partnerin oder des Partners über Einkommen, Vermögen und Schulden (Art. 16 Abs. 2 PartG);

e.  die Festlegung, Anpassung oder Aufhebung der Geldbeiträge und die Regelung der Benützung der Wohnung und des Hausrats (Art. 17 Abs. 2 und 4 PartG);

f.  die Verpflichtung einer Partnerin oder eines Partners zur Mitwirkung bei der Aufnahme eines Inventars (Art. 20 Abs. 1 PartG);

g.  die Beschränkung der Verfügungsbefugnis einer Partnerin oder eines Partners über bestimmte Vermögenswerte (Art. 22 Abs. 1 PartG);

h.  die Einräumung von Fristen zur Begleichung von Schulden zwischen den Partnerinnen oder Partnern (Art. 23 Abs. 1 PartG).

**Art. 306**    Verfahren

Für das Verfahren gelten die Artikel 272 und 273 sinngemäss.

## 2. Kapitel:
## Auflösung und Ungültigkeit der eingetragenen Partnerschaft

## Art. 307

Für das Verfahren zur Auflösung und zur Ungültigerklärung der eingetragenen Partnerschaft gelten die Bestimmungen über das Scheidungsverfahren sinngemäss.

## 3. Kapitel:[241]
## Kinderbelange in Verfahren bei eingetragener Partnerschaft

## Art. 307a

Hat eine Person das minderjährige Kind ihrer eingetragenen Partnerin oder ihres eingetragenen Partners adoptiert, so gelten die Artikel 295–302 sinngemäss.

---

[241]  Eingefügt durch Anhang Ziff. 2 des BG vom 17. Juni 2016 (Adoption), in Kraft seit 1. Jan. 2018 (AS **2017** 3699; BBl **2015** 877).

## 9. Titel: Rechtsmittel
## 1. Kapitel: Berufung
## 1. Abschnitt: Anfechtbare Entscheide und Berufungsgründe

**Art. 308**      Anfechtbare Entscheide

[1] Mit Berufung sind anfechtbar:

     a.    erstinstanzliche End- und Zwischenentscheide;

     b.    erstinstanzliche Entscheide über vorsorgliche Massnahmen.

[2] In vermögensrechtlichen Angelegenheiten ist die Berufung nur zulässig, wenn der Streitwert der zuletzt aufrechterhaltenen Rechtsbegehren mindestens 10 000 Franken beträgt.

**Art. 309**      Ausnahmen

Die Berufung ist unzulässig:

     a.    gegen Entscheide des Vollstreckungsgerichts;

     b.    in den folgenden Angelegenheiten des SchKG[242]:

         1.    Aufhebung des Rechtsstillstandes (Art. 57$d$ SchKG),

         2.    Bewilligung des nachträglichen Rechtsvorschlages (Art. 77 SchKG),

         3.    Rechtsöffnung (Art. 80–84 SchKG),

         4.    Aufhebung oder Einstellung der Betreibung (Art. 85 SchKG),

         5.    Bewilligung des Rechtsvorschlages in der Wechselbetreibung (Art. 185 SchKG),

         6.[243] Arrest (Art. 272 und 278 SchKG),

         7.[244] Entscheide, die nach SchKG in die Zuständigkeit des Konkurs- oder des Nachlassgerichts fallen.

**Art. 310**      Berufungsgründe

Mit Berufung kann geltend gemacht werden:

     a.    unrichtige Rechtsanwendung;

     b.    unrichtige Feststellung des Sachverhaltes.

---

[242]   SR **281.1**
[243]   Fassung gemäss Art. 3 Ziff. 1 des BB vom 11. Dez. 2009 (Genehmigung und Umsetzung des Lugano-Übereink.), in Kraft seit 1. Jan. 2011 (AS **2010** 5601; BBl **2009** 1777).
[244]   Eingefügt durch Art. 3 Ziff. 1 des BB vom 11. Dez. 2009 (Genehmigung und Umsetzung des Lugano-Übereink.), in Kraft seit 1. Jan. 2011 (AS **2010** 5601; BBl **2009** 1777).

## 2. Abschnitt: Berufung, Berufungsantwort und Anschlussberufung

**Art. 311**          Einreichen der Berufung

[1] Die Berufung ist bei der Rechtsmittelinstanz innert 30 Tagen seit Zustellung des begründeten Entscheides beziehungsweise seit der nachträglichen Zustellung der Entscheidbegründung (Art. 239) schriftlich und begründet einzureichen.

[2] Der angefochtene Entscheid ist beizulegen.

**Art. 312**          Berufungsantwort

[1] Die Rechtsmittelinstanz stellt die Berufung der Gegenpartei zur schriftlichen Stellungnahme zu, es sei denn, die Berufung sei offensichtlich unzulässig oder offensichtlich unbegründet.

[2] Die Frist für die Berufungsantwort beträgt 30 Tage.

**Art. 313**          Anschlussberufung

[1] Die Gegenpartei kann in der Berufungsantwort Anschlussberufung erheben.

[2] Die Anschlussberufung fällt dahin, wenn:

    a.    die Rechtsmittelinstanz nicht auf die Berufung eintritt;

    b.[245] ...

    c.    die Berufung vor Beginn der Urteilsberatung zurückgezogen wird.

**Art. 314**          Summarisches Verfahren

[1] Gegen einen im summarischen Verfahren ergangenen Entscheid beträgt die Frist zur Einreichung der Berufung und zur Berufungsantwort je zehn Tage. Die Anschlussberufung ist unzulässig.[246]

[2] Bei familienrechtlichen Streitigkeiten nach den Artikeln 271, 276, 302 und 305 beträgt die Frist zur Einreichung der Berufung und der Berufungsantwort je 30 Tage. Die Anschlussberufung ist zulässig.[247]

---

[245]    Aufgehoben durch Ziff. I des BG vom 17. März 2023 (Verbesserung der Praxistauglichkeit und der Rechtsdurchsetzung), mit Wirkung seit 1. Jan. 2025 (AS **2023** 491; BBl **2020** 2697).

[246]    Zweiter Satz eingefügt durch Ziff. I des BG vom 17. März 2023 (Verbesserung der Praxistauglichkeit und der Rechtsdurchsetzung), in Kraft seit 1. Jan. 2025 (AS **2023** 491; BBl **2020** 2697).

[247]    Fssung gemäss Ziff. I des BG vom 17. März 2023 (Verbesserung der Praxistauglichkeit und der Rechtsdurchsetzung), in Kraft seit 1. Jan. 2025 (AS **2023** 491; BBl **2020** 2697).

## 3. Abschnitt: Wirkungen und Verfahren der Berufung

**Art. 315**    Aufschiebende Wirkung

[1] Die Berufung hemmt die Rechtskraft und die Vollstreckbarkeit des angefochtenen Entscheids im Umfang der Anträge.

[2] Keine aufschiebende Wirkung hat die Berufung gegen Entscheide über:

    a.   das Gegendarstellungsrecht;

    b.   vorsorgliche Massnahmen;

    c.   Anweisungen an die Schuldner;

    d.   die Sicherstellung des Unterhalts.[248]

[3] Richtet sich die Berufung gegen einen Gestaltungsentscheid, so hat sie stets aufschiebende Wirkung.[249]

[4] Wenn der betroffenen Partei ein nicht leicht wiedergutzumachender Nachteil droht, kann die Rechtsmittelinstanz auf Gesuch:

    a.   die vorzeitige Vollstreckbarkeit bewilligen und nötigenfalls sichernde Massnahmen oder die Leistung einer Sicherheit anordnen; oder

    b.   in den Fällen nach Absatz 2 die Vollstreckbarkeit ausnahmsweise aufschieben.[250]

[5] Die Rechtsmittelinstanz kann bereits vor der Einreichung der Berufung entscheiden. Die Anordnung fällt ohne Weiteres dahin, wenn keine Begründung des erstinstanzlichen Entscheids verlangt wird oder die Rechtsmittelfrist unbenutzt abläuft.[251]

**Art. 316**    Verfahren vor der Rechtsmittelinstanz

[1] Die Rechtsmittelinstanz kann eine Verhandlung durchführen oder aufgrund der Akten entscheiden.

[2] Sie kann einen zweiten Schriftenwechsel anordnen.

[3] Sie kann Beweise abnehmen.

**Art. 317**    Neue Tatsachen, neue Beweismittel und Klageänderung

[1] Neue Tatsachen und Beweismittel werden nur noch berücksichtigt, wenn sie:

    a.   ohne Verzug vorgebracht werden; und

---

[248]   Fassung gemäss Ziff. I des BG vom 17. März 2023 (Verbesserung der Praxistauglichkeit und der Rechtsdurchsetzung), in Kraft seit 1. Jan. 2025 (AS **2023** 491; BBl **2020** 2697).

[249]   Fassung gemäss Ziff. I des BG vom 17. März 2023 (Verbesserung der Praxistauglichkeit und der Rechtsdurchsetzung), in Kraft seit 1. Jan. 2025 (AS **2023** 491; BBl **2020** 2697).

[250]   Fassung gemäss Ziff. I des BG vom 17. März 2023 (Verbesserung der Praxistauglichkeit und der Rechtsdurchsetzung), in Kraft seit 1. Jan. 2025 (AS **2023** 491; BBl **2020** 2697).

[251]   Fassung gemäss Ziff. I des BG vom 17. März 2023 (Verbesserung der Praxistauglichkeit und der Rechtsdurchsetzung), in Kraft seit 1. Jan. 2025 (AS **2023** 491; BBl **2020** 2697).

b.   trotz zumutbarer Sorgfalt nicht schon vor erster Instanz vorgebracht werden
     konnten.

1bis Hat die Rechtsmittelinstanz den Sachverhalt von Amtes wegen zu erforschen, so
berücksichtigt sie neue Tatsachen und Beweismittel bis zur Urteilsberatung.[252]

2 Eine Klageänderung ist nur noch zulässig, wenn:

a.   die Voraussetzungen nach Artikel 227 Absatz 1 gegeben sind; und

b.[253] sie auf neuen Tatsachen oder Beweismitteln beruht.

**Art. 318**      Entscheid

1 Die Rechtsmittelinstanz kann:

a.   den angefochtenen Entscheid bestätigen;

b.   neu entscheiden; oder

c.   die Sache an die erste Instanz zurückweisen, wenn:

     1.   ein wesentlicher Teil der Klage nicht beurteilt wurde, oder

     2.   der Sachverhalt in wesentlichen Teilen zu vervollständigen ist.

2 Für die Eröffnung und Begründung des Entscheides gilt Artikel 239 sinngemäss.[254]

3 Trifft die Rechtsmittelinstanz einen neuen Entscheid, so entscheidet sie auch über
die Prozesskosten des erstinstanzlichen Verfahrens.

## 2. Kapitel: Beschwerde

**Art. 319**      Anfechtungsobjekt

Mit Beschwerde sind anfechtbar:

a.   nicht berufungsfähige erstinstanzliche Endentscheide, Zwischenentscheide
     und Entscheide über vorsorgliche Massnahmen;

b.   andere erstinstanzliche Entscheide und prozessleitende Verfügungen:

     1.   in den vom Gesetz bestimmten Fällen,

     2.   wenn durch sie ein nicht leicht wiedergutzumachender Nachteil droht;

c.   Fälle von Rechtsverzögerung.

---

[252]   Eingefügt durch Ziff. I des BG vom 17. März 2023 (Verbesserung der Praxistauglichkeit
        und der Rechtsdurchsetzung), in Kraft seit 1. Jan. 2025 (AS **2023** 491; BBl **2020** 2697).
[253]   Fassung gemäss Ziff. II des BG vom 25. Sept. 2015 (Gewerbsmässige Vertretung im
        Zwangsvollstreckungsverfahren), in Kraft seit 1. Jan. 2018 (AS **2016** 3643;
        BBl **2014** 8669).
[254]   Fassung gemäss Ziff. I des BG vom 17. März 2023 (Verbesserung der Praxistauglichkeit
        und der Rechtsdurchsetzung), in Kraft seit 1. Jan. 2025 (AS **2023** 491; BBl **2020** 2697).

**Art. 320** Beschwerdegründe

Mit der Beschwerde kann geltend gemacht werden:

    a.   unrichtige Rechtsanwendung;

    b.   offensichtlich unrichtige Feststellung des Sachverhaltes.

**Art. 321** Einreichen der Beschwerde

[1] Die Beschwerde ist bei der Rechtsmittelinstanz innert 30 Tagen seit der Zustellung des begründeten Entscheides oder seit der nachträglichen Zustellung der Entscheidbegründung (Art. 239) schriftlich und begründet einzureichen.

[2] Wird ein im summarischen Verfahren ergangener Entscheid oder werden andere erstinstanzliche Entscheide und prozessleitende Verfügungen angefochten, so beträgt die Beschwerdefrist zehn Tage, sofern das Gesetz nichts anderes bestimmt.[255]

[3] Der angefochtene Entscheid oder die angefochtene prozessleitende Verfügung ist beizulegen, soweit die Partei sie in Händen hat.

[4] Gegen Rechtsverzögerung kann jederzeit Beschwerde eingereicht werden.

**Art. 322** Beschwerdeantwort

[1] Die Rechtsmittelinstanz stellt der Gegenpartei die Beschwerde zur schriftlichen Stellungnahme zu, es sei denn, die Beschwerde sei offensichtlich unzulässig oder offensichtlich unbegründet.

[2] Für die Beschwerdeantwort gilt die gleiche Frist wie für die Beschwerde.

**Art. 323** Anschlussbeschwerde

Eine Anschlussbeschwerde ist ausgeschlossen.

**Art. 324** Stellungnahme der Vorinstanz

Die Rechtsmittelinstanz kann die Vorinstanz um eine Stellungnahme ersuchen.

**Art. 325** Aufschiebende Wirkung

[1] Die Beschwerde hemmt die Rechtskraft und die Vollstreckbarkeit des angefochtenen Entscheids nicht.

[2] Die Rechtsmittelinstanz kann auf Gesuch die Vollstreckbarkeit aufschieben, wenn der betroffenen Partei ein nicht leicht wiedergutzumachender Nachteil droht. Die Rechtsmittelinstanz kann bereits vor der Einreichung der Beschwerde entscheiden. Nötigenfalls ordnet sie sichernde Massnahmen oder die Leistung einer Sicherheit

---

[255]   Fassung gemäss Ziff. I des BG vom 17. März 2023 (Verbesserung der Praxistauglichkeit und der Rechtsdurchsetzung), in Kraft seit 1. Jan. 2025 (AS **2023** 491; BBl **2020** 2697).

an. Die Anordnung fällt ohne Weiteres dahin, wenn keine Begründung des erstinstanzlichen Entscheids verlangt wird oder die Rechtsmittelfrist unbenutzt abläuft.[256]

**Art. 326**        Neue Anträge, neue Tatsachen und neue Beweismittel

[1] Neue Anträge, neue Tatsachenbehauptungen und neue Beweismittel sind ausgeschlossen.

[2] Besondere Bestimmungen des Gesetzes bleiben vorbehalten.

**Art. 327**        Verfahren und Entscheid

[1] Die Rechtsmittelinstanz verlangt bei der Vorinstanz die Akten.

[2] Sie kann aufgrund der Akten entscheiden.

[3] Soweit sie die Beschwerde gutheisst:

    a.    hebt sie den Entscheid oder die prozessleitende Verfügung auf und weist die
          Sache an die Vorinstanz zurück; oder

    b.    entscheidet sie neu, wenn die Sache spruchreif ist.

[4] Wird die Beschwerde wegen Rechtsverzögerung gutgeheissen, so kann die Rechtsmittelinstanz der Vorinstanz eine Frist zur Behandlung der Sache setzen.

[5] Für die Eröffnung und Begründung des Entscheids gilt Artikel 239 sinngemäss.[257]

**Art. 327a[258]**        Vollstreckbarerklärung nach Lugano-Übereinkommen

[1] Richtet sich die Beschwerde gegen einen Entscheid des Vollstreckungsgerichts nach den Artikeln 38–52 des Übereinkommens vom 30. Oktober 2007[259] über die gerichtliche Zuständigkeit und die Anerkennung und Vollstreckung von Entscheidungen in Zivil- und Handelssachen (Lugano-Übereinkommen), so prüft die Rechtsmittelinstanz die im Lugano-Übereinkommen vorgesehenen Verweigerungsgründe mit voller Kognition.

[2] Die Beschwerde hat aufschiebende Wirkung. Sichernde Massnahmen, insbesondere der Arrest nach Artikel 271 Absatz 1 Ziffer 6 SchKG[260], sind vorbehalten.

[3] Die Frist für die Beschwerde gegen die Vollstreckbarerklärung richtet sich nach Artikel 43 Absatz 5 des Lugano-Übereinkommens.

---

[256]   Fassung gemäss Ziff. I des BG vom 17. März 2023 (Verbesserung der Praxistauglichkeit
        und der Rechtsdurchsetzung), in Kraft seit 1. Jan. 2025 (AS **2023** 491; BBl **2020** 2697).
[257]   Fassung gemäss Ziff. I des BG vom 17. März 2023 (Verbesserung der Praxistauglichkeit
        und der Rechtsdurchsetzung), in Kraft seit 1. Jan. 2025 (AS **2023** 491; BBl **2020** 2697).
[258]   Eingefügt durch Art. 3 Ziff. 1 des BB vom 11. Dez. 2009 (Genehmigung und Umsetzung
        des Lugano-Übereink.), in Kraft seit 1. Jan. 2011 (AS **2010** 5601; BBl **2009** 1777).
[259]   SR **0.275.12**
[260]   SR **281.1**

## 3. Kapitel: Revision

**Art. 328** Revisionsgründe

¹ Eine Partei kann beim Gericht, welches als letzte Instanz in der Sache entschieden hat, die Revision des rechtskräftigen Entscheids verlangen, wenn:

a.²⁶¹ sie nachträglich erhebliche Tatsachen erfährt oder entscheidende Beweismittel findet, die sie im früheren Verfahren trotz gehöriger Aufmerksamkeit nicht beibringen konnte; ausgeschlossen sind Tatsachen und Beweismittel, die erst nach dem Entscheid entstanden sind;

b. ein Strafverfahren ergeben hat, dass durch ein Verbrechen oder ein Vergehen zum Nachteil der betreffenden Partei auf den Entscheid eingewirkt wurde; eine Verurteilung durch das Strafgericht ist nicht erforderlich; ist das Strafverfahren nicht durchführbar, so kann der Beweis auf andere Weise erbracht werden;

c.²⁶² geltend gemacht wird, dass die Klageanerkennung, der Klagerückzug oder der gerichtliche Vergleich wegen formeller oder materieller Mängel unwirksam ist;

d.²⁶³ sie einen Ausstandsgrund erst nach Abschluss des Verfahrens entdeckt und kein anderes Rechtsmittel zur Verfügung steht.

² Die Revision wegen Verletzung der Europäischen Menschenrechtskonvention vom 4. November 1950²⁶⁴ (EMRK) kann verlangt werden, wenn:

a.²⁶⁵ der Europäische Gerichtshof für Menschenrechte in einem endgültigen Urteil (Art. 44 EMRK) festgestellt hat, dass die EMRK oder die Protokolle dazu verletzt worden sind, oder den Fall durch eine gütliche Einigung (Art. 39 EMRK) abgeschlossen hat;

b. eine Entschädigung nicht geeignet ist, die Folgen der Verletzung auszugleichen; und

c. die Revision notwendig ist, um die Verletzung zu beseitigen.

**Art. 329** Revisionsgesuch und Revisionsfristen

¹ Das Revisionsgesuch ist innert 90 Tagen seit Entdeckung des Revisionsgrundes schriftlich und begründet einzureichen.

---

²⁶¹ Fassung gemäss Ziff. I des BG vom 17. März 2023 (Verbesserung der Praxistauglichkeit und der Rechtsdurchsetzung), in Kraft seit 1. Jan. 2025 (AS **2023** 491; BBl **2020** 2697).
²⁶² Fassung gemäss Ziff. I des BG vom 17. März 2023 (Verbesserung der Praxistauglichkeit und der Rechtsdurchsetzung), in Kraft seit 1. Jan. 2025 (AS **2023** 491; BBl **2020** 2697).
²⁶³ Eingefügt durch Ziff. I des BG vom 17. März 2023 (Verbesserung der Praxistauglichkeit und der Rechtsdurchsetzung), in Kraft seit 1. Jan. 2025 (AS **2023** 491; BBl **2020** 2697).
²⁶⁴ SR **0.101**
²⁶⁵ Fassung gemäss Anhang Ziff. 2 des BG vom 1. Okt. 2021, in Kraft seit 1. Juli 2022 (AS **2022** 289; BBl **2021** 300, 889).

² Nach Ablauf von zehn Jahren seit Eintritt der Rechtskraft des Entscheids kann die Revision nicht mehr verlangt werden, ausser im Falle von Artikel 328 Absatz 1 Buchstabe b.

**Art. 330** Stellungnahme der Gegenpartei

Das Gericht stellt das Revisionsgesuch der Gegenpartei zur Stellungnahme zu, es sei denn, das Gesuch sei offensichtlich unzulässig oder offensichtlich unbegründet.

**Art. 331** Aufschiebende Wirkung

¹ Das Revisionsgesuch hemmt die Rechtskraft und die Vollstreckbarkeit des Entscheids nicht.

² Das Gericht kann die Vollstreckbarkeit aufschieben.²⁶⁶ Nötigenfalls ordnet es sichernde Massnahmen oder die Leistung einer Sicherheit an.

**Art. 332** Entscheid über das Revisionsgesuch

Der Entscheid über das Revisionsgesuch ist mit Beschwerde anfechtbar.

**Art. 333** Neuer Entscheid in der Sache

¹ Heisst das Gericht das Revisionsgesuch gut, so hebt es seinen früheren Entscheid auf und entscheidet neu.

² Im neuen Entscheid entscheidet es auch über die Kosten des früheren Verfahrens.

³ Es eröffnet seinen Entscheid mit einer schriftlichen Begründung.

## 4. Kapitel: Erläuterung und Berichtigung

**Art. 334**

¹ Ist das Dispositiv unklar, widersprüchlich oder unvollständig oder steht es mit der Begründung im Widerspruch, so nimmt das Gericht auf Gesuch einer Partei oder von Amtes wegen eine Erläuterung oder Berichtigung des Entscheids vor. Im Gesuch sind die beanstandeten Stellen und die gewünschten Änderungen anzugeben.

² Die Artikel 330 und 331 gelten sinngemäss. Bei der Berichtigung von Schreib- oder Rechnungsfehlern kann das Gericht auf eine Stellungnahme der Parteien verzichten.

³ Ein Entscheid über das Erläuterungs- oder Berichtigungsgesuch ist mit Beschwerde anfechtbar.

⁴ Der erläuterte oder berichtigte Entscheid wird den Parteien eröffnet.

---

²⁶⁶ Fassung gemäss Ziff. I des BG vom 17. März 2023 (Verbesserung der Praxistauglichkeit und der Rechtsdurchsetzung), in Kraft seit 1. Jan. 2025 (AS **2023** 491; BBl **2020** 2697).

## 10. Titel: Vollstreckung
## 1. Kapitel: Vollstreckung von Entscheiden

**Art. 335**  Geltungsbereich

[1] Die Entscheide werden nach den Bestimmungen dieses Kapitels vollstreckt.

[2] Lautet der Entscheid auf eine Geldzahlung oder eine Sicherheitsleistung, so wird er nach den Bestimmungen des SchKG[267] vollstreckt.

[3] Die Anerkennung, Vollstreckbarerklärung und Vollstreckung ausländischer Entscheide richten sich nach diesem Kapitel, soweit weder ein Staatsvertrag noch das IPRG[268] etwas anderes bestimmen.

**Art. 336**  Vollstreckbarkeit

[1] Ein Entscheid ist vollstreckbar, wenn er:

    a.   rechtskräftig ist und das Gericht die Vollstreckbarkeit nicht aufgeschoben hat (Art. 315 Abs. 4, 325 Abs. 2 und 331 Abs. 2); oder

    b.   noch nicht rechtskräftig ist, jedoch die vorzeitige Vollstreckbarkeit bewilligt worden ist.[269]

[2] Auf Verlangen bescheinigt das Gericht, das den zu vollstreckenden Entscheid getroffen hat, die Vollstreckbarkeit.

[3] Ein ohne schriftliche Begründung eröffneter Entscheid (Art. 239) ist unter den Voraussetzungen nach Absatz 1 vollstreckbar.[270]

**Art. 337**  Direkte Vollstreckung

[1] Hat bereits das urteilende Gericht konkrete Vollstreckungsmassnahmen angeordnet (Art. 236 Abs. 3), so kann der Entscheid direkt vollstreckt werden.

[2] Die unterlegene Partei kann beim Vollstreckungsgericht um Einstellung der Vollstreckung ersuchen; Artikel 341 gilt sinngemäss.

**Art. 338**  Vollstreckungsgesuch

[1] Kann nicht direkt vollstreckt werden, so ist beim Vollstreckungsgericht ein Vollstreckungsgesuch einzureichen.

[2] Die gesuchstellende Partei hat die Voraussetzungen der Vollstreckbarkeit darzulegen und die erforderlichen Urkunden beizulegen.

---

267 SR **281.1**
268 SR **291**
269 Fassung gemäss Ziff. I des BG vom 17. März 2023 (Verbesserung der Praxistauglichkeit und der Rechtsdurchsetzung), in Kraft seit 1. Jan. 2025 (AS **2023** 491; BBl **2020** 2697).
270 Eingefügt durch Ziff. I des BG vom 17. März 2023 (Verbesserung der Praxistauglichkeit und der Rechtsdurchsetzung), in Kraft seit 1. Jan. 2025 (AS **2023** 491; BBl **2020** 2697).

**Art. 339**        Zuständigkeit und Verfahren

[1] Zwingend zuständig für die Anordnung von Vollstreckungsmassnahmen und die Einstellung der Vollstreckung ist das Gericht:

  a.    am Wohnsitz oder Sitz der unterlegenen Partei;

  b.    am Ort, wo die Massnahmen zu treffen sind; oder

  c.    am Ort, wo der zu vollstreckende Entscheid gefällt worden ist.

[2] Das Gericht entscheidet im summarischen Verfahren.


**Art. 340**[271]        Sichernde Massnahmen

Das Vollstreckungsgericht kann sichernde Massnahmen anordnen, nötigenfalls ohne vorherige Anhörung der Gegenpartei.


**Art. 341**        Prüfung der Vollstreckbarkeit und Stellungnahme
                    der unterlegenen Partei

[1] Das Vollstreckungsgericht prüft die Vollstreckbarkeit von Amtes wegen.

[2] Es setzt der unterlegenen Partei eine kurze Frist zur Stellungnahme.

[3] Materiell kann die unterlegene Partei einwenden, dass seit Eröffnung des Entscheids Tatsachen eingetreten sind, welche der Vollstreckung entgegenstehen, wie insbesondere Tilgung, Stundung, Verjährung oder Verwirkung der geschuldeten Leistung. Tilgung und Stundung sind mit Urkunden zu beweisen.


**Art. 342**        Vollstreckung einer bedingten oder von einer Gegenleistung
                    abhängigen Leistung

Der Entscheid über eine bedingte oder eine von einer Gegenleistung abhängige Leistung kann erst vollstreckt werden, wenn das Vollstreckungsgericht festgestellt hat, dass die Bedingung eingetreten ist oder die Gegenleistung gehörig angeboten, erbracht oder sichergestellt worden ist.


**Art. 343**        Verpflichtung zu einem Tun, Unterlassen oder Dulden

[1] Lautet der Entscheid auf eine Verpflichtung zu einem Tun, Unterlassen oder Dulden, so kann das Vollstreckungsgericht anordnen:

  a.    eine Strafdrohung nach Artikel 292 StGB[272];

  b.    eine Ordnungsbusse bis zu 5000 Franken;

  c.    eine Ordnungsbusse bis zu 1000 Franken für jeden Tag der Nichterfüllung;

  d.    eine Zwangsmassnahme wie Wegnahme einer beweglichen Sache oder Räumung eines Grundstückes; oder

---

271   Fassung gemäss Art. 3 Ziff. 1 des BB vom 11. Dez. 2009 (Genehmigung und Umsetzung
       des Lugano-Übereink.), in Kraft seit 1. Jan. 2011 (AS **2010** 5601; BBl **2009** 1777).
272   SR **311.0**

e.   eine Ersatzvornahme.

1bis Enthält der Entscheid ein Verbot nach Artikel 28*b* ZGB[273], so kann das Vollstreckungsgericht auf Antrag der gesuchstellenden Person eine elektronische Überwachung nach Artikel 28*c* ZGB anordnen.[274]

2 Die unterlegene Partei und Dritte haben die erforderlichen Auskünfte zu erteilen und die notwendigen Durchsuchungen zu dulden.

3 Die mit der Vollstreckung betraute Person kann die Hilfe der zuständigen Behörde in Anspruch nehmen.

**Art. 344**      Abgabe einer Willenserklärung

1 Lautet der Entscheid auf Abgabe einer Willenserklärung, so wird die Erklärung durch den vollstreckbaren Entscheid ersetzt.

2 Betrifft die Erklärung ein öffentliches Register wie das Grundbuch und das Handelsregister, so erteilt das urteilende Gericht der registerführenden Person die nötigen Anweisungen.

**Art. 345**      Schadenersatz und Umwandlung in Geld

1 Die obsiegende Partei kann verlangen:

a.   Schadenersatz, wenn die unterlegene Partei den gerichtlichen Anordnungen nicht nachkommt;

b.   die Umwandlung der geschuldeten Leistung in eine Geldleistung.

2 Das Vollstreckungsgericht setzt den entsprechenden Betrag fest.

**Art. 346**      Rechtsmittel Dritter

Dritte, die von einem Vollstreckungsentscheid in ihren Rechten betroffen sind, können den Entscheid mit Beschwerde anfechten.

## 2. Kapitel: Vollstreckung öffentlicher Urkunden

**Art. 347**      Vollstreckbarkeit

Öffentliche Urkunden über Leistungen jeder Art können wie Entscheide vollstreckt werden, wenn:

a.   die verpflichtete Partei in der Urkunde ausdrücklich erklärt hat, dass sie die direkte Vollstreckung anerkennt;

b.   der Rechtsgrund der geschuldeten Leistung in der Urkunde erwähnt ist; und

---

[273]  SR **210**
[274]  Eingefügt durch Ziff. I 2 des BG vom 14. Dez. 2018 über die Verbesserung des Schutzes gewaltbetroffener Personen, in Kraft seit 1. Jan. 2022 (AS **2019** 2273; BBl **2017** 7307).

c.  die geschuldete Leistung:
    1.  in der Urkunde genügend bestimmt ist,
    2.  in der Urkunde von der verpflichteten Partei anerkannt ist, und
    3.  fällig ist.

**Art. 348**       Ausnahmen

Nicht direkt vollstreckbar sind Urkunden über Leistungen:

a.  nach dem Gleichstellungsgesetz vom 24. März 1995[275];

b.  aus Miete und Pacht von Wohn- und Geschäftsräumen sowie aus landwirt-
    schaftlicher Pacht;

c.  nach dem Mitwirkungsgesetz vom 17. Dezember 1993[276];

d.  aus dem Arbeitsverhältnis und nach dem Arbeitsvermittlungsgesetz vom
    6. Oktober 1989[277];

e.  aus Konsumentenverträgen (Art. 32).

**Art. 349**       Urkunde über eine Geldleistung

Die vollstreckbare Urkunde über eine Geldleistung gilt als definitiver Rechtsöffnungstitel nach den Artikeln 80 und 81 SchKG[278].

**Art. 350**       Urkunde über eine andere Leistung

[1] Ist eine Urkunde über eine andere Leistung zu vollstrecken, so stellt die Urkunds-
person der verpflichteten Partei auf Antrag der berechtigten Partei eine beglaubigte
Kopie der Urkunde zu und setzt ihr für die Erfüllung eine Frist von 20 Tagen. Die
berechtigte Partei erhält eine Kopie der Zustellung.

[2] Nach unbenütztem Ablauf der Erfüllungsfrist kann die berechtigte Partei beim Vollstreckungsgericht ein Vollstreckungsgesuch stellen.

**Art. 351**       Verfahren vor dem Vollstreckungsgericht

[1] Die verpflichtete Partei kann Einwendungen gegen die Leistungspflicht nur geltend
machen, sofern sie sofort beweisbar sind.

[2] Ist die Abgabe einer Willenserklärung geschuldet, so wird die Erklärung durch den
Entscheid des Vollstreckungsgerichts ersetzt. Dieses trifft die erforderlichen Anweisungen nach Artikel 344 Absatz 2.

---

[275]  SR **151.1**
[276]  SR **822.14**
[277]  SR **823.11**
[278]  SR **281.1**

**Art. 352**   Gerichtliche Beurteilung

Die gerichtliche Beurteilung der geschuldeten Leistung bleibt in jedem Fall vorbehalten. Insbesondere kann die verpflichtete Partei jederzeit auf Feststellung klagen, dass der Anspruch nicht oder nicht mehr besteht oder gestundet ist.

## 3. Teil: Schiedsgerichtsbarkeit

[Text nicht abgedruckt.]

## 4. Teil: Schlussbestimmungen

[Text nicht abgedruckt.]

Vom gleichen Autor erschienen:

## Erfolgreiche Markenführung
## Handbuch zum Markenrecht

Das Buch enthält eine umfassende, praxisnahe und verständliche Darstellung des Markenrechts (einschliesslich Domain-Namen) für Unternehmer, Manager, Mitarbeitende in Rechtsabteilungen von Unternehmen und Kreative. Sie finden darin zahlreiche Tipps und Beispiele aus der Praxis, Grafiken, Tabellen und Hinweise auf nützliche Internet-Seiten. Im Anhang sind u.a. das Markenschutzgesetz und die in der Praxis für Markenanmeldungen sehr bedeutsame Liste der Waren- oder Dienstleistungsklassen („Nizza-Klassen") abgedruckt.

Inhaltsübersicht: Einführung – Die Markenrecherche – Vom Markenschutz ausgeschlossene Zeichen – Das Eintragungsgesuch – Das Eintragungsverfahren – Nach der Eintragung – Internationale Registrierung – Streitigkeiten rund um eine Marke – Domain-Namen.

Spätestens per Frühjahr 2025 ist eine Neuauflage geplant. Das Buch wird erweitert, so dass das gesamte Kennzeichenrecht abgedeckt wird. Dies bedeutet, dass folgende Kapitel neu dazu kommen: Namen – Firmen – Herkunftsangaben.

Weitere Informationen und Bestellmöglichkeit

Vom gleichen Autor erschienen:

# Schweizer Fotorecht

In einer Welt, in der jeder ein Smartphone in der Tasche trägt und jederzeit Fotos aufnehmen und teilen kann, ist es von entscheidender Bedeutung, die rechtlichen Aspekte der Fotografie zu verstehen. Ob Sie ein professioneller Fotograf, ein Hobbyfotograf oder jemand sind, der gerne Erinnerungen festhält, dieses Buch bietet Ihnen einen umfassenden Einblick in die Grundlagen des Fotorechts in der Schweiz.

Die Macht der Fotografie liegt in ihrer Fähigkeit, Geschichten zu erzählen, Emotionen einzufangen und die Welt aus verschiedenen Blickwinkeln zu betrachten. Doch mit dieser Macht kommen auch Verantwortung und rechtliche Implikationen. Von den Rechten der abgebildeten Personen über das Urheberrecht bis hin zu den Beschränkungen bei der Fotografie in bestimmten Situationen gibt es eine Vielzahl von rechtlichen Aspekten, die Fotografen kennen und respektieren sollten.

Dieses Buch richtet sich an Fotografen aller Erfahrungsstufen, von Anfängern bis hin zu Profis, und auch an Menschen, die einfach nur ihre Rechte als abgebildete Person verstehen möchten. Egal, ob Sie Porträts, Landschaften, Strassenszenen oder Kunstwerke fotografieren, das Wissen über das Fotorecht wird Ihnen helfen, Ihre Leidenschaft für die Fotografie frei und sicher auszuleben.

Weitere Informationen und Bestellmöglichkeit

Vom gleichen Autor herausgegeben:

# Textausgabe
## Kommunikations- und Medienrecht

In dieser Erlass-Sammlung sind die wichtigsten rechtlichen Bestimmungen vereint, welche im Kommunikations- und Medienrecht relevant sind.

Abgedruckt sind: Bundesverfassung, Erklärung der Pflichten und Rechte der Journalistinnen und Journalisten (mit dazu gehörenden Richtlinien), Bundesgesetz über das Öffentlichkeitsprinzip der Verwaltung*, Datenschutzgesetz*, Urheberrechtsgesetz, Markenschutzgesetz* (mit Nizza-Klassen), Wappenschutzgesetz, Weisung zu Firmennamen, Bundesgesetz gegen den unlauteren Wettbewerb, Grundsätze der Lauterkeitskommission, Bundesgesetz über Radio und Fernsehen* sowie Geschäftsreglemente von Presserat, SLK und UBI
(* mit Verordnung).

Auszugsweise sind abgedruckt: EMRK, Zivilgesetzbuch, Obligationenrecht, Strafgesetzbuch, Militärstrafgesetzbuch, Bankengesetz, Zivilprozessordnung, Strafprozessordnung.

Das Buch richtet sich an Journalistinnen und Journalisten, Mitarbeiter in der Rechtsabteilung von Medienhäusern oder Verbänden, Mitarbeiter in Kommunikations- und Werbeagenturen, Kulturschaffende, Medienrechtler und Personen in Ausbildung.

Ein Nummernsystem erleichtert das schnelle Auffinden des gesuchten Erlasses.

Weitere Informationen und Bestellmöglichkeit